»WEIL WIRKLICHE NÄHE IN MEINEN AUGEN
ERST ENTSTEHT, WENN MENSCHEN ZEIGEN, AUS WELCHEM
KRUMMEN HOLZ SIE SIND.«

Sascha Chaimowicz

Henning von Vieregge

Die Glücksverwöhnten

Ein früher Babyboomer wird erwachsen

Mit einer Einführung von Prof. Dr. Wolfram Pyta

Gewidmet meinen Enkeln
Ethan, Alissa, Milo, Teresa, Luise, Kai, Frederik, Miriam

Text: Henning von Vieregge
Bilder: Henning v. Vieregge; S. 63 und 66: K.W. Auerswald
Lektorat, Gestaltung, Umschlaggestaltung und Satz: Hans-Werner Klein

Edition Neue Ufer, Wiesbaden 2025

Herstellung:
epubli - ein Service der neopubli GmbH, Köpenicker Straße 154a, 10997 Berlin
Kontaktadresse nach EU-Produktsicherheitsverordnung: produktsicherheit@
epubli.com

Dies ist eine gekürzte und überarbeitete Ausgabe von
Henning von Vieregge
Unter der Glückshaube - Wie ich erwachsen wurde
Edition Neue Ufer, Wiesbaden, 2024
ISBN 978-3-00-077262-4

Einführung

Einleitung

Kapitel

Anhang

Einführung

Wolfram Pyta:

Zum Generationsbegriff

»Generation« ist ein Begriff, der nicht selten zu freigiebig verge-ben wird. Denn Generation be-deutet mehr als Zugehörigkeit zu einer altersmäßig bestimmten Kohorte, die zehn bis fünfzehn Jahrgänge umfaßt. Zufällige Jahrgangsgenossenschaft allein stiftet noch nicht generationell gestifteten Zusammenhang.  Denn dieser zeichnet sich – und dies ist das Spezifikum des Generationenbegriffs – durch das aus, was man Erfahrungsverwertungsgemeinschaft nennen kann.

Erfahrungsverwertungsgemeinschaft ist ein anspruchsvolles Kriterium für die Definition von Generation. Denn es bedeutet, daß eine Kernerfahrung vorliegt, die sich so tief in die Lebenswelt von Altersgenossen eingraviert hat, das sie zum Kristallisations-kern der eigenen Identität wird. Solche generationsstiftenden Erfahrungsspuren lassen sich immer dann ablesen, wenn ein Er-eignis von kollektiver Wucht wie der Zweite Weltkrieg stattfand.

Henning von Vieregge gehört als Angehöriger des Jahrgangs 1946 einer derartigen Generation an. Diese Generation hat sich in ihrer prägenden Jugendzeit abgearbeitet an ihren Vätern und anderen Familienangehörigen, die den Weltkrieg als Frontsoldat mitmachten. Der Krieg blieb auf diese Weise präsent – gerade wenn er von den Vätern nicht angesprochen wurde, provozierte er bei den Heranwachsenden bohrende Nachfragen. Die Über-führung der überwölbenden Kriegserfahrung – verbunden mit der Anschlußfrage, warum Hitler diesen Krieg überhaupt begin-nen konnte – in biographische Erzählungen macht das Spezifi-kum dieser bis in die 1950er Jahrgänge reichenden Erfahrungs-verwertungsgemeinschaft aus.

Henning von Vieregge tauft seine Generationsgemeinschaft als eine glücksverwöhnte. Man wird diese Wortschöpfung als eine gelungene semantische Etikettierung ansehen, weil der

Autor seine Generation nicht auf intrafamiliäres Sprechen oder Schweigen über Krieg und Nationalsozialismus reduziert. Denn ausgerechnet dieser Generation standen beruflich in der geglückten zweiten deutschen Demokratie alle Türen offen. Es ist diese historisch einmalige Schichtung von kritischen Anfragen an die jüngste Vergangenheit und einem gestaltungsfreudigen Zukunftsoptimismus, das die Erfahrungsverwertungsgemeinschaft auszeichnet, der Henning von Vieregge ein sprachlich eindrucksvolles Zeugnis ausstellt. Diese Generation macht zudem den zivilgesellschaftlichen Kern unserer freiheitlichen politischen Ordnung aus. Daher empfiehlt sich die Lektüre auch für diejenigen, die danach fragen, wie die kulturellen Fundamente einer liberalen Demokratie entstehen.

Wolfram Pyta (Jg.1960) ist Professor für Neuere Geschichte und der Leiter der Abteilung für Neuere Geschichte am Historischen Institut der Universität Stuttgart. Seit 2001 ist er zugleich Direktor der Forschungsstelle Ludwigsburg, die sich der Erforschung der NS-Verbrechensgeschichte widmet.

Einleitung: War es bei dir auch so?

Der Generationsvertrag

Wer irgendwo auf der Welt in den Jahren nach dem Zweiten Weltkrieg geboren wurde, gehört formal der unmittelbaren Nachkriegsgeneration an, ihn verbindet aber wenig gemeinsame Erfahrung. Der gleiche Lebenszeitraum charakterisiert eine generationelle Gemeinschaft nicht. Was muss dazu kommen? Faktoren können sein: im gleichen geografischen Umfeld leben, die gleichen politischen, wirtschaftlichen und kulturellen Einflüsse erleben. Die Beeinflussung ist gegenseitig, vom Individuum zur Gesellschaft und von der Gesellschaft zum Individuum. Im Ergebnis führt dies in die von Wolfram Pyta in der Einleitung genannte »Erfahrungsverwertungsgemeinschaft«.

Manche aus dieser Generation der zwischen 44 und 54 plusminus Geborenen reagieren, wenn man ihn (oder sie) als Achtundsechziger anspricht, entsetzt und dementieren. Dann heißt es: »Ich war nicht politisch aktiv, war nicht aufmüpfig, ich habe gar nicht studiert«. Die Einwände zeigen, dass die Erfahrungsverwertungsgemeinschaft, um diesen Begriff nochmals aufzunehmen, selbstverständlich in Teilgruppen zerfällt, die nach weiteren Kriterien als der Generationsbegriff (Herkunft, sozialer Status, Einkommen, Bildung usw.) sortierbar sind.

Der Generationenbegriff ist nützlich für eine historisch angelegte Grobeinteilung, wobei die zeitliche Festlegung durchaus willkürlich ist, so wie jede Einteilung geschichtlicher Phasen. Gleichwohl hilft der Begriff der Generation mit seinen unvermeidbar verallgemeinernden Charakteristika dem Einzelnen, das Gemeinsame und das Unterschiedliche für sich herauszuarbeiten. Am Beispiel der Beschreibung meines Aufwachsens geht es genau um diesen Punkt: Was ist daran individuell, was ist daran exemplarisch? Die Antwort kann nicht von mir kommen, sie kommt von den Lesern.

Die Achtundsechziger sind Babyboomer

Der Generationsbegriff »Achtundsechziger« ist ein Alleinstellungsmerkmal der deutschen Diskussion. Die nächste Generation, die Babyboomer, in aller Regel bis Jahrgang 64 gezählt, dem

Jahr der höchsten Geburtenrate nach dem Krieg, ist in der internationalen Diskussion der Oberbegriff. Er umfasst die Jahrgänge 44–64 plusminus. Deswegen nenne ich mich, Jahrgang 46, im Subtitel des Buches einen »frühen Babyboomer«.

WARUM GLÜCKSVERWÖHNT IM VERGLEICH ZU DEN VOR-GENERATIONEN?

Ob Babyboomer oder Achtundsechziger – meine Generation hat im Vergleich zu den vorherigen Eltern- und Großelterngenerationen ein Glückslos gezogen, übrigens auch mit Blick auf weit zurückliegende Geschichtsperioden. (Das denke ich jedes Mal, wenn ich beim Zahnarzt sitze.)

Die Eltern- und Großeltern-Generationen waren durch ein oder manche sogar durch zwei Weltkriege (zwischen Ende des Ersten und Beginn des Zweiten Weltkrieges lagen gerade 21 Jahre) beschädigt, körperlich und seelisch. Die Diktatur des Dritten Reiches, die Grausamkeiten der Kriege für Soldaten und Zivilisten, die systematische Verfolgung und Tötung sogenannter Minderwertiger und die Folgen von Flucht und Heimatverlust haben in den Vor-Generationen verheerend gewirkt. Ich gehe in meinem autobiografischen Text darauf ein, wenn ich von den Spannungen zu den Eltern und dem bis in das Skurrile reichenden Verhalten von Lehrern berichte.

Eine Besonderheit möchte ich an dieser Stelle herausstellen: Überraschend für mich kam die Beschäftigung mit dem Kriegstagebuch meines Vaters, denn ich wähnte das Buch vernichtet. Nun habe ich eine Reihe von Fragen, die ich meinem Vater zu dessen Lebzeiten zu stellen versäumte. Warum fanden diese Gespräche nicht statt? Hat sich das Bild meines Vaters jetzt verändert? Und die eigene zweijährige Bundeswehrzeit, wie steht sie im Vergleich? Wie sieht es aus, wenn Frieden ist und Krieg normal nicht am Horizont droht, durch das atomare Patt sogar ausgeschlossen scheint?

GLÜCKSVERWÖHNT, AUCH IM VERGLEICH ZU DEN NACH-FOLGENDEN?

Werden sich die uns nachfolgenden Generationen später auch als glücksverwöhnt charakterisieren? Eine gute, wichtige Frage. Sie müssen die Jüngeren, einzeln und verallgemeinernd als Generation, beantworten. Indizien sprechen gegen die Annahme: Eltern wollen stets, dass ihre Kinder es besser haben als sie. Meinungsumfragen zeigen, dass der Optimismus, dass dies gelingt, der Mehrheit der hiesigen Bevölkerung verloren gegangen ist.

Die politischen Versuche, die Covid-Pandemie einzudämmen, richtete nicht nur bei den ältesten, sondern vor allem auch bei den jüngeren Mitbürgern Schaden an. Die Bedrohung durch den Klimawandel hat sich inzwischen als gesicherte Erkenntnis durchgesetzt Der demografische Wandel schafft weitere Unsicherheit. Er besteht darin, dass in den meisten Ländern zu viele und in wenigen reichen Ländern zu wenige Menschen leben. Der ungeregelte Zuzug von Ausländern auf der Suche nach Sicherheit und Perspektive verunsichert diejenigen, die bisher die Gesellschaft hierzulande bilden.

Und dann der doppelte Krieg. Meine Generation lebte über Jahrzehnte im Frieden. Der war nicht ganz sicher, weil nur durch das Gleichgewicht des Schreckens geschützt (Kubakrise!), aber immerhin. Ich berichte darüber im Abschnitt über meine zweijährige Zeit bei der Bundeswehr. Aber nun haben die Russen unter Putin ein Tabu gebrochen, das bis dahin weltweit galt: An den Grenzen wird nicht gerüttelt. Und der konventionelle Krieg ist zurück, als ob es die Atomgefahr, die früher schreckte, nicht mehr gäbe. Eine weitere Quelle der Verunsicherung ist der Antisemitismus, aufgequollen durch Israels Antwort auf den Hamas-Überfall, und zwar wie immer von rechts, neu über die antikolonialistische Argumentationsschiene von links und ungebremst wie nie zuvor durch den importierten politischen Islamismus, der den Hass gegen Juden weltweit und Israelis in den Genen trägt (jedenfalls in dieser auch im Islam nicht unumstrittenen Auslegung des Glaubens).

All das ist nicht alles, was den Begriff »Zeitenwende« als angemessen erscheinen lässt. Die Europäer, speziell in der EU verbunden, möglicherweise Deutschland in besonderer Weise, scheinen im Wettkampf der Systeme gegenüber den USA und China nicht nur kurzzeitig, sondern dauerhaft im Hintertreffen. In dieser Gemengelage überwiegen fast zwangsläufig, aber doch im langen Zeitvergleich erstmalig, diejenigen, die meinen, man dürfe hierzulande nicht alles sagen, gegenüber denjenigen, die auf die Meinungsfreiheit und damit implizit auf die Stärke der Demokratie vertrauen »Wir sind eine Angstgesellschaft«, ist die zusammenfassende Zeitcharakterisierung des Politologen Karl-Rudolf Korte. Das Fazit aus allem: Vielleicht, und das würde ich keinesfalls wünschen, ist die Kennzeichnung »glücksverwöhnt« meiner Generation, den Babyboomern, die Achtundsechziger eingeschlossen, vorbehalten.

Der Buchtitel »Die Glücksverwöhnten« erscheint auf diesem Hintergrund für die zwischen 44 und 64 Geborenen berechtigt, mindestens aber für die zwischen 44 und 54 Geborenen, in Deutschland als Achtundsechziger-Generation bezeichnet. Bei der in Deutschland nachfolgenden Generation der Babyboomer, die bei den meisten bis 64, bei einigen Autoren bis 69 reicht, gibt es einen Einwand gegen das Charakteristikum Glücksverwöhnung, nämlich die Größe dieser Kohorte. Der Buchtitel »Wir waren immer zu viele«[1] kommt in fast jeder Selbstbeschreibung eines Mitglieds dieser Generation vor. Allerdings: Die weiteren Argumente sprechen, der internationalen Einordnung folgend, für eine Einbeziehung der Achtundsechziger unter dem Oberbegriff Babyboomer.

WAR ES BEI DIR AUCH SO?

Mir ist es wichtig, den Leserinnen und Lesern gegenüber den Wunsch zu formulieren: »Ich wünsche mir, dass der folgende Text zum Innehalten beim Lesen animiert. War es bei dir auch so? Wenn der Text beim Lesen dazu anregt, über diese Frage nachzudenken, würde mich das freuen.«

AUCH GLÜCKSVERWÖHNTE LEBEN NICHT NUR AUF DER SONNENSEITE

Das Knochengerüst des Textes habe ich aus meinen Tagebüchern gezogen. Mit 15 begann ich mit dem Schreiben. Ich habe also die damalige Wirklichkeitsbeschreibung angeschaut und stellenweise zitiert, dabei ein- und zuordnend. Ich bin immer wieder auf Stellen gestoßen, die mich beschämt haben. Wegen des Inhalts oder weil mir die Formulierung heute überzogen oder einfach misslungen erscheint. Ich habe beschlossen, mich nicht von mir selbst zu distanzieren und mich nicht als jetzigen im Alter vermeintlich weise gewordenen Besserwisser aufzuspielen. Auch misslungene Stellen können wichtig sein und wer wahrhaftig sein will, kann nicht an ihnen vorbei.

Der Titel des Buches darf nicht dazu verführen, eine widerspruchsfreie, heile Welt zu beschreiben. In jedes Leben gehören auch Abgründiges und Dunkles, Zerrissenheit, Verlust und Verzweiflung und auch Peinliches. Nicht alles, was damals beschämte, ist Schnee von gestern. Allerdings wäre andererseits ein reiner Zerknirschungs- oder Problematisierungstext egomanisch und langweilig. Gefragt ist ein mittlerer Kurs, so ehrlich wie möglich, so offen wie anderen und mir gegenüber vertretbar.

WAS UNS FORMTE

Jeder männliche Aufwachsende hat fünf Einflusscluster: Vorfahren und Eltern, Lehrer und anderen Respektspersonen (wie es damals noch hieß und auch so gemeint war), Mitschüler, Mädchen und Medien. Und dann hat man es, gerade in der Pubertät, heftig mit sich selbst zu tun. So ist der Text gegliedert, nicht streng chronologisch.

Es gibt in meiner Familie eine Tradition, nicht ohne Lebensbericht abzutreten. Fest verankert ist die Überzeugung, dass jeder von uns auf den Schultern seiner Vorfahren steht und nicht nur den Nachkommen, sondern auch den Vorfahren Rechenschaft geschuldet ist. Auch das ist ein Schreibgrund, der vielleicht auch für Sie, Leser und Leserin, gilt und Sie ermuntert, diesem Text weitere Lebensberichte folgen zu lassen.

Der Begriff »Die Glücksverwöhnten« ist gesetzt. Die Diskussion ist eröffnet

Im soziologischen Sprachgebrauch wird gerne vom Idealtypus gesprochen. Damit meint man nicht etwa einen besonders gelungenen Menschen, sondern jemanden, der idealerweise für eine Aussage, eine These, steht. Ich behaupte, dass mein Lebensbericht der Jahre bis zum Studium idealtypisch die These von der glücksverwöhnten Generation untermauert. Dem steht, wie ich meine, nur scheinbar meine Herkunft aus einer adligen Gutsbesitzerfamilie entgegen. Denn als Flüchtlingskind ist der Zusammenhang zwischen Adel und Besitz durchbrochen und Besonderheiten sind eingebildet oder fälschlich zugeschrieben und belanglos. Gleichwohl beschäftige ich mich mit der Frage, ob meine Herkunft für mein Leben von Bedeutung ist. Darin sehe ich keinen Gegensatz. Aber die Entscheidung, ob die Grundthese von der Glücksgeneration, bezogen auf die zwischen 44 und 64 Geborenen, trägt oder nicht, liegt nicht bei mir. Praxisberichte, Reflektion und Widerspruch können den Begriff als unzutreffend zurückweisen oder bestätigen.

Überaus wünschenswert wäre, wenn nachfolgende Generationen am Ende ihres Lebens die Glücksverwöhnung gegen alle düsteren Gegenwarts- und Zukunftsbeschreibungen auch für sich reklamieren wollten. Vielleicht müssen sie, anders als wir, lernen damit klar zu kommen, dass es nicht nur aufwärts geht. Dann geht es um die Perspektive. Kann man aus weniger mehr machen?

Viel Spaß beim Lesen und beim Abgleich entlang der zweiten (inneren) Agenda: »War es bei mir auch so?«

Henning von Vieregge,
An der Jahreswende 24/25

1. Ich

Ob man seine eigene Kindheit für gelungen hält oder für belastet, hängt vermutlich kaum von äußeren Gegebenheiten ab, wenn diese nicht das Maß des Ertragbaren übersteigen, sondern von dem Maß an Liebe, das man bekommt oder das einem vorenthalten wird.

Meine Geburt kurz nach Weihnachten 1946 sollte später stattfinden, eigentlich gehöre ich zum Jahrgang 47, bin aber schon Ende 46 in die Welt gepresst worden. Als ein Kind von 922.000 dieses Jahrgangs.

Ich wurde also am 28.12.1946 geboren, wie gesagt etwas vorschnell. Zum Jahr 46 gibt es die Geschichte, der Hohlweg von Stendorf, dem Dorf, in dem ich aufwuchs, zur Landstraße nach Eutin sei so verschneit gewesen, dass zur Freiräumung in zwei Schichten übereinander geschippt werden musste. Tatsächlich war der Winter 1946 ein Jahrhundertwinter. Andere sprechen auch von einem Hungerwinter. Die Kälte erreichte über einen langen Zeitraum minus 20 Grad.

11/45-09/54 Wirtschafter und Hausgehilfin Stendorf b. Eutin(Holst.) mit Sohn Henning geb. 28.12.46

Die Menschen waren unterernährt und 80 Prozent der Häuser waren zerstört. Heizmaterial fehlte.

Als Baby war ich nicht nur ein Freudenquell, das ist überliefert. Ein großes Thema ist der geraubte Schlaf der Eltern. Meine Mutter erzählte gern, mein

Gut Stendorf mitsamt seinem Dorf bildet heute einen Ortsteil der Gemeinde Kasseedorf mit rund 40 Einwohnern. Die Verwaltung des Gutes erfolgt über die auf dem Hof ansässige Gutsverwaltung. Stendorf, so ist zu lesen, diente in den vergangenen Jahrzehnten aufgrund seiner idyllischen Lage als Drehort für mehrere Fernseh- und Kinofilme.

Vater habe einmal versucht, mich umzubringen. Sie hat aber gleich entschuldigend hinzugefügt, ganz so sei es nicht gewesen. Er habe furchtbar anstrengend arbeiten müssen, früh raus und bis abends spät. Körperlich vor allem. Und ich, ein zartes Kind, hatte Magenpförtnerkrämpfe.

In Margots Erinnerungen heißt es:»Der erschöpfte Konni konnte nachts nicht schlafen. Es war doch alles etwas schwierig.« Und dann lese ich noch, ich sei »ein Vaterkind, das jeden Abend strahlend auf seinen heimkommenden Vater zulief. « Ich ein Vaterkind, Jürgen, mein jüngerer Bruder, ein Mutterkind und Walburg, meine fünf Jahre jüngere Schwester? Ein Thema zur Familienkonstellation, das uns bis zum Tod der Eltern – meine Mutter starb fast 95-jährig am 5. April 2019 – beschäftigte.

DER TOD MEINES BRUDERS: GOTT WOLLTE IHN RASCH ZURÜCK

Meine früheste Erinnerung ist der Tod meines Bruders Jürgen. Mein Bruder, den kein Netzeintrag kennt, starb zweijährig in Stendorf bei Eutin.»Dann kam der schrecklichste Tag in unserem Leben – der 24. April 1951«, schreibt Margot. Jürgen hatte im Garten hinter dem Haus des Inspektors gespielt.

Meine Erinnerung: Eine rasende Angst meiner Mutter, die immer wieder seinen Namen ruft und im Garten auf und ab sucht. Dann sehe ich meinen Bruder, bleiches Gesicht am Rand des Ententeichs auf einer Baumwurzel, ich sehe seine Locken, die Augen sind geschlossen. Dann Rufen, eilige Bewegungen, Fischer Howe kommt von rechts, mein Vater von vorn. Das Kind, der Bruder, an Land gezogen und aus seinem Mund fließt Weißliches. Meine Mutter lehnt auf dem Pfosten der Pforte und ich versuche sie zu trösten. Diese Pforte, so hieß es später, sonst immer geschlossen, hatten Handwerker offen gelassen. Welche Vorwürfe machten sich meine Eltern? Ich weiß es nicht. Jürgen, blonder Lockenkopf, große blaue Augen, wurde als Engel bezeichnet, dessen Existenz auf der Erde kurz bemessen war; Gott wollte ihn rasch zurück.

Jürgen 28.09.1949–24.04.1951

Das ungelebte Leben meines Bruders blieb ein Thema in der Familie, die Trauer verließ Margot ihr Leben lang nicht. Die Engel-Erklärung war ein schwacher Trost für eine Gottskeptische.

UND WER IST TONI TUREK?

Angela, meine Frau und Ratgeberin, meinte neulich, ich solle »Das Wunder von Bern« anschauen. Der Film des Regisseurs Sönke Wortmann aus dem Jahr 2003 erzählt die Geschichte von Deutschlands unerwartetem Sieg bei der Fußball-Weltmeisterschaft 1954 in Bern. Darüber hinaus beschreibt er die Schwierigkeiten eines heimgekehrten Kriegsgefangenen, der sich in seinem alten Leben nicht mehr zurechtfindet, parallel zum deutschen Erfolg aber seinem Sohn und seiner Familie wieder näher kommt. Das ganze Umfeld im Jahre 1954, das der Film zeigt, die zerbombten Städte,

Anton »Toni« Turek (* 18. Januar 1919 in Duisburg; † 11. Mai 1984 in Neuss) war ein deutscher Fußballspieler und Weltmeister von 1954. Während seines Kriegseinsatzes an der Front durchschlug ein Granatsplitter seinen Stahlhelm und blieb lebenslänglich im Hinterkopf stecken. Zwischen 1950 und 1954 bestritt er 20 Länderspiele für Deutschland. Turek war bekannt für sein gutes Auge und rührte sich manchmal selbst bei Bällen nicht, die nur knapp am Tor vorbeigingen. Bundestrainer Sepp Herberger hielt ihn für einen genialen Sportler mit gelegentlich leichtsinnigen Zügen.

immer noch nur notdürftig aufgebaut, immer noch Heimkehrer aus Russland, immer noch Arbeitslosigkeit und Elend: Wie lange noch nach Kriegsende litten eigentlich Städter, insbesondere Flüchtlinge, solche Not, dass sie gezwungen waren, aufs Land zu fahren, um dort Lebensmittel zu ergattern?

Der Volkswitz hat die Eintönigkeit der Ernährung treffend in folgendem Dialog karikiert:

Ehemann: »Was gibt es heute zu essen? «

Ehefrau: »Kartoffeln«.

Ehemann: »Und was dazu?«

Ehefrau: »Gabeln. «

Ich meine, mich daran zu erinnern, dass ich an einem Kartoffelfeld stand und beobachtete, wie es für die wartenden Städter freigegeben wurde, die dann zur Nachsuche auf den Acker durften. Wir dagegen hatten es besser als sie. Wenn die Kartoffeln geerntet und gekocht waren, wurden sie als Schweinenahrung in eine betonierte Grube geschüttet. Wir saßen am Grubenrand hatten Margarine und Salz dabei und aßen so viele Kartoffeln, wie wir konnten. Mein damaliger Freund Reinhard sagt, wir hätten sie »Puhkartoffeln« genannt, wusste aber auch nicht mehr, wie wir auf diesen Begriff gekommen waren. Bei dem Film »Das Wunder von Bern« übrigens habe ich mich an eines der Langzeitdönekens der Familie, die mich betraf, erinnert. Ich soll bei der Fußballweltmeisterschaft 1954, die auch in Stendorf am Radio verfolgt wurde, immerzu gefragt habe: »Und wer ist Toni Turek?«

HANIMAG UND DEULIMAG, EINE NACKTE FRAU UND DIE MISSGLÜCKTE HÜHNERBEFREIUNG

Erinnerungen kümmern sich nicht um chronologische Abläufe, sie kommen und gehen zeitlich unsortiert. Für einen Schubs in die Stendorfer Zeit sorgte Peter Kurzeck[2]. Durch ihn kamen Bilder, Gerüche, Geschichten hoch ins Bewusstsein. Die Hühner, die sich im Sand Vertiefungen graben und die Sonne genießen. Die Pferdefuhrwerke, die es tatsächlich in Stendorf noch gab, wie sie morgens aus dem Hof fuhren. An die beiden Trecker erinnere ich mich, einen grünen Deutz und einen grauen, blubbernden Hanomag. Mein Vater erzählte, sie seien in Mecklenburg technisch viel weiter gewesen als hier in Schleswig-Holstein und er habe vom Ruf profitiert, in technischen Dingen versiert zu sein.

»Hanimag« und »Deulimag« spielten Reinhard und ich. Lothar, der Jüngste von uns dreien, lief schreiend, so erinnert er sich, hinter uns her. Für ihn war ja kein Trecker mehr übrig. Lothar, heute Arzt, berichtet, er sei als Jüngster im Trio schlecht behandelt worden. Einmal habe er mir im Streit in den Unterleib getreten, »jedenfalls sacktest du jammernd zu Boden und ich konnte mich von der Umklammerung befreien und lief nach Hause. Allerdings warst du noch in Sichtweite, als ich merkte, dass unsere Haustür verschlossen war. Nun hatte ich fürchterliche Angst, dass du das auch bemerken würdest und dass du dich als der Stärkere von uns beiden nun rächen würdest. Aber Gott sei Dank hast du das nicht getan. «

Mit den Söhnen des Lehrerehepaars, zu denen die Eltern ebenfalls eine gute Beziehung hatten, war ich befreundet. Reinhard hat an meinem Vater imponiert, dass er mit seiner linken Hand, an der zwei Finger und der Daumen halb abgeschossen waren, das Motorrad seines Bruders, als dieser losfahren wollte, hochhob, so dass das Hinterrad durchdrehte. Ich habe diese Hand sehr gemocht und Konrad nutzte die fehlenden Finger, um Kindern, später Enkeln, gruselige Geschichten darüber zu erzählen, wie er sie eingebüßt hatte. Durch Nasebohren beispielsweise.

Zu Margot fiel Reinhard ein, dass sie mit uns Kindern Schwimmen im Stendorfer See war und meine Mutter sich völlig nackt ausgezogen habe. »Der Anblick dieser schönen Frau hat mich noch jahrelang beschäftigt«, so Reinhard. Diese Geschichte hat mich verblüfft, denn Nacktheit vor anderen wurde in der Familie eher vermieden.

Reinhard als der Älteste von uns dreien befahl Lothar und mir, als wir einen Baum erkletterten, nicht weiter zu klettern. Er als Boss wollte auch auf dem Baum der oberste sein. Das fand ich so ungerecht, dass ich mir diesen Vorfall gemerkt habe.

Als wir Hühner, die im Stall des Kutschers in ihren Kästen saßen und brüteten, befreien wollten, d. h. sie ergriffen und vor der Tür in die Luft warfen, mussten wir bald einsehen, dass die Befreiungsaktion weder bei den Betroffenen noch bei den Erwachsenen auf Zustimmung stieß. Die Hühner machten großes Geschrei und rannten zurück in ihre Unfreiheit. Ihr wildes Gegacker brachte meinen Vater auf den Plan, der mir kurzerhand eine schmierte. Es hat mich ungemein getröstet, dass Reinhard und Lothar ebenfalls einer Ohrfeige erhielten. Reinhard erinnert sich, dass wir auch Eier an die Wand des Hühnerstalls geworfen hätten und dass ich von meinem Vater den Hintern versohlt bekam, er und sein Bruder aber nur Backpfeifen.

Erinnerungen können unterschiedlich sein und in jedem Fall tröstlich. Die Geschichte wanderte in den Anekdotenschatz, der immer mal wieder geöffnet wurde, ergänzt um die Mitteilung, die Eltern meiner Freunde hätten sich bei meinem Vater für die Züchtigung ausdrücklich bedankt. So war das damals. Kinder hatten viel Freiraum, so lange sie nicht den Erwachsenen ins Gehege kamen. Dann waren Schläge erlaubt und die Solidarität unter Eltern war ausgeprägt.

Der Größte, mit dem Roller, das bin ich. Die beiden Kindermanns zur Rechten und zur Linken.

DER UNSICHTBARE FEIND UND DER SICHTBARE OSTERHASE

Wer in seinen frühen Erinnerungen kramt, stößt wie ich auf das Phänomen, dass Erlebnisse mit einem Elternteil sich besonders gut merken lassen, sofern es sich um etwas Ungewöhnliches handelt, zum Beispiel der Besuch der Mutter in einem geheimen Versteck. Wir hatten in einer dichten Hecke eine Höhle gebaut und hatten einen Eimer oder eine große Büchse zum Sitzen hingestellt. Damit es Margot, der einzige Erwachsenenbesuch, an den ich mich erinnere, bequemer hatte, hatten wir ein Polster aus Gras drauf getan. Wir hatten die Höhle als Rückzugsmöglichkeit gegen eine feindliche Bande gebaut. Die feindliche Bande, Jungen aus dem Nachbarort, bekamen wir nicht zu Gesicht; sie existierte nur in unserer Fantasie, die aber immerhin ausreichte, so erinnert sich Lothar, ihn des Verrats zu bezichtigen. Fieses Verhalten ist bei Überlegenheit nicht beweispflichtig. Es scheint im Nachhinein, als hätte der Jüngste nicht so viel Spaß am Miteinander gehabt wie es mir die Erinnerung einreden möchte.

Zwei weitere Geschichten, die es in den Erzählkanon der Familie schafften, liegen vermutlich weiter zurück als die Hüh-

nersaga. Das war, als ich schon wusste, es gibt keinen Weihnachtsmann. Oder besser gesagt: Es gibt einen, aber der ist ein
verkleideter Bekannter meiner Eltern. Als der an einem Heiligabend zu uns kam, die blanke Treppe hoch auf den Speicher, wo
wir wohnten, sehe ich meinen Vater, wie er versucht, dem Weihnachtsmann als Dankeschön einen Eierlikör einzuschenken. Der
wollte aber nicht aus dem Glas kommen, denn sie standen im
Vorraum unseres Zimmers, wo es keine Heizung gab und der
Eierlikör war eingefroren.

Gut, also kein Weihnachtsmann. Aber einen Osterhasen, davon war ich länger überzeugt, den gibt es. Ich hatte ihn selbst
gesehen, als meine Mutter mit meiner Schwester im Kinderwagen und mir im nahen Park spazieren ging. Da war ein Hase über
eine flache Steinmauer gehoppelt. Auf dem Rückweg fand ich
tatsächlich an just der Stelle, an der ich den Hasen gesehen hatte,
Ostereier. Einen besseren Beweis konnte es nicht geben. Die Aufklärung kam später.

Abwaschbare Vorhänge im Herrenhaus, Klappschnitten beim Inspektor

Apropos Park: Einmal wagten wir uns durch das Tor in den Park
zum Herrenhaus vor, das lag auf einer Anhöhe mit Blick zum See.
Der Besitzer von Stendorf, ein Reeder aus Hamburg namens Böger, war ein alter Herr und freundlich zu uns.

Im Herrenhaus durften wir uns mit der Hilfe eines Angestell-
ten die Küche ansehen. Das reichte, um den Eltern zu berichten.
Man hatte uns die Vorhänge gezeigt. Abwaschbar! Unsere erste
Begegnung mit Plastik.

1954 starb der alte Böger. Ich erinnere mich an viele dunkle
Autos. Es muss eine große Beerdigung gewesen sein. Nachfolger
wurde sein Sohn, der hieß wie sein Vater Marius mit Vornamen,
aber mit Dr. Das schnappten wir auf und auch, dass er vom Ver-
walter für leichtsinnig gehalten wurde. Und eine eigene Firma
hatte.

Ich durfte (oder musste) am großen Tisch mit dem Gutsver-
walter, seiner Frau, meinen Eltern und den Praktikanten sitzen,
da bekam man auch als Kind Einiges mit. Alle am Tisch aßen
Klappschnitten, nur Herr Boysen nicht. Der belegte die ganze

Scheibe Brot, sehr zu meiner Bewunderung, mit Wurst oder Käse, der mit einem Extra-Messer geschnitten wurde, damit die Scheiben nicht etwa verschwenderisch dick waren. Mittags wurde um kurz nach eins das Radio laut gedreht und der Wetterbericht angehört. Dann waren alle still und ich verstand, dass hier Bedeutsames zu hören war.

Für uns Kinder war Inspektor Boysen die Autorität schlechthin. Er schritt immer mit Handstock als Zeichen seiner Würde (bei Vorgängern sicher auch als Instrument zur Züchtigung unbotmäßiger Arbeiter im Einsatz), über den Hof, mit Schlacks, dem Schäferhund, an seiner Seite.

Stellmacher und Schmied, die ihre Werkstätten zwischen Inspektorenhaus und Park Richtung Herrenhaus hatten, waren Anlaufstellen unserer Neugierde. Beim Kutscher bekamen wir Brote mit Zucker drauf, undenkbar im Boysen'schen Haushalt.

Eine Autoritätsperson zweiter Ordnung auf dem Hof war der Leiter des Büros des Gutes Stendorf, ein Herr Reis. Ich könnte schwören, dass er immer Fliege trug. Einmal in der Woche versammelten sich die Dorfbewohner bei ihm vorm Büro, dann teilte er Post aus. Wir bekamen keine, wollten aber diesen Höhepunkt des Gutslebens keineswegs verpassen.

WEITGEHEND UNBEAUFSICHTIGT: KLEINE UNGLÜCKE BEI GLÜCKLICHEM AUFWACHSEN

Zu den Besonderheiten früher Kindheit gehören kleine Unglücke und Missgeschicke. Nach dem großen Unglück, das meine Eltern mit dem Tod von Jürgen traf, hätte man denken können, sie hätten sich nun zu Hubschrauber-Eltern entwickelt, aber weder der Begriff noch die Sache waren damals üblich. Freies Kinderleben, wie es damals auch Stadtkinder kannten, die in den Ruinen herumstromerten, nicht selten auf Munitionsreste stoßend. Aber auch auf dem Lande konnte man zu Schaden kommen.

Im Winter bin ich einmal auf einem zugefrorenen Graben eingebrochen, weil einer der »Kindermänner«, als das Eis knackte, schnell ans Ufer sprang und somit das Gewicht bei mir war. Ein andermal habe ich mir beim Schaukeln auf einer Eisenpforte, die auf der obersten Reihe spitz zulief, eine blutende Wunde auf der Stirn zugezogen; eine kleine Narbe ist heute noch zu sehen. Eine weitere Narbe außen am linken Auge erinnert an Freude. Jemand hatte mir 50 Pfennig geschenkt und auf Socken bin ich vor Glück durch das Zimmer geschliddert, ausgerutscht und mit der Schläfe auf eine Stuhlkante gefallen.

Ein weiteres Fast-Unglück hatte mit einem Gummiband zu tun, dass ich mir, zum Mittagschlaf verdonnert, aus Langeweile so fest um den Daumen gewickelt hatte, dass meine Mutter nach einem Entsetzensschrei den schon reichlich von der Blutzufuhr abgeschnittenen Daumen vorm Absterben retten musste.

Das gemähte und getrocknete Gras wurde vom Heuwa-

gen durch einen Schlauch in die obere Etage der Scheune geblasen. Wir wählten den umgekehrten Weg, stiegen oben ein und rutschten durch den Schlauch hinunter, gewiss auch keine Sache, die Eltern, hätten sie es denn mitbekommen, als ein förderliches Kindervergnügen eingeordnet hätten.

Reinhard, Lothar und ich waren stundenlang unterwegs und die Eltern wussten nicht, wo wir gerade steckten und was wir gerade machten. Weitgehend unbeaufsichtigt im Leben und in der Natur zu sein, das wäre auch meinen Enkeln zu gönnen. Es ist heute in dieser Form offenbar nicht mehr möglich und wird auch von vielen Eltern nicht mehr so ertragen.

An die wenigen Reisen, von denen meine Eltern in ihren Erinnerungen berichten und beschreiben, wie aufwendig und mühsam An- und Abreise zu diesen Verwandtenbesuchen (Urlaub kam erst später) waren, habe ich kaum eine Erinnerung. Einmal habe ich mich in einer fremden Stadt bei meinem Vater an die Hose gehängt und mittragen lassen, bis ich merkte, es war ein Fremder und nicht mein Vater. Der Mann lachte, aber ich war zutiefst erschrocken. Ein andermal bin ich ausgerissen, ich wollte heim. Man fand mich im Wald, eingeschlafen.

Sehr eingeprägt hat sich eine Szene mit Boysens. Mein Vater hatte, wie er berichtete, aufgrund einer Sonderzahlung als Kriegsversehrter ein gebrauchtes DKW-Motorrad kaufen können und damit machten wir Ausflüge. Ich saß vorne auf dem Tank zwischen den Armen meines Vaters, meine Mutter dahinter auf dem Rücksitz. Bei einem Sonntagsausflug streifte uns ein Mercedes. Ich erinnere mich dunkel, dass das Motorrad kippte und wir auf der Straße landeten.

Als wir nach Stendorf zurückkamen, stürmte ich, meinen Daumen hochhaltend, in das Wohnzimmer des Inspektors, um Boysens, die gerade Sahnetorte aßen, von dem Unfall zu erzählen. Ich konnte am besagten Daumen eine Schramme zeigen. Meine Eltern folgten, ihre Schäden – Verbände an Armen und Beinen – waren deutlich größer. Wie ich später erfuhr, hatte Konrad beim Sturz das Lenkrad nicht losgelassen, sodass mir nichts passierte. Die erschrockenen Boysens gaben mir ein Stück von ihrer Sahnetorte.

Mein Vater hatte zeit seines Lebens einen Neck-Humor, nicht immer vom Kind verstanden und gemocht. Aber doch ein gutes Training fürs Leben. Einmal hatte ich ein Geschenk für meine Eltern zu Weihnachten, auf das ich sehr stolz war. Es war eine Vase, die ich bis zum Fest auf einen Schrank gestellt hatte. Konrad löcherte mich auf immer neue Weise, ich solle doch mal sagen, was sie von mir zu Weihnachten bekämen. »Das sage ich nicht, aber wenn ich die Vase sehen will, muss ich auf einen Stuhl steigen«, entschlüpfte es mir. Ich erschrak grässlich über diesen Fauxpas, den mein Vater, wie es schien, nicht gehört hatte, aber ich wusste genau, dass das nicht stimmte.

VERSCHICKT, GEBOREN UND OPERIERT

Ich wurde im Nachbardorf eingeschult. Da war ich schon sieben, denn im Jahr zuvor hatte ich eine feuchte Rippenfellentzündung gehabt und sollte geschont werden. Ich sehe mich auf einem Behandlungstisch sitzen, gelbliches Wasser läuft aus einem Schlauch, der im Körper steckt. Ich werde gelobt und fühle mich tapfer. Im gleichen Jahr später war ich an der Ostsee zur Erholung. Es war ein dunkles Gemäuer, und Schwestern, die etwas von einem wollten. Der Vater hatte mich auf dem Motorrad hingebracht, die Sonne schien, wir saßen an einem Straßenhang, der Verkehr rauschte vorbei und wir aßen Erdbeeren. Es gab nicht viele Momente, in denen ich als Kind meinen Vater alleine hatte. So genoss ich diesen Ausflug mit der Pause und den Erdbeeren, obschon ich merkte, dass er angespannt und traurig war. Er machte sich Sorgen um mich, weil ich nun wochenlang alleine sein würde, aber auch um seine Frau, die hochschwanger war. Und er dachte sicher auch an seine bevorstehende Operation, bei der der Lungensteckesplitter entfernt werden musste. Er wusste, dass dies eine lebensgefährliche Operation sein würde. Ich wusste von alldem nichts, aber ahnte ich etwas?

Zwei weitere Geschichten erzählten meine Eltern oft, bis ich mir nicht mehr sicher war, ob ich mich nicht doch daran erinnere. Es heißt, ich hätte wenige Tage nach Jürgens Tod die Eltern, die traurig zusammensaßen, mit einem Strauß irgendwo gerupfter Schlüsselblumen überrascht. Ich hätte wohl gespürt, dass sie getröstet werden mussten.

Die zweite Geschichte spricht weniger zu meinen Gunsten. Demnach hat mich mein Vater an meinem Verschickungsort an der Ostsee besucht, um mir zu erzählen, dass ich nun ein Schwesterchen hätte. »Und was ist mit Bucks Katze? « hätte ich prompt darauf gefragt. Es ging um die schwangere Katze des Kutschers, die inzwischen auch niedergekommen sein musste. Walburg, geboren am 1. Juni 1953, lernte ich erst nach meiner Rückkehr kennen.

Wenig später wurde mein Vater in Hamburg zum ersten Mal operiert. Es folgten weitere Operationen. Danach war zwar der Splitter raus, mein Vater aber nun zu 100 Prozent Invalide. Ende 52 waren wir beide zurück. Ich muss also mindestens ein halbes Jahr gekurt haben, während Konrad im Krankenhaus knapp überlebte und meine Mutter mit Baby und von Transportmöglichkeiten weitgehend abgeschnitten in Stendorf saß. »Hat diese Zeit etwas mit dir gemacht? «, will Angela wissen. »Muss doch eigentlich, denn als Kind kanntest du die Situation deiner Eltern nicht. Du musst dich verlassen gefühlt haben«. Konkrete Erinnerungen habe ich keine, aber schon, dass es eine dunkle Zeit hinter dunklen Gemäuern war.

DER ERSTE HAHNENKAMPF

Danach also ging's zur Schule. Alle Jahrgänge waren in einer Klasse der Dorfschule im zwei Kilometer entfernten Kasseedorf. Ich erinnere mich an den Schulweg, besonnter Sand. Die älteren Schüler hatten teilweise ein Fahrrad und manchmal nahmen sie uns mit.

Bei einem Schulfest gab es einen Wettbewerb, bei dem es darum ging, mit einem Holzpferd zwischen den Beinen, die linke Hand am Zügel, mit einem Stöckchen in der rechten Hand einen Ring zu treffen. Warum wir galoppierten und nicht einfach am Ring anhielten, kann ich nicht mehr verstehen. Ich hatte aber einen vorderen Platz errungen und bekam einen Siegerpreis. Bei dem Nächstplazierten war dies ein Taschenmesser, das hätte ich viel lieber gehabt. Dies war aber nicht der einzige Feierärger, den ich zu verkraften hatte. Zum Ausklang fand in der nahegelegenen Gaststätte im Festsaal eine Tanzerei statt. Es gab dort ein umschwärmtes Mädchen und ich umschwärmte es auch. Mit einem Konkurrenten – war es vielleicht sogar einer der beiden Kindermänner? – habe ich den Streit vor der Tür ausgetragen. Meine erste Eifersucht. Ich war sehr wütend und wir mussten getrennt werden. Das Schlimmste kam aber noch, als wir Kontrahenten nämlich gewahr wurden, dass es einen lachenden Dritten gab, der die Gelegenheit nutzte und mit dem Mädchen tanzte.

Ich war nur die erste Hälfte des ersten Schuljahres in dieser Schule, danach verließen wir Stendorf in Schleswig-Holstein und zogen nach Niedersachsen.

Durch den Ort Aerzen, wo wir nun etwas außerhalb wohnten, läuft die große Bundesstraße 1, sehr belebt. Da ist es einmal zu einer gefährlichen Situation gekommen. Auf dem Laster stand der Name einer Kaffeemarke und ich habe mir geschworen, in meinem späteren Leben diesen Kaffee nie anzurühren: Vox-Kaffee (1923 gegründet, 1971 an die Melitta-Gruppe verkauft).

ich im eigenen Haus-Eisenacher Weg 3

Die Familie: endlich in eigener Wohnung

Wir lebten übrigens in der gewitterträchtigsten Gegend meines Lebens. Einmal hieß es nach einem furchterregend nahen Blitzschlag, ein Bauernhof ganz in der Nähe sei getroffen worden. Bei schweren Gewittern saßen die zwei Parteien, die außer uns im Haus lebten, bei meiner Mutter im Wohnzimmer, denn im Parterre soll es am sichersten sein. Als Margot eine Gabel in die Hand nahm, gab es großen Protest der Gewitterflüchtlinge: Bloß kein Besteck bei Gewitter anfassen!

Für Margot war ein anderes Ereignis ein viel größerer Schreck, an das mich Walburg erinnerte. Sie spielte mit ihrem Freund Dieter aus dem Haus (der noch in die Hosen machte, was man roch) am nahegelegenen Fluss und sie wuschen nicht die Hose, sondern Schuhe, und dabei fiel Walburg ins Wasser.

»Ich lag völlig entspannt auf dem Rücken und schaute mir die vorbeiziehenden Baumäste über mir an. Das fand ich so schön! Sehr zu meinem Unwillen wurde ich dann plötzlich mit riesigem Geschrei da rausgerissen und anschließend von einer panischen Mutti im Beisein von vielen Leuten warmgerubbelt. Ich genoss die Aufmerksamkeit aller und fühlte mich als Heldin!« Auch meine Schwester gehört zur Glückshauben-Generation.

DER ERSTE KINOBESUCH, NOCH MEHR KINOBESUCHE UND DAS MÄDCHEN UNTERM KIRSCHBAUM

Ein kinderloses Ehepaar von ganz oben im Haus, bei dem ich oft war, nahm mich auch einmal ins Kino mit, da ging es um das Leben Verdis. Ich lernte, wie ergreifend Kino sein kann. Ein regelmäßiger Kinogänger wurde ich nicht, auch nicht in Hannover und später. Aber fünf Filme ganz unterschiedlicher Art sind mir in Erinnerung: »Frage Sieben«, die Geschichte eines Jungen in der DDR, der in einer christlichen Familie aufwächst und in einer offiziellen Befragung sich entscheiden muss, wie er die Frage Sieben, nach der

Hauptquelle seiner Erziehung beantworten soll, wahrheitsgemäß mit »christlich« oder opportunistisch mit »sozialistisch«. Die Antwort entscheidet über die Zukunft des Antwortenden in der DDR. An die Schauspieler erinnere ich mich nicht, die Handlung prägte die Erinnerung. Mir wird im Nachhinein deutlich, dass ich mich früh für ethisch-politische Fragen interessierte.

Der ebenfalls 1961 herausgebrachte Film »Unser Haus in Kamerun« mit Götz George und Johanna von Koczian unter der Regie von Alfred Vohrer ist eine Afrika-Idylle der herzerwärmenden Art, heute nur noch vorführbar als Beispiel für die Kontinuität kolonialistischen Denkens. »Amphitryon«, ein Film aus den dreißiger Jahren (1935) mit den damaligen Stars Willy Fritsch: Jupiter/Amphitryon, Paul Kemp: Merkur/Sosias, Käthe Gold: Alkmene, Fita Benkhoff: Andria, Adele Sandrock: Juno war und ist großartig. Beim »Frühstück bei Tiffany« mit Audrey Hepburn (1961) ist klar, dass sie sich am Schluss kriegen, eine Regenszene vom Feinsten. Ich bin heute noch gerührt.

Und dann gab es, das war schon in Hannover, da noch einen Film, dessen Titel ich vergessen habe, ein dänisches Opus. Es geht um einen alten Mann, der einen Schrei loslassen kann, der bei Frauen sexuelle Gelüste auslöst. Der Mann oder ist es sein Sohn, mittlerweile eingelernt, kommt auf eine Insel und legt los. Der Pfarrer der Insel sitzt gerade bei der Predigt, als seine Frau mit eindeutiger Absicht das Arbeitszimmer betritt. Darauf er, und dieser Spruch war eine Weile viel zitiert: »Aber Liebes, heute ist doch nicht Mittwoch. « Das Besondere an dem Film war, dass die Kamera nicht wie üblich abschwenkte, wenn sich die Frauen auszogen. Die Kamera fixierte im Gegenteil mit offenkundiger Lust die Brüste. Ich war mit den Eltern im Kino und wir wanden uns in wechselseitiger Verlegenheit.

Ach ja, auch ein anderes Mal schämten sich die Eltern meinetwegen. Das war ein Dick-und-Doof-Film und sie schämten sich, weil ich so laut, hemmungslos und ausdauernd gelacht habe.

Weitere Titel, die in den Tagebüchern zur Schülerzeit auftauchen, sind »Ladykillers«, »Der Schatz im Silbersee«, »West Side Story«, »Goldrausch« und »Engel – gibt's die? «.

Fernsehen hat meine Jugend weder verschönert noch beeinträchtigt. In meinen ersten Lebensjahren gab es noch kein Fernsehen, danach nicht in unserer Familie. Erst viel später wurde ein hübscher Sekretär so hergerichtet, dass der Fernseher in den unteren Sektor hineinpasste und mit einer Klappe unsichtbar gemacht werden konnte. Somit war das Wohnzimmer wie immer: ohne sichtbaren Fernseher. Nur dass der Bildschirm nicht auf Augenhöhe war, störte: Ästhetik schlug hier Funktion. Auch war es recht mühsam (die Fernbedienung kam erst später auf), das Programm zu wechseln. Aber es gab ja ohnehin zunächst nur zwei Programme, nachdem 1963 das ZDF als zweites Programm hinzugekommen war. Um Mitternacht endete die Sendezeit, beim ZDF mit der Deutschlandhymne. Davor lächelte ein schnauzbärtiger Sprecher, der üblich nie lächelte, für Sekundenbruchteile, als er Gute Nacht wünschte. Wir warteten drauf. Wer sich vom Schirm nicht treffen konnte, dem blieb wie Werner Enke in »Zur Sache Schätzchen« (1968) nur noch die Möglichkeit, Standbild zu gucken. Aber ich greife vor.

Wir lebten, wie viele andere Familien auch, damals im niedersächsischem Dorf, ein Leben mit geringem Einkommen. Das Essen meiner Mutter fand ich prima. Zum Beispiel Kartoffelbrei, in den ein Loch gegraben wurde, um Fett einzufüllen. Eine Weile aß ich auch gerne Milchreis, zum Beispiel mit Holunderbeeren, die wir gepflückt hatten. Eine Apfelsine haben wir uns in der Aerzener Zeit geteilt. Dass dies sehr bescheidenen Einkommensverhältnissen geschuldet war, war mir nicht bewusst. Meine Eltern redeten vor uns Kindern nicht über Geld und schon gar nicht über Geldsorgen.

Ich sah meinen Vater, wie er am Abend einen Stock in den Tank des Motorrads steckte, ihn wieder herauszog und gedankenvoll auf den Strich schaute. Heute weiß ich, es ging um den Benzinstand und die Frage, wann wieder getankt werden müsste. Er hat mich mal nach Bad Pyrmont, wohin er täglich zur Umschulung fuhr, mitgenommen und auf dem Rückweg, als es abwärts ging, hat er den Motor ausgestellt. So könne Benzin gespart werden, erklärte er mir.

Einmal wollte ich meine Schuhe vom Schuster abholen, da sagte meine Mutter, wir warten noch ein paar Tage. Da war dann ein neuer Monat.

Margot sagte, die Leute würden mich sehr höflich finden, weil ich immer so schön grüßen würde. Ich hatte im Winter meine

Pudelmütze abgenommen, wenn ich in einen Laden trat. Nach der Belobigung war ich noch eifriger dabei.

Von der Kälte ins Warme: Ich soll mal in der Wohnstube so konzentriert gelesen habe, dass ich nicht merkte, dass der Vorhang brannte. Das wurde mir aber nicht als Mangel meines Charakters oder meiner Hobbys angekreidet. Lesen bildet schließlich und die Eltern wollten Kinder, die lesen.

Wir hatten einen Ölofen und wenn der Wind schräg in den Schornstein drückte, gab es eine Verpuffung mit der Folge, dass sich im ganzen Zimmer kleine Ölfetzen ausbreiteten und es unangenehm roch. Eine mühselige Reinigungsaktion war dann notwendig.

Ich kann mich an kein Donnerwetter der Eltern erinnern. Auch nicht, als sich herausstellte, dass bei einer meiner Geburtstagsfeiern die Gäste auszubleiben drohten. Die Eingeladenen trauten sich nicht, zu kommen, denn ich hatte im Vorfeld immerzu ein- und wieder ausgeladen. Ich bin am Tag der Feier auf die Straße gegangen und habe noch eine Geburtstagsgesellschaft zusammenbekommen.

Zwischen uns und dem Nachbarn war ein Zaun und auf der Seite des Nachbarn stand ein großer Kirschbaum. Ein Mädchen auf der anderen Seite des Zaunes schob uns Kirschen durch den Zaun. Wir, ein Freund und ich, forderten das Mädchen auf, ihr Kleid anzuheben. Sie trug kein Höschen. Wir fanden das erregend, ohne genau zu wissen warum.

PRÄGEND: DER NAHGELEGENE BAUER

Nicht weit von uns war ein Bauernhof. Dort haben wir – mit wem eigentlich? – viel Zeit verbracht. Nicht gänzlich frei von Sünde, obwohl ich mich über eine sehr aufgeregt habe: Ein Laib Brot war weggeworfen worden und zwar direkt an die Kirchenmauer. Das fand ich unmöglich; Brot ist heilig.

Die Bäuerin sagte, sie wundere sich, dass die Hühner in der Scheune keine Eier legten. Uns war klar, sie verdächtigte uns, die Eier zu stehlen und sie dann gleich zu kochen. Sie hatte Recht.

Im Sommer brachten wir Buttermilch in der Kanne zu Erntehelfern aufs Feld. Die Buttermilch wurde in den Deckel der Kanne gefüllt, dabei musste man die Löcher zuhalten. Und dann konnte man trinken. Ich könnte schwören, dass die Buttermilch mit Zitrone angereichert war. Sie schmeckte großartig. Jemand schenkte uns für unsere Bemühung etwas Geld. Für 25 Pfennig kauften wir eine Sinalco, gelb mit rotem Punkt. Die schmeckte noch besser, der Geschmack der großen weiten Welt.

Der Bauer nahm uns mit aufs Feld und wir durften Trecker fahren. Von Getreide- oder Gras-Hocke zu Hocke, »bis-zu« genannt. Wir fühlten uns prima. Der Bauer fragte, ob wir wüssten, wie man nach Dresden kommt. Wir wussten es natürlich nicht. Die Antwort des Bauern habe ich nie vergessen: »Steckst den Finger in den Arsch und drehst'en« Es gibt so Vieles, das man sich gern merken möchte, aber warum behält man gerade solche Sachen?

Ich glaube, ich war in Aerzen mit mir im Reinen. Dass mein Vater in Bad Pyrmont seine Ausbildung mit Erfolg abschloss, noch 1955 in Hannover Arbeit fand und ein Jahr lang zwischen Hannover und uns am Wochenende pendelte, bekam ich mit Sicherheit weniger mit als die Eltern.

Vom Land in die Grossstadt: Rolltreppe, Puff und Fussball

Möbelpacker kamen und wickelten alles in Zeitungspapier. Darunter eine Pfanne mit Bratkartoffeln, die wir noch nicht gegessen hatten. Es gibt Tätigkeiten, da ist routinierte Gleichförmigkeit wichtiger als Denken von Fall zu Fall.

Ich durfte im Speditionswagen mitfahren. Als wir dann unterwegs in eine Baustelle gerieten, musste der LKW rückwärts rausrangieren und fuhr dabei ein Fahrrad, das an einer Hauswand lehnte, kaputt. Als der Fahrer ausstieg, um nachzuschauen, näherten sich die Straßenbauarbeiter in offenkundig unfreundlicher Absicht. Da stiegen auch die anderen Möbelpacker aus und fragten, ob etwas anläge. Die Straßenbauarbeiter zogen sich zurück. Ich war froh, mal wieder auf der richtigen Seite zu sein.

Wir zogen in das Stadtviertel List in Hannover, Drostestraße 10 (heute 35). Gegenüber lag und liegt noch heute die Ricarda Huch Schule, damals ein reines Mädchen-Gymnasium, Pendant zur Leibnizschule, auf die ich nach anderthalb Jahren Grundschule und erfolgreicher Aufnahmeprüfung wechselte.

Aus einer Landpomeranze sollte ein Stadtbewohner werden. Das war für mich nicht ohne. Wo immer man hintrat, war der Boden asphaltiert. Jeder Blick prallte auf ein Haus. Es war vorbei mit weiten Blickmöglichkeiten, nach denen ich mich fortan ein Leben lang sehne: Rausschauen zum Horizont, über ein Wasser, über Bäume und Hecken. Von Aerzen aus waren wir mal in Hameln, einem Städtchen von knapp 60.000 Einwohnern. Das fanden meine Mutter und ich damals überwältigend: Bürgersteige, so viele Geschäfte. Da war man doch froh, wenn man wieder daheim war.

Aber Hannover war eine andere Liga: Arminia first!

In so einer Großstadt wie Hannover sind nicht alle Leute freundlich und man weiß, anders als auf dem Dorf, auch nicht, wer wie reagiert. Denn die meisten sind einem bis zur Begegnung unbekannt. Man grüßt sich auch nicht.

Die Hauswirtsfamilie Dröse hatte zwei Söhne, mit dem jüngeren, Dirk, freundete ich mich an. Er zeigte mir, was städtische Zivilisation ist: Rolltreppen, Nutten, Fußball. Wir liefen ins Stadtzentrum und ich bin das erste Mal Rolltreppe gefahren. In der Nähe vom Hauptbahnhof beobachteten wir ein Haus, das anrüchig sein sollte. Als ein Mann aus der Tür trat und seinen Hosenstall zumachte, wussten wir, es stimmt, dies ist ein anrüchiges Haus. Die Begriffe Puff und Nutten fielen. Genaueres wussten wir nicht.

Während Rolltreppen sich ins Normale entwickelten und Bordelle in meinem Leben keine Bedeutung erlangten, war Fußball, neu, aufregend und bleibend faszinierend. Er bekam einen ersten Namen: Arminia Hannover, die Blauen. Arminia war in Hannover hinter Hannover 96, den Roten, die Nummer zwei. Die Dröse-Familie war Fan, also wurde ich auch einer. Wir guckten viele Spiele. Die Namen der Spieler wurden mir geläufig: Werner Olk, Joachim Thimm, Lothar Ulsaß und Gerhard »Amigo« Elfert waren die bekanntesten. Bei manchen Älteren mag bei diesen Namen eine Erinnerung hochkommen, anderen, insbesondere den Jüngeren, verhelfen auch die Informationen im Kasten oben wohl nicht auf die Sprünge.

Zur Theorie sollte die Praxis kommen. Dirk war damals ein bisschen dicklich, aber technisch begabt. Er wies mich ein. Ich, ein bisschen dünn, aufgeschossen und neu im Ballgeschäft, tat mich schwer und verlegte mich aufs Selbsttraining. Meine Übung bestand darin, einen Tennisball gegen die Hauswand zu schie-ßen, nach Möglichkeit den zurückprallenden Ball zu stoppen und erneut gegen die Hauswand zu schießen. Die Probe aufs Exem-pel kam auf dem Bolzplatz am Bonifatiusplatz. Die Kleinsten,

Werner Olk (* 18. Januar 1938 in Osterode in Ostpreußen) ist ein ehemaliger Fuß-ballspieler und -trainer. Von 1956 bis 1960 spielte er in der Fußballabteilung des SV Arminia Hannover, für die er ab 1957/58 drei Spielzeiten in der Amateurober-liga Niedersachsen bestritt. Beim FC Bayern war er bis zu seinem Abschied 1970 Spielführer der Mannschaft, die 1965 in die Bundesliga aufstieg und dreimal den DFB-Pokal und 1967 den Europapokal der Pokalsieger gewann. Zudem wurde der Nationalspieler mit den Bayern 1969 Deutscher Meister und 1970 Vizemeister. Als Trainer gelang ihm in den 1980er Jahren mit dem SV Darmstadt 98 und dem Karls-ruher SC der Aufstieg in die Bundesliga. Mit dem Zamalek SC aus Kairo gewann er 1996 den Afrikapokal der Landesmeister.
Joachim Hermann Anton Paul Harry Thimm (* 30. Oktober 1939 in Seelze; † 14. Juni 2020 in Neustadt am Rübenberge) war ein Fußballspieler, der im Gründungs-jahr der Bundesliga für den Karlsruher SC mit sechs Spielen und drei Toren aktiv war. In der Fußball-Oberliga Süd hatte der Stürmer zuvor für die Vereine FC Bay-ern München und Karlsruher SC von 1961 bis 1963 insgesamt 33 Ligaspiele mit 17 Toren absolviert. Der Jugend entwachsen, entwickelte sich Thimm ab der Saison 1957/58 zur neuen Stürmerhoffnung bei den »Blauen« von SV Arminia Hannover. Mit Arminia, die zum Saisonende 1956/57 aus der Oberliga Nord in die Amateur-oberliga Niedersachsen abgestiegen war, stand das Offensivtalent bis 1960/61 viermal in Folge in der Aufstiegsrunde zur Oberliga Nord – viermal ohne Erfolg. Im Sommer 1961 wechselte er zu FC Bayern München in die Oberliga Süd.
Lothar Ulsaß (* 9. September 1940 in Hannover; † 16. Juni 1999 in Wien) war ein Fußballspieler, der mit Eintracht Braunschweig in der Saison 1966/67 Deutscher Meister wurde. Von 1965 bis 1969 absolvierte der Offensivspieler in der deutschen Fußballnationalmannschaft zehn Länderspiele und erzielte dabei acht Tore. Mit den »Blauen« feierte er 1960/61 und 1961/62 jeweils die Meisterschaft – in 58 Spie-len erzielte er 53 Tore – in der Staffel West und 1962 im zweiten Anlauf den Aufstieg in die Fußball-Oberliga Nord. 1961 scheiterte er mit Arminia im Entscheidungsspiel am Bremer SV 06. Ulsaß war der überragende Spieler bei den »Blauen« vom Bi-schofsholer Damm und erzielte in 32 Ligaspielen 29 Tore. Er war Spielgestalter und Torjäger in einer Person.
Gerhard Elfert (* 6. September 1942 in Hannover, † 29. Juli 2023 in Engelskirchen) war ein ehemaliger Fußballspieler, der in der Bundesliga von 1965 bis 1971 bei Borussia Mönchengladbach und Eintracht Braunschweig 97 Spiele absolvierte und dabei acht Tore erzielte. Gerhard »Amigo« Elfert durchlief bei den »Blauen« der SV Arminia Hannover, alle Jugendklassen und ragte mit seiner hervorragen-den Technik als Passgeber und Einfädler so heraus, dass er für den DFB in den UEFA-Turnieren 1960 und 1961 in der Jugendnationalmannschaft zum Einsatz kam. Jürgen Bitter bezeichnet »Amigo« Elfert als »einen der größten Techniker, die an der Bremer Brücke jemals unter Vertrag standen«. Später zog es Elfert nach Wiehl bei Gummersbach, von wo aus er seiner Tätigkeit als Repräsentant einer großen Sportartikelfirma nachging.

Einübung in die Ballkunst

also auch ich, mussten, wenn sie mittun wollten, ins Tor. Wenn die Größeren heranwalzten, war meine Angst größer als mein Ehrgeiz. Der Ball ging ins Tor und ich wurde angebrüllt: »Warum hältst du denn den nicht?« Ich erkannte erstmals meine Grenzen in dieser Sportart.

Einige größere Jungen waren auffallend blass. Wir schnappten auf, wie sie zu bezeichnen waren. »Sie waren bei der Binnenschifffahrt«, musste es heißen. Wir hatten eine Chiffre verwendet: Binnenschifffahrt stand für Jugendknast. Wir hörten, man könne Automaten knacken, indem man ein Kaugummi um die Münze wickelt, die man dann einwirft. Wir haben das nicht ausprobiert. Auch »schangeln« taten wir lieber unter uns. Uns fehlte das Geld und wenn wir es gehabt hätten, hätten die Großen es uns abgegaunert. Schangeln geht so: Wer eine Münze am nächsten zur Hauswand wirft, darf als erster die Münzen aller Mitspieler aufsammeln, »Kopf« oder »Zahl« sagen und die Münzen in die Luft werfen. Ihm gehören dann die Münzen seiner Wahl. Und dann folgt der zweitbeste usw.

LODERNDER ZORN UND EIN GAST, DER NICHT LANGE BLEIBEN WILL

Wenn ich richtig zornig werde, dann habe ich auf einmal keine Angst mehr. Ich bekam in unserer Straße Streit mit einem anderen Jungen, was in eine Prügelei ausartete. Klotschen behinderten mich beim Laufen. Ich warf sie weg, oder hatte ich einen in der Hand? Jedenfalls, auf einmal war der Zorn da. Lodernd. Das war in dieser Situation ein gutes Gefühl. Ich konnte so den Rückzug, der mir vor den Anderen peinlich gewesen wäre, vermeiden.

Eine Familienstory aus jener ersten Zeit in Hannover, als wir noch in der Drei-Zimmer-Wohnung wohnten, sieht mich in der Straße spielen und Burkhard von der Osten, ein Schulfreund meines Vaters, kommt vorbei.

»Bist du nicht Henning? «

»Ja«

»Ich wollte euch besuchen kommen. «

»Die ganze Bude ist schon voll. «

»Ich will auch nur kurz bleiben. «

»Das sagen sie alle. «

Er brachte stets ein Geschenk für mich mit, eine Rolle Schokoladentoffees der Marke Macintosh, 0,50 DM die Rolle. Dieser Dialog wurde deswegen gern erzählt, weil er diametral zur familiären Ausrichtung stand. Gäste waren immer willkommen, auch als Übernachtungsgäste. Die schliefen dann im Wohnzimmer.

Adolf von Thadden, auch ein Schulfreund aus Misdroy, brachte nichts mit. Er erzählte viel. Er hatte ein faltiges Gesicht mit schräg stehenden Augen und rauchte die ganze Zeit. Er wurde Bubi genannt.

Bei seiner Frau Edith waren wir in ärztlicher Behandlung. Sie

Adolf von Thadden (* 7. Juli 1921 auf Gut Trieglaff bei Greifenberg in Pommern; † 16. Juli 1996 in Bad Oeynhausen) war ein deutscher Politiker verschiedener rechtsextremer Parteien und langjähriger V-Mann des britischen Auslandsgeheimdienstes MI6.

rauchte auch viel und war praktische Ärztin. Ich vermute, sie war es, die mit meiner Mutter ausbaldowerte, dass mir die Mandeln rausgenommen werden sollten, gleichzeitig mit meiner Mutter. Später erfuhr ich, dass meine Mandeln in Ordnung waren, aber die meiner Mutter raus mussten. Da fand man es einfacher, wenn ich auch gleich mit ins Krankenhaus käme. Mein Vater kam am nächsten Tag mit Eis. Das war gut gemeint, aber mir tat alles weh und ich konnte das Eis nicht essen. So etwas merkt man sich besser als all das seit dem genossene Eis.

ZUR KONFIRMATION NICHT SITZEN GEBLIEBEN

Zur Konfirmation im März 1962 waren meine Schulleistungen auf einem Tiefpunkt. Deutsch, Geschichte und Religion als meine exzellenten Fächer konnten mich nicht retten, so schien es, denn

Im Konfirmationsdress mit Schwester Walburg

dagegen standen Mathematik, wo ich selten von einer soliden fünf (mangelhaft) herunter kam und in diesem Jahr auch noch Englisch. Zwei Hauptfächer mit mangelhaft heißt im Halbjahreszeugnis »Versetzung gefährdet« und im Jahreszeugnis »sitzen geblieben«. *Ich glaube, zur Konfirmation gibt's einen Skandal. (24. Januar). Ich glaube, jetzt kann ich endgültig die Hoffnung auf Versetzung begraben, Mathe fünf geschrieben (19. Februar),* schrieb ich in mein Tagebuch.

Aber dann kam ich in den Genuss einer Schenkung. *Verdammt noch mal! Ob es wahr ist? Es ist jetzt 15:28 Uhr und bisher ist kein Brief von der Schule eingetroffen, dass ich sitzen geblieben bin. Ist es zu fassen? (16. März)* Meine Deutsch- und Englischlehrerin in der Mittelstufe, eine von zwei Frauen im gesamten Lehrerkollegium, Frau G. mit Namen, bescheinigte mir in Englisch eine Drei im Mündlichen und die glich die Fünf im Schriftlichen aus. Dabei waren alle Konfirmationsgäste schon von den Eltern vergattert worden, das Thema Schule bitte nicht zu erwähnen. Mein geliebter Großvater Randow hatte das nicht mitbekommen oder hielt sich nicht daran, sondern nahm den Konfirmanden beiseite und erzählte ihm, er sei auch schon mal sitzen geblieben. Worauf ich mit etwas künstlicher Empörung bemerkte »Was heißt hier auch? «

Ich habe meine Geschenke fein säuberlich gelistet und die Hoffnung der Eltern, die Konfirmation könne mich aus meiner auch für sie anstrengenden Orientierungssuche herausführen, enttäuscht. Es gibt ein ursprünglich schwäbisches Mundartstück, »Schweig Bub« von Fitzgerald Kusz, in dem es um eine Familienfeier geht, bei der sich die Erwachsenen lebhaft austauschen und die eigentliche Festperson, der Konfirmand, nicht zu Wort kommt. Das Stück gibt es in verschiedenen Mundarten. Es ist nach meiner Konfirmation geschrieben worden, aber meine Zeilen lesen sich, als ob ich das Stück kurz vorher gesehen hätte:

Es war ein Familienfest. Oft kam ich mir vor, als wäre ich nur Mittel zum Zweck, Mittel zum Zusammenkommen aller Verwandten, aber es ist richtig und schön, wenn die Verwandtschaft, ehrlich gesagt, nicht zum Todesfall zusammenkommt. Diese beschwingte, ausgelassene und doch ernste Stimmung! Wie Tante Gisela zum Abschied alle Männer küsste, was haben wir gelacht. Die Mutti hat so gelacht, dass sie sich fortwährend die Augen gewischt hat. (24. März)

»Was haben wir gelacht« – immerhin war der Knabe beteiligt. Welche Reden gehalten wurden und ob er selbst zu reden hatte (was eigentlich einer Familientradition entsprochen hätte, nämlich den Nachwuchs früh in die auch rhetorische Pflicht zu nehmen), erinnere ich mich nicht. Leider.

STRESS MIT DEN ELTERN

Beginnen wir mit einer Episode, die 1962, zur Hälfte des ersten Tagebuchs, notiert wird und nur mit einer »Sechs« für den mütterlichen Erziehungsversuch bewertet werden kann. Ich wollte zum Fußballspiel aufbrechen, Schulkameraden standen vor der Tür, um mich abzuholen und ich durfte nicht. Da habe ich mich hingesetzt und das Tagebuch mit Verbitterung gefüllt: *Vergiss diese Schmach nicht, Henning. Dich vor allen deinen Kameraden aus der Klassenmannschaft bloßzustellen, dich zu beleidigen und dir zu verbieten, dich am Klassenspiel gegen Isernhagen teilnehmen zu lassen. Zu feige, so hinterhältig, so gemein die ganze Art. Erst in Wut sagen, mach was du willst, und dann einen zurückzurufen. Vergiss das nicht! Hab keine Lust mehr!*

Schon als ich das schrieb, merkte ich, dass ich nicht ganz so sauer war wie die Zeilen vermuten lassen. Aber muss man sich nicht mal vor Augen führen, wie gemein die Welt ist, deren nächste Vertreter unten im Wohnzimmer sitzen und sich hoffentlich schämen?

Es muss in jenen Tagen gewesen sein, in der ein Ereignis nicht mich, sondern Margot zum Heulen brachte. Sie hatte gerade den Boden aufgewischt, er war noch feucht, und ich, ins Haus kommend, hinterließ auf dem Boden unübersehbare Dreckspuren. Es war in diesem Haushalt nicht üblich, dass man beim Betreten des Hauses seine Schuhe mit Hausschuhen wechselte. Das galt als spießig. Diese Einstellung muss man sich allerdings leisten können. Hat man Helfer, die den Dreck beseitigen? Früher hatte man die. Die Flüchtlinge tun noch so, als wäre es wie früher. Dazu passend der Journalist und Publizist Jens Jessen[3]: »Gerade die seelischen und habituellen Klassenmerkmale überleben den faktischen Untergang einer Klasse mühelos um mehrere Generationen. «

Allerdings sollte man sich seine Schuhe, ob mit oder ohne Personal, schon sorgfältig an der Fußmatte säubern. Das war nicht geschehen. Ich fand die Reaktion hysterisch und ahnte doch, dass sie Ausdruck einer Überlastung war, wie sie sich bei einer Eintragung in den Schlussmonaten des Jahres 1962 verdeutlichte:

Eben gerade wieder großer Streit zwischen Mutti und Vati und mir auf der Gegenseite. Furchtbar, schrecklich, nervenaufreibend! Bin ich denn wirklich so schlimm, so pflichtvergessen, so schlampig, so ekelig wie sie immer betonen. Wenn sie dieses lesen würden, würden sie sagen, haben wir nie gesagt, wie ich das hasse, diese Heuchelei (25. Oktober). Und einige Zeit später: *Irgendeine Wut brennt in mir, ich muss einfach contra geben.* (29. November) *Krach, Müdigkeit, Stunk mit den Eltern, die ebenfalls fertig sind. Aber keiner gibt nach. Ein furchtbarer Kampf, den sie aktiv und passiv führen.* (1. Dezember) *Viermal Nachhilfe, meine Fresse, drehe bald durch.*

Die große Wut der Pubertät also. Wütend und unglücklich darüber. Ich sehe die Eltern auf der anderen Seite und im moralischen Recht. Sie wollen das Richtige, ich kann es nicht und manchmal will ich es ihnen auch nicht recht machen. Ich leide und sie sollen mitleiden.

DER JUNGE SCHÄMT SICH SEINER ELTERN

Es gibt noch etwas, das im Tagebuch keine Erwähnung findet und doch mir bis heute nachgeht: Ich schämte mich meiner Eltern und ich schämte mich, weil ich mich meiner Eltern schämte. Was es genau war, was mich an meinen Eltern störte? Immer, wenn wir in einem Lokal waren – das Essen gehen von Zeit zu Zeit begann in jenen Jahren des weiteren wirtschaftlichen Aufschwungs, von dem auch diese Familie profitierte, der Wienerwald war eine der ersten Anlaufstationen – machte mich die Bezahlsituation nervös. Da unterstellte ich meinen Eltern, nicht souverän zu agieren. Hätten sie nicht mehr Trinkgeld geben sollen? Haben sie etwa zu viel gegeben? Hatten sie gelobt, wo es doch eigentlich nichts zu loben gab? Hatten sie nicht genug gelobt?

Aber immer wieder gab es Einbrüche in dieses Schamgefühl. Um dies zu beschreiben, nehme ich eine Anleihe bei Ijoma Mangold[4]. Ihn irritiert, dass Klassenkameraden seine Mutter toll finden. Er fragte sich dann, ob er sich mit seiner zeitweiligen Abwendung von ihr nicht vielleicht doch falsch verhalte. Ähnlich ging es mir. Als Radek beispielsweise, der tschechische Freund, das erste Mal mit zu den Eltern kam, sagte er, bisher habe ihn noch niemand in Deutschland zu seinen Eltern mitgenommen. Er habe das sehr genossen. In der Tschechoslowakei sei das selbstverständlich, in Deutschland aber nicht. Da habe ich mich über meine Eltern gefreut. Das war zwar schon am Anfang meines Berufslebens, aber diese Einstellung meiner Eltern kannte ich schon, seit ich denken konnte. Dass die Eltern etwas gegen einen Freund oder eine Freundin, die mit mir kämen, haben würden, wäre mir auch nicht im Traum eingefallen. Aber diese positive Haltung habe ich als jüngerer Schüler nicht als Besonderheit bemerkt und gewürdigt. Oder doch? Immerhin hielt ich das für erwähnenswert: *Wir haben ein kleines Haus, ein Reihenmittelhaus der Neuen Heimat, aber es ist ein gastliches Haus.*

ALLE DREI SIND ÜBERFORDERT

Die Generation der im Krieg oder unmittelbar nach dem Krieg Geborenen gilt als belastet. »Die Nachkriegskinder (Geburtsjahr 1945–55) wurden zwar erst nach Kriegsende geboren, haben jedoch teils ähnlich prägende Erfahrung wie die Kriegskinder gemacht. Hierzu zählen insbesondere die traumatisierenden Eindrücke des Krieges und der Kriegsfolgen mit all ihren Zerstörungen, Gräueln und Entbehrungen, aber auch die totalitäre und menschenverachtende nationalsozialistische Erziehungskultur, die noch bis in die 1960er Jahre hineinwirkte«, schreibt der Frankfurter Professor für Altersmedizin, Johannes Pantel.

Inwieweit spielt es für die Beziehung zu den Eltern eine Rolle, dass ich, unmittelbar nach dem Krieg geboren, unter den Kriegserlebnissen der Eltern zu leben hatte, schon als Kind die schwere Verwundung und deren Folgen beim Vater miterlebte und gleichzeitig als kleiner Junge krankheitsbedingt drei Monate von den Eltern getrennt war?

Die Beschreibung des Zustands des Vaters zieht sich wie ein roter Faden durch die Tagebücher. Gleich mit den ersten Eintragungen im Januar 1962 schreibe ich: *Auch habe ich Vati das erste Mal im Krankenhaus besucht, was etwas bedrückend war. Mutti war wieder ziemlich nervös, trotzdem sie behauptet, dass ich es sei, was ich erst durch ihr »Nun sei ruhig« richtig wurde. Der Kicker lockt.*

Hier wird ein Kreislauf beschrieben, der in diesen Jahren immer wieder eine Rolle spielt: der Vater ist krank, die Mutter angespannt. Vom Sohn werden Empathie und Rücksicht erwartet. Alle drei sind überfordert. Die Reaktion ist wie eine Übersprunghandlung: Der Kicker lockt.

Vatis Geburtstag war ziemlich bedrückend. Konrads Geburtstag ist am 11. Januar und wenn man das zum zweiten Mal in kurzer Zeit verwendete Wort »bedrückend« auf sich wirken lässt, bekommt man einen realistischen Eindruck von der Last, die alle zu tragen hatten. Die Kriegsfolgen waren tatsächlich tief in mein Aufwachsen eingekerbt.

Weltverbesserer der Traditionsritter

Unsere dreiwöchigen Sommerurlaube, seit diese unserer Familie möglich waren, also etwa ab 1960, verbrachten wir auf dem Priwall gegenüber von Travemünde. Wir schliefen nahe der Zonengrenze in einem Häuschen ohne Toilette und fließend Wasser in je zwei doppelstöckigen Betten. Auf dem kleinen Grundstück gab es eine eingeglaste Sitzecke, die unsere Gäste (die Großeltern Randow beispielsweise) und wir sehr lobten. Der Priwall ist eine etwa drei Kilometer lange Halbinsel an der Travemündung im Osten Schleswig-Holsteins. Er gehört zu Travemünde und Travemünde zu Lübeck. Dass der Priwall vor allem im Sommer sehr frequentiert wird, weil sich auf dem nordöstlichen Teil der Halbinsel ein breiter Sandstrand befindet, kann ich aus eigenem Erleben bestätigen.

Vom Priwall aus wurden Verwandte und Bekannte besucht. In Stendorf, der ersten Arbeitsstelle meines Vaters nach Flucht und Gefangenschaft, war das Verwalterehepaar Boysen in jenen Jahren immer noch da, er stand kurz vor seiner Pensionierung. Die Nachfolge wäre, so der Wunsch des knorrigen Schleswig-Holsteiners, auf den zunächst so kritisch beäugten Mecklenburger gefallen. Konrad war zu jener Zeit im besten Nachfolgealter, um die 40.

Wie gern wäre er es geworden, Vati, der, das war hier ganz deutlich, mit Leuten so großartig umgehen kann und schließlich in die Landwirtschaft hineingeboren ist. Aber er klagt nicht, sondern er trägt sein schweres Schicksal voll Verantwortungsbewusstsein und Größe, ohne dass wir Kinder seine fortwährenden Herzanfälle und Schmerzen auch nur erahnen – Mutti sagt es manchmal, und seine Einstellung zum Leben, zur Ordnung, zum Staat, zum Soldatentum ist so unterschiedlich zu meiner und der der anderen, dass Vati mir oft wie ein Weltverbesserer der Traditionsritter vorkommt.

Pubertäre Spaltung

Manchmal komme ich mir vor wie ein Doppelgänger, der zwei Leben führt, ein seltsam lustiges, überdreht-fröhlich, ausgelassen in der Schule, dieses verdammt Unterdrückte zu Hause, missmutig, unfair und rebellisch.

Lassen wir das verunglückte Bild vom Doppelgänger, der zwei Leben führt, beiseite. Obwohl mich die Schule vor allem in der Mittelstufe teilweise weidlich schlauchte und ängstigte, war ich doch im Ganzen nicht ungern dort, hauptsächlich aus Gründen, die nichts mit dem Unterricht zu tun hatten. Natürlich war ich auch zu Hause nicht durchgängig schlecht gelaunt, wie im obigen Zitat behauptet und rebellische Aufwallungen gab es auch in der Schule. Margot, wissbegierig und durch Erziehung und Kriegsumstände in ihrer Jugend an zu wenig Bildung geraten, nahm zunehmend lernend Anteil an meinem Schulstoff. Und auch das entspannte, denn dies bekam dem Verhältnis weit besser als der schrille (natürlich nicht unberechtigte) Vorwurf, der Sohn widme sich manchen Themen intensiv, zu denen der Schulstoff am wenigsten gehöre.

Die Eltern hatten für ihre Rollenausübung nicht das Vorbild ihrer Eltern. Denn die Gutsbesitzer hatten Personal, das sich um die Kinder kümmerte. Und dann gab es das Internat und bei der

Generation der Großeltern für die Jungen die Kadettenzeit.

Als unsere Familie mal bei schleswig-holsteinischen Gutsbesitzern eingeladen war – sie, eine elegante Erscheinung, die vom Reiten kam, abstieg und das Pferd einem Knecht übergab – besprachen wir anschließend innerhalb der Familie, was wir beobachtet hatten. Die Kinder des gräflichen Gutsbesitzerpaares nahmen nicht am Abendessen teil, sie wurden angereicht zum Gutenachtkuss und wieder fortgebracht. Meine Eltern meinten, dass es innerhalb unserer Familie, wenn das Gutsleben in Mecklenburg so weitergegangen wäre, vielleicht ebenso praktiziert worden wäre. »Da haben wir es doch jetzt viel besser.« Haben wir Kinder (meine Schwester und ich) diesen Satz gefühlt oder hatte ihn einer der Eltern gesagt?

Andererseits: Abstand und Nähe müssen in diesem Modell einer modernen Kleinfamilie immer wieder tariert werden. Wer enger aufeinander hockt, bekommt, ob gewollt oder nicht, sehr viel mehr vom anderen Familienmitglied mit und muss damit klarkommen. War der Abstand zu gering aus Sicht der nachfolgenden Generation, wird dies als Übergriffigkeit kritisiert. War der Abstand zu weit, wird dies als mangelnde Zuwendung angeprangert.

Vati sehr elend, Mutti Herzbubbern. Gegenseitig versuchen sie, so wenig wie möglich zu verlautbaren; sie lieben sich so, dass die Krankheit bei dem einen den anderen im Mitgefühl ebenfalls echt leidend zu mindestens aber schwer nervös macht.

Ich kann also festhalten, was mir damals auch schon bewusst war: Ich bin mit liebenden Eltern aufgewachsen. Allerdings auch mit einem Vater, dessen prekäre Gesundheit die Familie zeitlebens begleitete. Erkrankungen meiner Mutter gingen dabei fast bis zum Tod meines Vaters weitgehend unter. Der Hinweis auf Margots Herzgeschichte ist zweifach richtig: Ihr Vater starb vergleichsweise früh an Herzversagen und sie selbst bekam später einen Herzschrittmacher. Während Konrad im Laufe seines Lebens an Kraft und Autorität nicht aber an Ausstrahlung verlor, hatte Margot in der Beziehung zunehmend die entstehende Lücke zu füllen. Darüber äußerte sie sich bisweilen unzufrieden. In späteren Jahren war ich mir nicht sicher, ob ich ihr diese Einlassung abnehmen sollte oder als Camouflage einer Rolle einzuordnen hatte, die sie gern ausfüllte.

Ich bin mit der Vermutung in den Text gestartet, ich würde aus einem konservativen Elternhaus stammen und sei in einer liberalen Schule gewesen. Ich greife vor, denn die Beschreibung der Lehrer folgt ja noch, aber es ist vielleicht angebracht, hier schon den Akzent zu setzen.

Die Vermutung »konservative Eltern, liberale Lehrer« wird sich als überwiegend falsch erweisen. Richtig ist, dass Eltern und Lehrer, beide geschüttelt durch das knappe Überleben im Zweiten Weltkrieg, Autorität reklamierten und bei Widerspruch autoritär versuchten, ihre Macht zu bewahren unter dem Vorwand, dies sei das Beste für uns Kinder/Schüler. Dabei trugen sie doch die Brüche in sich. Gemessen an der Wehleidigkeit in den nachfolgenden Generationen konnten sie sich Mitleid mit sich selber nicht zugestehen. Die aktuelle Kritik an dieser Generation der Überlebenden ist weitgehend ungerecht, weil aus der Gegenwart gespeist.

VOM BALL AN DIE SCHREIBMASCHINE

In den ersten Jahren der Unter- und noch der Mittelstufe war Fußball ein gewichtiger Teil meines Lebens in Schule und Freizeit. In den ersten Jahren rannten alle Spieler gleichzeitig hinter dem Ball her, so dass Geknuddel in den Ecken und große Leerräume auf dem Feld charakteristisch waren. Später – wir Schüler hatten nun eine bessere Kondition und begannen, uns auf dem Spielfeld zu verteilen – hielt ich mich vorsichtshalber im Mittelfeld auf, denn hinten war man schuld bei einem Erfolg des gegnerischen Stürmers und vorne wurde man bedrängt und musste schlimmstenfalls im wahrsten Wortsinne den Kopf hinhalten. In der Mitte hingegen konnte man Regie führen und den irgendwohin geschlagenen Ball vorwurfsvoll adressieren: Hey, der war für dich. Ich habe mir gegenüber den Verdacht, dieses sich in der Mitte halten mit Optionen nach allen Seiten blieb ein Kennzeichen in meinem Leben, auch über den Fußball hinaus. Meine Kinder amüsierten sich über meine Neigung, nicht auf der linken oder rechten Fahrbahnseite zu fahren, sondern auf dem Mittelstreifen. Meine zeitweilige Mitgliedschaft in der FDP und oftmalige Wahl dieser Partei passt ebenfalls in dieses Verhaltensschema. Übrigens kann man auch meinen Versuch in der Studentenpolitik, zwischen rechts und links zu stehen, zweifach deuten: als Moderationsbemühung zwischen Blöcken oder als opportunistisches Schwanken mit der Möglichkeit, sich spät und vorteilhaft zu entscheiden. In der Selbstbeschreibung moderierte ich stets aus der Mitte heraus. Der Anspruch auf Führung war stets damit verbunden.

HAARIGE FAMILIENGESCHICHTEN

Konrad trug seine Haare stramm nach hinten gezogen. Im Alter wurden die Geheimratsecken größer. Angela erzählte mir dasselbe von ihrem Vater. Zu jener Zeit wurden die Haare überwiegend durch Haarwasser (Birkin!) oder Pomade (Brisk!) gelenkt, manchmal durch einen Mittelscheitel geteilt. Theo Lingen, Volksschauspieler mit überwältigender Komik, war Mittelscheitelträger. Aktuell der letzte, der mir einfällt, war der langjährige hessische Ministerpräsident Volker Bouffier. Ihm ist irgendwann offenbar geraten worden, damit aufzuhören und er folgte diesem Rat, was seine Beliebtheit womöglich gesteigert hat. Anders Konrad. Er widersetzte sich Änderungswünschen.

Vatis Haare fallen doch mächtig; sowohl vorne, als auch die Platte stößt doch mächtig durch. Wir versuchen vergebens, ihn dazu zu bewegen, sich die wenigen Haare nicht nach hinten zu zerren. Mittels Bürste kämmte ich sie ihm nach vorne. Er sah viel, viel jünger aus, erinnerte jedoch etwas an Nero mit seinem vollen Gesicht und den nach vorn gekämmten Haaren. Unser Lachen zog ihm den Kamm aus der Tasche und die Haare wieder in die alte (Un-) Form. Die anfangs so lustige Geschichte endete in leichtem Misston. (20. April 1965)

Meine Klasse 5a

Die rührende Fürsorge von Mutti beschämt mich beinahe. Ich habe meine Brett-vorm-Kopf-Krankheit: Stirnhöhlen-Katarrh. Ich halte dauernd Reden (meist für mich), die wahnsinnig beklatscht werden (meist von imaginären Zuschauern.) Dabei renn ich gegen Wäschepfähle, werfe Sachen runter und alles sowas. Beim Einkaufen vergaß ich Puderzucker. (Fünf Teile waren's im Ganzen.) Dann bezahlte ich Zigaretten, ließ sie aber liegen. Dabei dachte ich an den Leibnizer und ein Pamphlet, dass ich noch für den Wahlkampf schreiben wollte. Ferner an mich im Bundestag, an die Zeitung SYN, mich als Vorsitzender des Jugendpresseclubs, wahrscheinlich für Augenblicke phantasierte ich mich auch nackend mit irgendeinem Mädchen im Bett. Mich als Handballschützen und, ganz im Untergrund des Gehirns, mich als Mathe-Genie. (9. Dezember 1965)

Bei dem erwähnten Wahlkampf ging es übrigens um das Amt des Schulsprechers und seines Vertreters. Dittmar Garbisch und

Dieter Schneidewind, beide in meiner Klasse, kandidierten und ich fühlte mich als Wahlkampfmanager. Wir, resp. sie, gewannen.

Weniger vorbildlich war meine Rolle bei folgender Geschichte, die sich einige Male wiederholte, als kriminelle Tat aber inzwischen verjährt ist, also erzählt werden kann. Auf dem gemeinsamen Weg von der Schule nach Hause passierten wir, Dirk und ich – ich glaube, oft war Dieter auch dabei – einen Kiosk, in Hannover »Nebgenbude« genannt (in Frankfurt »Wasserhäuschen«). Diese hatte sogar einen Innenraum. Freund Dirk besaß die Kaltblütigkeit, auf die Klage der Inhaberin, bei ihr würde so viel gestohlen, einfühlsam zu antworten und gleichzeitig die vor ihm liegenden Süßigkeiten, unterhalb des Sichtfeldes der Inhaberin, abzugreifen. Ich stand fassungslos daneben. Meine Werteausrichtung bedeutete mir, dass dies nicht in Ordnung ist. Meine Furcht, ertappt zu werden, ließ mich nicht mittun, aber auch nichts sagen. Hier ging es nur um eine kleine Sache. In einer Diktatur kann man mit dieser Haltung schuldig werden.

Der erste und einzige Presseausweis auf meinen Namen. Obwohl er nicht so viel Wert war wie ein »richtiger« Presseausweis, merkte ich: Für Journalisten gibt es Extrawürste.

Zurück zu meinem damaligen Freund Dirk. Er hat seine bemerkenswerte Kaltblütigkeit auch bei einer anderen Gelegenheit bewiesen. Es ging um eine Hausarbeit. Dirk meldete sich, griff sich mein Heft und trug vor. Ich bewunderte einmal mehr diese Chuzpe, wünschte, ich hätte auch etwas davon. Jener Dirk war, glaube ich, in der Schule nur des Turnlehrers ausgesprochener Liebling, denn er war ein herausragender Turner. Er wurde deswegen auch von uns Mitschülern sehr geschätzt, denn mit jedem seiner Umschwünge am Reck verbesserte sich die Laune des Lehrers und erhöhte sich die Chance, dass wir den Rest der Turnstunde Sitzfußball spielen durften.

> **Carl Nebgen** (später Carl Nebgen Limonadenfabrik Cöln & Hannover) war ein deutsches Unternehmen, das ab dem Jahr 1892 Mineralwasser und Limonaden abfüllte und zunächst in Köln ca. 100 Trinkhallen, später in Hannover teilweise bis zu 80 als Nebgen-Bude bezeichnete Verkaufsstellen betrieb. Carl Nebgen kann auch als Erfinder der Büdchen, Trinkhallen und Kioske angesehen werden, die es noch bis in die 1980er Jahre unter diesem Namen in Köln und Hannover gab.

ORIENTIERUNGSSUCHE

Ich habe meinen Vater nie als Teil seiner Generation, der Nachkriegsgeneration des 2. Weltkriegs, gesehen. Klar, der Vater hatte immer wieder darauf hingewiesen, wie viele seiner Schulkameraden aus der Baltenschule Misdroy gefallen sind. Überlebt hatte weniger als ein Drittel und auch die waren gezeichnet. Aber von dieser Aussage hatte sein Sohn nie den Bogen zu seinen Lehrern geschlagen. Dabei waren sie doch die gleiche Generation, Täter oder Opfer oder beides zusammen. Wir Schüler haben die Folgen der Beschädigung erlebt, aber ebenso wenig politisch eingeordnet wie die Sonderheiten unserer Eltern, geschweige uns prinzipiell dagegen verwahrt.

Habe ich überlegt, wo ich anders sein will als meine Eltern? Nein, das tat ich nicht. Im Gegenteil: Ich habe mir vorgeworfen, nicht voll und ganz ihrer Auffassung zu sein. Die konservative Position lasse sich deswegen so schlecht verteidigen, weil sie vom Schreiber nicht gelebt werde, behauptet dieser sich selbst gegenüber. Konservative Leser werden sich freuen, dass der junge Mann konservativ mit fleißig und pflichtbewusst gleichsetzt, aber logisch ist das nicht. Alle politischen und ideologischen Schattierungen können

Sekundärtugenden pflegen oder ablehnen. Man kann, je nach eigenem politischen Standpunkt, Konservatismus als Sammelbegriff für geistige und politische Bewegungen, welche die Bewahrung bestehender oder die Wiederherstellung früherer gesellschaftlicher Ordnungen zum Ziel haben, verstehen oder Konservatismus und Veränderung nicht solchermaßen prinzipiell gegeneinander stellen, sondern verbinden. Dann liegt dem Konservatismus der Gedanke einer auf friedliche Evolution hin angelegten politischen und geistigen Kontinuität und einer Orientierung an bewährter, historisch gewachsener Tradition zugrunde. Hätte ich mir damals vor Augen führen können, dass sich Konservatismus als Grundausstattung und Liberalismus in praktischen politischen Fragen nicht widersprechen, hätte ich weniger mit mir gehadert.

Ich muss gestehen, dass ich meine rechtsorientierte, konservative Adelserziehung schlecht verteidigen bzw. motivieren kann, obwohl ich an die Richtigkeit dieser Überzeugung glaube, aber ich halte sie nicht. Ich bin eben (noch nicht) fleißig, pflichtbewusst usw. usw. Klagen, die ich tagtäglich bis zum Über- und Verdruss hören muss, die aber stimmen.

Einige Wochen später die gleiche argumentative Struktur: *Diese verdammte richtige, konservative, schwierige Erziehung, trotz allen Änderungen gegenüber früher, von denen Mutti und Vati immer erzählen, ist sie absolut und hart geblieben, für beide Teile, Eltern und Kinder, gleich schwer durchzuhalten. Sie reißt an den Nerven und verlangt harte Geduldsproben.*

Als Tagebuchschreiber ordnete ich die Erziehung meiner Eltern als absolut und hart ein. Es ging um Selbstdisziplin. Die sollte im Leben und in der Schule die notwendige Orientierung bieten. Anders sein als andere und doch nicht arrogant, sondern ritterlich wie der Vater gegenüber seiner französischen Freundin aus dem 2. Weltkrieg (diese Geschichte findet sich im Text über das Kriegstagebuch meines Vaters), das war die Idee. Lehrer und Eltern, denen die inhaltliche Orientierung verloren gegangen oder verleidet worden war, orientierten sich an Sekundärtugenden. Gerade diese galten aber in jenen zunehmend stark ideologisch besetzten Zeiten wenig. Exemplarisch steht dafür Oskar Lafontaines üble Polemik gegen Helmut Schmidt 1982: »Helmut Schmidt spricht weiter von Pflichtgefühl, Berechenbarkeit,

Machbarkeit, Standhaftigkeit. [...] Das sind Sekundärtugenden. Ganz präzis gesagt: Damit kann man auch ein KZ betreiben«.

Der neben Theodor W. Adorno und René König bekannteste Soziologe der ersten Nachkriegszeit, Helmut Schelsky (* 14. Oktober 1912 in Chemnitz; † 24. Februar 1984 in Münster) prägte den Begriff von der »skeptischen Generation«. Die Begeisterungsfähigkeit für ein gesellschaftliches oder politisches Thema war bei dieser im 2. Weltkrieg als Täter und/oder Opfer verschlissenen Generation aufgebraucht. Es gab aber Ausnahmen, die Schelskys These erschüttern: die intensiven Debatten um die Westorientierung und, damit verbunden, die Wiederbewaffnung. Oder waren dies eher Themen der wenigen Linken, die in der Auseinandersetzung als Kommunisten markiert wurden mit der Aufforderung, doch »nach drüben« zu gehen? Für die Mehrheit galt: Eine Partei reicht im Leben. Und: Endlich Ruhe, keine Experimente.

ELF ENTWICKLUNGSHYPOTHESEN UND ACH, DIE SUCHE NACH DER STETIGKEIT

Da ich nun schon mal bei einer Art Zwischenbilanz bin, hatte ich Lust, meine Ansichten, getarnt als Hypothesen, aufzuschreiben:

1. Meine Eltern waren, vor allem in der Mittelstufe, mit mir unzufrieden. Sie sorgten sich um Schulleistungen, Verhalten und Charakterbildung.

2. Mich beschäftigte, pubertätsgerecht, die Spaltung zwischen wollen und sein. Wer will ich sein, was sind meine Werte und was ist mein Glaube, wer bin ich wirklich?

3. Das »ich« bildet sich durch das »du«. – Der Pubertierende litt zusätzlich unter dem Spalt zwischen Wunsch und Wirklichkeit seiner Beziehungen zum anderen Geschlecht.

4. Mit meinen Eltern teilte ich lange deren Ansichten in einem Maße, wie es mich heute überrascht. Die Unterschiede waren graduell, wurden aber von beiden Parteien als tiefgreifend empfunden. Ich, vielleicht sogar beide Seiten, hatten Triggerpunkte gefunden, die Streit garantierten. Der sicherste Weg war der vom Konkreten ins Allgemeine. »Du immer«. Trigger-Sätze waren beispielsweise: Alle Beamten sind faul (der Vater war Beamter), den Adel braucht in der Demokratie niemand

(dabei sind wir adlig) oder in Mecklenburg war alles gestrig (wir sind doch Mecklenburger).

5. Kontroversen entstanden häufig, weil beide Seiten sie erwarteten. Das hohe Maß an Übereinstimmung wurde überhört. Später wurde ein Zitat aus Theodor Fontanes Buch »Meine Kinderjahre« für mich einleuchtend. Fontane schrieb, wenn seine Eltern sich darin versuchten, »mit den herkömmlichen pädagogischen Mitteln einzugreifen, (wurde) unser normaler Nicht-Erziehungsprozess gestört, teils nutzlos, teils geradezu schädigend.« Aber entscheidend sei gewesen, wie die Eltern sind, »wie sie durch ihr bloßes Dasein auf uns wirken.«[5]

6. Allerdings lieb(t)e ich es zu provozieren. Es ist dies für mich Training in geistiger Beweglichkeit, verbunden mit der Lust an Minderheitspositionen. Auch weiß ich: Provokation ist auch ein Mittel im Kampf um Aufmerksamkeit

7. Je näher das Abitur kam, desto mehr verfestigte sich – auch unter dem Einfluss von Lehrern – eine (leicht) unterschiedliche Sicht auf politische und kulturelle Sachverhalte.

8. Gleichzeitig nahm mein Wunsch, mich mit den Eltern anzulegen, sukzessive ab.

9. Bei den Eltern wuchs mit dem herannahenden Ende des Lebens unter dem gleichen Dach die Bereitschaft, den Sohn mit seinen Ansichten ernst zu nehmen, vielleicht manchmal zu ernst.

10. Der folgenreichste Satz, der wohl eine ganze Elterngeneration zum Schweigen brachte, wenn sie nicht ohnehin über ihre durch Krieg und Vertreibung traumatisierte Jugend schweigen wollte, lautete: Ihr habt doch etwas gewusst. Wenn Martin Walser sich in seiner umstrittenen Rede bei der Verleihung des Friedenspreises des Deutschen Buchhandels dagegen wehrte, dass die moralische Auschwitzkeule von Leuten geschwungen würde, die davon profitierten, so gehörte ich mit meiner Generation zu denen, die sie zu schwingen wussten (die aber Walser nicht gemeint hatte).

Meine Eltern hofften unverdrossen, dass die Hürden des Lebens mich auf den Pfad der Stetigkeit führen würden: das Abitur, die Bundeswehr, die Studienwahl, die Heirat, die Kinder. Es war die alte unausrottbare Überzeugung von Pädagogen: »Was einen nicht umbringt, macht einen stärker«. Bei Kurt Appaz, drei Generationen nach mir an der gleichen Schule, heißt es in seinem Buch »Klassentreffen«[6], ein typischer Vater-Spruch jener Zeit sei: »Mir hat damals auch keiner was geschenkt, also soll mein Sohn jetzt bitte mal begreifen, dass das Leben kein Zuckerschlecken ist.«

Richtig daran ist, davon bin ich überzeugt, dass es nicht ausreicht, an die Grenzen seiner Möglichkeiten zu gehen, denn man kennt sie nicht. Sie müssen ausgetestet werden und dies geht nur durch Überschreitung. Wobei eine dauernde Überschreitung kontraproduktiv ist, wie die Generation der Eltern erfahren hat. Allerdings ging es in diesem Fall, wie oft in der Erziehung, um Stetigkeit, Verlässlichkeit im Leben. Das sind wichtige Werte mit einer kritikwürdigen Kehrseite. Denn deren Befolgung ist auch geeignet, den Reichtum der Phantasie der Kinder nachhaltig zu beschädigen.

Langsam, damals nahezu von mir unbemerkt, ziehen sich in meiner Schulzeit die Eltern zurück. Ihre Interventionen unterbleiben oder haben keine Wirkung mehr. Die Eltern standen vor der Wahl, angesichts des Erreichten zu resignieren oder Stolz zu sein.

Was in der nahen Sicht weniger deutlich ist: Zwischen 16 und 20 findet eine enorme Entwicklung statt. Ich hatte zur Zeit meines Abiturs das Gefühl, noch nie so präsent zu sein wie jetzt. Es war die Offenheit zum Leben und das Gefühl, etwas bewegen zu wollen und zu können. Hätte ich anstelle von Bundeswehr und danach dem Studium in Bonn und Köln direkt das Studium aufnehmen können, zum Beispiel in Berlin, wohin viele Wehrflüchtige auswichen, wäre der Rückweg in die vererbte Lebensausrichtung deutlich schwieriger und länger geworden, wenn er denn stattgefunden hätte. Auch wenn das Theologiestudium eine meiner Optionen war, war ich nach dem Abitur nicht auf die Idee gekommen, mir mit diesem Studium die Bundeswehr ersparen zu können.

NEULAND ERZIEHUNG

Zu bedenken ist, was ich damals nicht bedenken konnte: Erziehung unter diesen Lebensumständen war auch für die Eltern Neuland. Das gilt prinzipiell für jede Generation, weil der Zeitgeist wirkt und auf neue Erziehungsmaßstäbe und veränderte

Praxis drängt. Aber diese Generation war besonders betroffen, entwurzelte Flüchtlinge, die in der neuen Umwelt an den Status, den sie von klein auf erwarten durften, nicht anknüpfen konnten und die es in ihrer Mehrzahl vom Land in die Stadt vertrieb. Da war ein Bruch passiert. Für adelige Familien vom Land war dies der zweite Bruch. Ihre Eltern hatten die Zäsur vom schmählichen Ende des Kaiserreiches zu verarbeiten. Der Adel war nicht enthauptet worden, aber doch etlicher Privilegien verlustig gegangen. Hielten die Eltern der Eltern dann umso hartnäckiger an den bisherigen Erziehungsmethoden fest oder passten sie sich an?

Ich habe diese Schwierigkeit mit der Geschichte des schleswig-holsteinischen Gutsehepaares und ihrer Kinder im Vergleich zu unserer Familiensituation bereits angesprochen, möchte diesen Punkt hier vertiefen.

Nun, nach dem 2. Weltkrieg, waren die Familien, eben noch aus ihren Herrenhäusern vertrieben, auf engem Wohnraum aufeinander angewiesen, die Puffer vergangener Generationen (Dienstboten, Ammen, Hauslehrer oder Trennung wegen Internat) waren nicht mehr vorhanden. Kindergehorsam konnte eingefordert werden, war aber nicht mehr selbstverständlich. Der baltendeutsche Diplomat Berndt von Staden schreibt über seine Schülerzeit im Baltikum der Dreißigerjahre: »Die Autorität der Eltern war unangefochten, einen Generationskonflikt kannten wir nicht, nicht einmal einen Gegensatz der Generationen.«[7] Dabei war auch dort, krasser sogar als in Deutschland zwischen den beiden Weltkriegen, der Adel unter die Räder der Geschichte gekommen; er war nahezu vollständig enteignet worden und verarmte zusätzlich durch die Weltwirtschaftskrisen.

Wenn im weiteren Text Spannungen zwischen Eltern und Sohn nicht verschwiegen werden, dann ist zu bewerten, ob es sich um übliche pubertär entfachte oder um besondere Spannungen handelte. Ich will sie nicht verschweigen, weil die Einordnung mir hilft, mich selber zu verstehen, und dies ist ein Grund, weswegen ich in den Erinnerungen krame. Ein weiterer ist, dass ich auf diesem Weg einen Maßstab liefere, an dem sich Dritte, insbesondere die beiden nachwachsenden Generationen der Familie, in ihren Eltern-Kind-Beziehungen messen lassen können.

Da, wo ich später im Leben in ehrlichen Vergleichssituationen war, beispielsweise an Wochenenden mit Körpertherapie oder Traumdeutung oder bei Familienaufstellungstreffen, habe ich festgestellt, dass ich eine heile Jugend hatte, getragen von einem tiefen Grundvertrauen meiner Eltern in ihren Sohn.

Entmutigung stand nicht auf der elterlichen Erziehungsagenda. Anders bei einem Klassenkameraden. Er hatte Angst, im Zeugnis der zehnten Klasse, also mit der mittleren Reife, eine Vier in einem der Hauptfächer zu haben. Dann, so habe sein Vater beschlossen, müsse er die Schule beenden. Der Vater war Maurer. Die Klasse spürte den Unterschied, obschon nicht wenige Klassenkameraden die ersten in ihrer Familie waren, die Abitur machten und hernach studierten. Es war damals in den sechziger und siebziger Jahren die Zeit des größten Zuwachses an Abiturienten und Studenten in den jeweiligen Jahrgängen. Zwischen 1960 und 1980 stieg der Anteil der Studienberechtigten von 7 auf 22 Prozent. Später wuchs er pro Jahrzehnt um ca. 10 Prozent, zuletzt auf 56,4 in 2022). Aber die Maurerfamilie war sich der Veränderung offenbar nicht hinreichend bewusst und die Lehrer intervenierten nicht zugunsten des Sohnes – oder vergeblich.

Meine Eltern taten alles, Nachhilfe in Mathematik und Latein und Sprachaufenthalt in England eingeschlossen, damit ich das Abitur schaffen würde. Sie ließen auch keinen Zweifel daran, dass ich über genügend Intelligenz verfügte. Nur beim Fleiß sollte nachgebessert werden. In Mathematik ging ich dann endgültig ins Mangelhafte, als mir in der Oberstufe mein getreuer Vorsager und guter Erklärer Jochen L. abhanden kam, weil er in den mathematisch-naturwissenschaftlichen Zweig wechselte. Er schlug dann auch die wissenschaftliche Laufbahn ein und wurde Hochschullehrer im IT-Bereich.

Ich bekam einen neuen Mathelehrer und meine kurzfristige Hoffnung auf Verbesserung erlitt einen herben Rückschlag, als dieser Herr M. einen Beitrag von mir mit den Worten quittierte: »Ich danke Ihnen für Ihre blöde Bemerkung«. Dem aufmerksamen Leser wird nicht entgangen sein, dass wir in der Oberstufe mit »Sie« angesprochen wurden und übrigens auch die körperlichen Übergriffe aufhörten. Wir waren ja nun auch groß genug, um uns zu wehren. So hat ein Mitschüler einen übergriffigen Leh-

Was bin ich doch so gern am Reden. Sitzend von lks. Klaus-Peter Buyken, Dittmar Garbisch, Bernd Dietrich Graf v. Hardenberg (†) und Klassenlehrer (Oberstufe) Dr. Ernst Hagemann. Das war 1966, Abschied von der Schule

rer mit körperlicher Deutlichkeit abgewehrt. Der Lehrer traute sich nicht, den Vorfall zu melden. Aber nicht-körperliche Übergriffigkeit war keineswegs ausgeschlossen, übrigens auch nicht beim von mir verehrten Dr. Hagemann, dem Deutsch- und Geschichtslehrer in der Oberstufe. Er hatte für jeden von uns einen von ihm erfundenen Necknamen und die waren nicht immer aufbauend. Mich nannte er Henning Hahn und damit konnte ich leben. Aber auch die Mitschüler, die sich eine solche Titulatur mit gutem Recht hätten verbitten lassen können, taten es nicht, ebenso wenig wie deren gewählte Vertreter.

DAS GRUNDVERTRAUEN DER ELTERN WAR DIE BESTE MITGIFT.

Das Grundvertrauen der Eltern galt auch für die Studien- und Berufswahl. Während die Studienentscheidung, wie noch zu zeigen sein wird, bis in die Einschreibung zum Studium an der Universität Bonn hin und her schwankte, dominierte bei der Berufswahl schon früh der Wunsch, Journalist zu werden: *Habe für Gemeindeblatt geschrieben über Jugendgruppe. Erstes Mal was Gedrucktes von mir. Fühle mich. Werde vielleicht doch Journalist. Nicht lachen. Ernst.* (8. Mai 62)

Quasi im Dauerflow: Als ich Chefredakteur war

Chefredakteur Olaf. M. verlor sein Amt damals, es muss 1965 gewesen sein, eines Witzes wegen und ich, der schon einige Beiträge geschrieben hatte, wurde sein Nachfolger. Der Witz ging so: »Was ist schwarz-weiß und fliegt durch die Luft? Antwort: Nonnen, die auf eine Mine getreten sind«. Jener O. M., ein Schüler, der sich schwarz kleidete und über Kunst schrieb, lieferte zudem eine legendäre Arbeit in Physik ab. Er schaute kurz auf die Aufgaben, schrieb etwas und ging mit dem Ergebnis nach vorn. Der Lehrer wunderte sich. Als er den Inhalt gelesen hatte, wunderte er sich noch mehr und benotete das Ganze mit einer glatten sechs. O. M. hatte geschrieben: »ONKO buchstabiert man so, O und N und K und O.« Das war eigentlich richtig, aber hier nicht gefragt.

Jemand hat erzählt, dass jener Olaf, der Lehrer zur Weißglut bringen konnte, selber unter der Schule so gelitten hat, dass er zum 50. Abiturjubiläum nicht kommen mochte. Schüler, die an ihre Schule derart unangenehme Erinnerungen haben, gibt es vermutlich mehr als man denkt. Zum Treffen meiner Klasse fast fünf Jahrzehnte später kam ein ehemaliger Mitschüler, um dann dem Organisator zu schreiben, es sei ihm wieder alles Elend von damals hochgekommen und er werde künftig wegbleiben. In diesem Fall waren offenbar wir Mitschüler die Auslöser gewesen (ohne es zu ahnen oder ahnen zu wollen).

Der damalige Direktor der Schule, ein weißhaariger Herr namens Brenneke, lud mich nach meiner Bestallung ein und meinte, ich hätte jede Freiheit als Chefredakteur, ich solle aber sorgsam mit ihr umgehen. Das nennt man wohl »liberale Einzäunung«.

Dann habe ich losgelegt. Diese Herausforderung passte. Ich war in meinem Element: Schreiben, Organisieren, Redigieren, Zusammenfügen. Die Mischung aus Aktion und Reflexion. Es

Geprägt hat den Begriff »**Flow**« (englisch: fließen) der ungarisch-amerikanische Psychologieprofessor Mihály Csíkszentmihályi in den 1970er Jahren. Damit beschreibt er das Glücks-Gefühl eines restlosen Aufgehens in ein Tun, das wie von selbst vor sich geht.

war das erste Mal, dass ich Flow spürte, einen Begriff, den ich damals noch nicht kennen konnte. Aber das Gefühl eben: volle Kanne und über den Rand.

Aus der Fülle der Materialien – es geht um vielleicht sieben Ausgaben und dazu noch eine einmalig erschienene Zeitschrift »Syn«, herausgegeben in einer Gemeinschaftsaktion der Jugendpresse Hannover, greife ich einige wenige Beiträge heraus.

Ich habe mich für Koedukation eingesetzt. Den Grund kann man sich denken. Die persönliche Lücke wurde ins Strukturelle gehoben und somit objektiviert. Die mehrfache Behandlung des Themas geschah ohne Rücksicht auf Leserinteressen, aber mit sorgfältiger Behandlung der Argumente pro und contra. Der Schlusssatz eines Beitrags von mir lautet: »Hoffend auf Mädchen in der Leibnizschule (zumindest für unsere Enkel).«

So lange hat es dann doch nicht gedauert, weniger als zehn Jahre. Wie oft schlägt nach langem Anlauf eine Auffassung ins Gegenteil um, man spricht vom Kippmoment. So auch bei der lange verzögerten Einführung der Koedukation. Heute muss sich jeder rechtfertigen, der für eine getrennte Erziehung eintritt. Neuere Forschungsergebnisse lassen Zweifel aufkommen, ob die Koedukation – zumindest in der tatsächlich realisierten Form – geeignet ist, Rollenmuster zu beseitigen und dadurch eine bessere Chancengleichheit zu gewährleisten, so wie es die Befürworter behaupten. Und wenn ich damals ganz tief in mich hineinhörte, hatten mich die Argumente der Befürworter getrennten Lernens, zumeist Lehrerinnen an so ausgerichteten Schulen, durchaus beeindruckt.

Zwei heitere Zitate möchte ich wiedergeben: Am Schluss des ersten Beitrags zitierte ich ein Mädchen der Ricarda Huch-Schule: »Mir ist es egal, ob die Koedukation eingeführt wird. Ich kenne auch so genug Jungen.« Das war ein guter Kommentar zu meiner Mission pro Koedukation.

In einem weiteren Beitrag schrieb ich pro und mein Schulfreund Jochen contra. Sein Kernargument lautet: »Ich bin

nach wie vor fest davon überzeugt, dass sich Mädchen und
Jungen nicht nur anatomisch
unterscheiden. Etwas übertrie-
ben ausgedrückt heißt das, das
ein Mädchen den Unterschied
zwischen einer Aster und einer
Chrysantheme kennen sollte,
ein Junge den zwischen Otto-
und Dieselmotor. Dementspre-
chend sollten sie auch verschie-
den erzogen werden. « Damals
gab es noch keinen Shitstorm.

Beim zweiten Thema geht
es um die Wiedervereinigung.
Es hat mich immer wieder beschäftigt, vielleicht auch, weil
in der Familie der Flüchtlings-

Klaus-Werner Auerswald, mein Nachfolger
und Fotograf dieses Bildes, erinnert sich,
dass dieses Foto mich beim Abschied vom
Leibnizer zeigt. Im Karton sind die Hefte,
an denen ich mitgewirkt habe.

status beim alljährlichen Ferienbesuch auf dem Priwall gegenüber von Travemünde an der Grenze nach Mecklenburg in Erinnerung gerufen wurde. Ich wählte aber vorsichtshalber ein
Pseudonym, als ich mich für den Ansatz einer kommunistisch
dominierten Splitterpartei stark machte. Der Deutschlandplan
der Deutschen Friedens Union, der DFU, in der Westpolemik
»Deutsche Freunde Ulbrichts« genannt, hatte mich überzeugt:
*Die Politiker haben den Schlüssel, um das Tor zur Wiederverei-
nigung aufzuschließen. Aber was tun sie? Ängstlich (vor Amerikas
Wirtschaft?) lassen sie den Schlüssel in der Tasche.*

Aufmerksam bei einem Goldabiturienten

Der weiterer Beitrag, auf den ich schon damals stolz war, hatte die
Überschrift »Ein Goldabiturient« und beschrieb einen Besuch an
einem frühen Winterabend in einer Villa im Hindenburgviertel
von Hannover. Der Besuchte war eine angesehene Persönlichkeit
der Stadt, Dr. Horst Berkowitz.

Wir saßen im Halbdunkel und er behandelte mich wie einen
vertrauenswürdigen ausgewachsenen Journalisten. So hatte er
einen Tag nach einem Brief von mir am 21. Mai 1965 geschrie-

ben und dieser Brief steht für die Höflichkeit einer ganzen Generation und sei deswegen auszugsweise zitiert: »Sehr geehrter Herr Chefredakteur Henning von Vieregge! Mit freundlichem Dank bestätige ich Ihr w. Schreiben vom 20. Mai 1965 und danke Ihnen für Ihre Stellungnahme zu meinem letzten Brief... Am Schlusse ihres Briefes regen Sie an, einmal persönlich bei mir vorzusprechen. Ich stehe Ihnen gerne zur Verfügung, zweckmäßig in den Abendstunden oder des Sonnabends nachmittags. Eine vorherige telefonische Fühlungnahme wegen des Zeitpunktes erscheint angemessen, da ich manchmal beruflich in Anspruch genommen bin und nicht zur Verfügung stehe. Meine Telefon-Nummer lautet: 814329. Ich werde mich freuen, von Ihnen zu hören oder ihre persönliche Bekanntschaft zu machen und zeichne mit freundlichen Grüßen«

Horst Berkowitz erzählte von seinem Kriegsabitur 1915, der sofortigen Meldung als Freiwilliger an die Front und seiner schweren Verwundung im gleichen Jahr. »*Der Hörapparat in seiner Linken, das Einschussloch zwischen den Augen (der Schuss drang hinter einem Ohr wieder aus) und eine Schutzkappe, die die heute noch offene Schädelwunde überdeckt, sind die sichtbaren Zeichen dieser Verwundung*«, schrieb ich. *Er studierte gleichwohl, war mit 23 Jahren Rechtsanwalt und kam als Jude bei den Nazis ins KZ. Aus dem KZ Buchenwald habe ihn Generalfeldmarschall von Mackensen, der sich an den jüngsten Soldaten seiner Armee im Ersten Weltkrieg erinnerte, befreit.*

Während Herr Doktor Berkowitz mir dies erzählt, zögernd, ohne Anklage, sehe ich auf einem Eckschrank eine Reihe Porträts stehen. »Meine Verwandten, die in Konzentrationslagern umkamen. Fast alle Verwandten und Bekannten wurden umgebracht. Auch unser Kindchen«, fügt er hinzu. Am Schluss dieses Beitrags zitierte ich den Goldabiturienten: »Leben heißt, das Fehlende und das Verlorengegangene durch etwas Anderes zu ersetzen«.

WENIGER AUFMERKSAM BEI KULI

Sehr viel heiterer fiel ein Beitrag unter der Überschrift »Kuli und ich« aus. Es geht nicht um das Schreibgerät, sondern um den Quizmaster Hans-Joachim Kulenkampff und sein Quiz »EWG – Einer wird gewinnen«.

Jener Kuli probte mit uns seine Abendsendung. Wir, einige Schüler, waren Probekandidaten und Kuli stöhnte »Ihr Pfeifen wisst aber auch gar nichts. « (Originalzitat!)

Natürlich interessiert, wie Hans-Joachim Kulenkampff auf eine derart abschätzige Bemerkung kam. Dazu muss man wissen, was wir Schüler und Kandidaten auf Probe, respektive ich, alles nicht wussten. Ich zitiere aus dem Beitrag:

Hans-Joachim Erwin »Kuli« Kulenkampff (* 27. April 1921 in Bremen; † 14. August 1998 in Seeham, Österreich) war ein deutscher Schauspieler und Fernsehmoderator. Ab 1964 moderierte Kulenkampff 43-mal die Quizsendung Einer wird gewinnen, kurz EWG genannt, beendete seine Tätigkeit aber zunächst 1969 ungeachtet des außerordentlichen Erfolgs. In der Folgezeit wirkte er in diversen Fernsehformaten mit, welche aber allesamt wegen mangelnder Popularität vorzeitig eingestellt wurden. Nach diesen Misserfolgen beschloss die ARD, EWG wieder aufleben zu lassen, was 1979 (erste Show am 15. September) mit erneut großem Erfolg gelang. Die Sendereihe fand 1987 ihr endgültiges Ende, als Kulenkampff angeblich aus Altersgründen aufhörte.

Wer mit wem? fragt Kuli. Ich soll immer zwei Bilder historischer Persönlichkeiten, die in Verbindung standen, zusammenhängen. Ich erspähe Friedrich den Großen und stelle ihm flugs Voltaire zur Seite. Wagner und Nietzsche bilden das zweite Paar. Das dritte Paar ergibt sich nun von selbst. »Er muss auch sagen, wer das ist«, fordert ein Miesling. Den einen kenne ich, räume ich ein, weiß aber nicht, wie er heißt. Nein, kein Naturwissenschaftler, ein Dichter, korrigiert Kuli. Zola! Richtig, und der andere Herr, der Offizier? Wieder weiß ich genau, um wen sich's dreht. Diese Affäre, da na, wie heißt er denn? Zweibein hilft einer. Dreyfus jubeliere ich. Jawohl, du Tröte, scherzt Kuli und haut mir persönlich sein Manuskript auf den Kopf.

Selbstverständlich war die Quizprobe damit noch nicht zu Ende. Denn ich war ja weitergekommen, die Anderen wussten

Voll im Flow

noch weniger. Ein Herr und eine Dame werden zusammen gelost. Die Paare stehen sich dann gegenüber, das Siegerpaar soll dann in den Endkampf ziehen. Wenn wir etwas nicht wissen, haben wir noch eine Chance. Die kommentiert der Quizmaster, indem er mir wiederum einen persönlichen Satz widmet: »Guck mal, unser Solotänzer«, scherzt Kuli, als ich wenig später mit, wie ich meine, pantherhafter Geschmeidigkeit einen Luftballon in einen engen Behälter zu befördern suche.

Da weder meine Partnerin noch ich noch unsere Gegner das Gewünschte wussten, gab es ein Stechen. Dabei fiel der Satz von den Pfeifen, die nichts wissen. Jedenfalls bin ich im Endkampf und setze mich auf den berüchtigten schwarzen Stuhl. Und weiter im Bericht: *Auf die Fragen reagiere ich natürlich, also dumm. Ich vermute mit westlichem Optimismus, dass die USA den ersten Atomreaktor bauten (es war die UdSSR), suche Neu-Holland in der Gegend von New York (Kuli dagegen behauptet glaubwürdig, man habe Australien früher so genannt) und kenne schließlich den berühmten Verfasser der französischen Enzyklopädie, Herrn Diderot, nicht auf Abruf. Mann oh Mann, ächzt Kuli. Würfeln, schlägt wer vor. Beim Stichwürfeln (die Leute fangen an, nervös zu werden) siege ich dann mit deutlichem Vorsprung. Gott sei Dank, sagt Kuli, und »Feierabend«*

EINE SCHÖNHEIT IM MONDENSCHEIN UND DREI GEDICHTE
Selbstironie liest sich gut und schützt vor Kritik. Hier geht um ein Mädchen, das ich auf der Fähre nach Bornholm kennenlernte. Sie habe einen Porsche, erwähnt sie, als wir nächtens an der Reling stehen, vermutlich prangten die Sterne und der Mond plusterte sich auf. Sie sei auch schon mal Titelfoto mit nassem Haar bei »twen« gewesen.

Kein Wunder, dass ich schwer beeindruckt bin, unversehens einer TWEN-Titelblattfigur leibhaftig zu begegnen. Sie war umgekehrt offenbar weniger beeindruckt. Schlusssatz: *Ich gucke weiterhin in den Mond, von einem schönen Mädchen in einem weißen Porsche träumend.*

»**twen**« war eine Zeitschrift für junge Erwachsene, die von 1959 bis 1971 erschien. Optisch war die Zeitschrift geprägt durch aufwändige Fotostrecken und das einprägsame Layout von Willy Fleckhaus, das wesentlich zum Erfolg der Zeitschrift beitrug.

In der letzten Ausgabe, an der er mitarbeitet, scheut sich der scheidende Autor nicht, mit »Gesängen eines Unmusikalischen« aufzuwarten. Es sind drei Gedichte, die er selber nur halbwegs verstanden hat, damit aber nicht ausschließen möchte, dass sie bedeutsam sind. Beispiel: »*Lebt ohne ich, das ist mein Rat, Tod ist der Denker, tot die Einzel-Tat, siedelt euch zu Kollektiven an, eure Seel'n verklebt mit chewing gum.*« Gegenüber steht ein Text, »*ich suche es*«. Darin versichert der Chefredakteur a. D., er würde trotz gelegentlicher Mutlosigkeit seinem Ich weiter auf der Spur bleiben.

JOURNALIST WERDEN

Wir haben es also mit einem jungen Mann zu tun, der sich danach sehnt, im Rampenlicht zu stehen. Da Fußballer- und Sängerkarrieren aus Talentlosigkeit nicht in Frage kommen, bleibt die Schreibkarriere. Sie hat den Vorteil, dass man fehlender Eignung, solange man sich nicht bei Journalistenschulen bewirbt, schwieriger auf die Spur kommt. Wenn man dann noch ermutigt wird, bläht sich das Bedeutungsgefühl: *Das liebe, gute, alte Zickermännchen, ein Nachbar, sieht mich mit Thilo Koch, Peter von Zahn, Lothar Loewe, Erwin Behrens und Gerd Ruge auf einer Stufe, in Zukunft jedenfalls. »Ihre Artikel sind wirklich bewundernswert, bewundernswert für ihr Alter. Passen Sie mal auf, Sie werden noch was. Sie müssen bei dem Professor, wie heißt der noch gleich, Lobbyfahrt, nein, Dovifat, also bei dem Professor müssen Sie studieren, Zeitungswissenschaft und dann noch Kunst oder Geschichte dazu. Sollen mal sehen, Sie haben Ahnung, ganz großartig, muss Ihnen das höchste Lob erteilen.«* Die Namen, die ich eifrig notiert habe, sind die damalige Spitze des deutschen Journalismus.

Thilo Koch (* 20. September 1920 in Halle (Saale); † 12. September 2006 in Hausen ob Verena, Baden-Württemberg) war ein deutscher Rundfunk- und Fernsehjournalist. Kochs Kommentar über die Beerdigung von John F. Kennedy im Jahr 1963 war die erste Live-Übertragung via Satellit im deutschen Fernsehen.

Peter von Zahn (* 29. Januar 1913 in Chemnitz; † 26. Juli 2001 in Hamburg) war ein deutscher Hörfunk- und Fernsehjournalist. Ende August 1939 heiratete er eine Britin. Den Zweiten Weltkrieg verbrachte Peter von Zahn mit Kriegsberichterstattung, als Offizier ab 1942 in einer Propagandakompanie der Wehrmacht in der Ukraine und war für zwei Monate auch einem SS-Sonderkommando zugeordnet. Nach seiner Flucht und Kriegsgefangenschaft wurde er im Juni 1945 Redakteur bei Radio Hamburg. Nach seiner Zeit in den USA arbeitete Peter von Zahn als freier Autor, Regisseur und Produzent. Er erstellte fast 3.000 Hörfunkbeiträge und über 1.000 Fernsehfilme, zumeist Reportagen. Dabei besaß er einen sehr prägnanten Sprachstil mit eigenwilliger Betonung.

Lothar Loewe (* 9. Februar 1929 in Berlin; † 23. August 2010 ebenda) war ein deutscher Journalist. Bekannt wurde er als ARD-Korrespondent in Washington, D.C., Moskau und Ost-Berlin. Durch seine Berichterstattung der Selbstverbrennung des Pfarrers Oskar Brüsewitz im August 1976 gelangte der Fall damals auch in die Öffentlichkeit der DDR. Am 22. Dezember 1976 entzog die DDR ihm die Akkreditierung. Anlass war ein Kommentar in der Tagesschau vom 21.12.1976: »Hier in der DDR weiß jedes Kind, dass die Grenztruppen den strikten Befehl haben, auf Menschen wie auf Hasen zu schießen.«

Erwin Behrens erläuterte, wie die westlichen Journalisten in Moskau die Zensur zu umgehen versuchten: Um in Konkurrenz zu den anderen Journalisten die Leitung auch tatsächlich zum gewünschten Zeitpunkt zu bekommen, verfuhren die Korrespondenten so, dass sie den Termin mehrere Tage im Voraus anmeldeten und dann versuchten, einen passenden Beitrag zu finden. Diese Flexibilität kam den Moskauer Umständen entgegen, denn was aktuell sein würde, war vorab oft entweder nicht zu ahnen oder nicht bekanntzugeben. Dieses Vorgehen widersprach aber den Vorstellungen der westlichen Rundfunkredaktionen, die eine Themenankündigung einforderten.

Gerd Ruge (* 9. August 1928 in Hamburg; † 15. Oktober 2021 in München war ein deutscher Journalist. Ruge war von 1956 bis 1959 der erste Korrespondent der ARD in Moskau und von 1964 bis 1969 Korrespondent in den Vereinigten Staaten. 1970 übernahm er die Leitung des WDR-Hauptstadtstudios in Bonn, in den Jahren 1973 bis 1976 berichtete er für die Tageszeitung Die Welt aus Peking. Nach weiteren verschiedenen Funktionen beim WDR und der ARD, darunter von 1987 bis 1993 als Leiter des ARD-Studios in Moskau, ging Ruge 1993 in den Ruhestand.

Emil Alfons Dovifat (* 27. Dezember 1890 in Neutral-Moresnet; † 8. Oktober 1969 in Berlin (West)) zählt zu den Begründern der Publizistikwissenschaft in Deutschland. Im Jahr 1926 berief die Friedrich-Wilhelms-Universität Dovifat zum außerordentlichen Professor für Zeitungswissenschaft und Allgemeine Publizistik. Dort lehrte er einen demokratisch und pluralistisch orientierten Journalismus. 1945 war Dovifat Mitbegründer der Ost-CDU und Herausgeber der Tageszeitung »Neue Zeit«, 1948 der Tageszeitung »Der Tag« und der Freien Universität Berlin. Dort war er Direktor des »Instituts für Publizistik« und lehrte zugleich an der wiedergegründeten Deutschen Hochschule für Politik (DHfP). Er war Vorsitzender des Verwaltungsrats des Nordwestdeutschen Rundfunks (NWDR). 1956 wurde er Mitbegründer der Zeitschrift Publizistik, Vierteljahreshefte für Kommunikationsforschung, 1963 der Deutschen Gesellschaft für Publizistik- und Kommunikationswissenschaft.

Ich hatte in meinem Leben nur mit einer dieser Persönlichkeiten zu tun, mit Gerd Ruge. Davon erzähle ich später mehr im Kapitel »Ich und die Prommis...«.

Die Bierzeitung zum Abi, viele Texte von mir, vermutlich auch der doppelsinnige Titel. Mein dort angegebener Berufswunsch: Journalist.

ABITUR NICHT SO DOLL

Für heutige Verhältnisse (2024) war mein Abiturzeugnis unterdurchschnittlich. Für damalige Verhältnisse, bei denen sich nur Mediziner und vielleicht noch Psychologen um den gerade aufkommenden Numerus Clausus Gedanken machen mussten, enthielt der Abschluss sowohl Licht als auch Schatten, war also o.k. Wir lebten, auch was den Zugang zu den Hochschulen betraf, in goldenen Zeiten. Damals musste man nicht nach Zensuren jagen, um einen Studienplatz zu bekommen.

Bei uns wurde gezüchtigt, wenn auch nicht mehr systematisch. Lehrer, die Schüler nicht als gleichberechtigte Persönlichkeiten verstanden, waren aber in der Mehrheit. In den sechziger Jahren des vorigen Jahrhunderts waren die äußeren Bedingungen gegenüber den Vorjahren stark verbessert worden. (Klassenstärke in der Unter- und Mittelstufe bis 42, danach 20+, Schulbücher für jeden ausreichend, Lehrer gut ausgebildet)

Ich war mithin in einem Schulsystem des Übergangs.

Mein Vater folgte auf der Wismarer Schule der Aufforderung des Lehrers, der sich über den Schüler geärgert hatte, willig, einen Stock der Stärke Nummer X aus dem Lehrerzimmer zu holen, damit ihm damit soundso viele Schläge verabreicht wurden. In dem Internat in Misdroy gab es zwar eine festgelegte hierarchische Hackordnung der Schüler, aber gleichzeitig einen jungen Lehrer, den die Schüler vergötterten, weil er ihnen das Gefühl gab, sie ernst zu nehmen. Auch hier ein Entwicklungsschritt, allerdings vorbehalten jenen Schülern, deren Eltern das Schulgeld bezahlen konnten.

Flackerndes Selbstbild

In diesen Jahren mit Anstrengung in der Familie, in der Schule, mit Gleichaltrigen, insbesondere Mädchen (die in der Schule fehlen, es ist eine reine Jungenschule) überwiegt im Selbstbild die Selbstkritik, wobei beim Nachlesen wiederholt auffällt, dass ich beim Schreiben von dem Vergnügen am Unvergnügen getrieben war. Motto: Ich überziehe die Selbstkritik, dann wird es mir danach wieder besser gehen.

Was ich als Entwicklung zum Positiven gedeutet hatte, mein Leben in den letzten zwei Jahren nämlich, war eine zum Teil ganz gefährliche Fehlentwicklung. Ich hing am Abgrund und merkte es nicht. Johanniter und Kirche waren nicht stark genug, ich bin nervös, unkonzentriert bis zum Stehkragen und müde. Das liegt nicht nur an der Schule! Muttis Andeutungen und zwei Evangelisationsabende mit Dr. Bergmann halfen mir. Ja, ein alter, quirliger Fuchs, betonte die Seele, die bei einer Liebe das notwendige sei. Nicht der Körper! (17. Oktober 1964)

Wenn ich die vorstehenden Zeilen einige Jahrzehnte später lese, steigt mein Adrenalinspiegel. Da ist ein junger Mann verklemmt und was passiert ihm an zwei Evangelisationsabenden? Seine Verklemmtheit wird gefördert. Es geht gegen den sexuellen Drang. Die Seele wird gegen den Körper in Stellung gebracht, das Gute gegen das Schlechte. Die Formulierung »quirliger Fuchs«, die ich benutzte, deutet immerhin an: So ganz wird dem Evangelisator nicht getraut. Auf die Frage, was die Menschen einmal von ihm sagen sollten, hate er, Gerhard Bergmann, Jahrgang 1914, geantwortet: »Er war ein Brandstifter Gottes«.

Mittlerweile ist die Kirche von derartigen Bußpredigern abgekommen, auch weil sich herausgestellt hat, dass jene mit ihren Predigten eine Art Unterwerfungsrausch erzeugten, die Zuhörer immer wieder (und damit folgenlos) nach vorn treten ließ mit dem Bedürfnis, ab jetzt ein neuer Mensch werden zu wollen.

Bin ich verworfen, deuten meine lockeren Reden, die rege sexuelle Fantasie auf einen kommenden endgültigen moralischen Abstieg an? Dazu Fantastereien in den Briefen.

Wie bin ich darauf gekommen, dass Selbstbefriedigung und christlicher Glaube im Widerspruch stehen? Wirkte hier immer noch der »quirlige Fuchs« nach? Gab es eine unausgesprochene Familienbotschaft dieses Inhalts? Niedere Instinkte, unmoralisch, moralischer Abstieg durch lockere Reden, meine Güte. Aber ich will mich nicht über das Ich von damals erheben. Das wäre nicht zielführend.

Ein Jahr später spürt man die gewachsene Festigkeit des Schreibers, auch wenn es nur um eine Äußerlichkeit geht:

Gegen den Widerstand der Vorderen erstand ich eine Gold-Brille. Mittlerweile haben sich die Widerstände gelegt. Mutti überlegt sich, ob sie sich auch so eine kaufen soll. Großi sagt dass ihre Eltern auch solche Gold-Dinge auf der Nase hätten (Bald sind Kneifer wieder da) Vati fühlt sich an Heinz Rühmann im Film Die Feuerzangenbowle erinnert und Walburg staunt und bringt Empörung hervor, ich sähe wie ein Student oder wie ein Streber aus. Das erste ging mir glatt runter, und das zweite schadet nicht.

Übrigens: Dem Kultfilm aus dem Jahr 1944 ist ein Zitat vorangestellt, das in den Kontext dieser Ausführungen ganz gut passt: »Dieser Film ist ein Loblied auf die Schule, aber es ist möglich, dass die Schule es nicht merkt.«

Und auch im Glauben tut sich was

Mit Traugott Stählin, damals zweiter Pastor der neu aufgemachten Titus-Kirche in der Vahrenheide, habe ich mich öfter getroffen, nur wir zwei, er nahm sich Zeit für mich. Er muss mein Bedürfnis gespürt haben. Nach der Chronik der Titusgemeinde hat Stählin im Mai 1964 seinen Dienst begonnen. Er blieb fünf Jahre.

Die Predigten von Rufus Flügge habe ich besonders gern gehört. Flügge, obwohl ein politisch engagierter Mensch, war nicht jemand, der seine politischen Auffassungen notdürftig christlich bemäntelte. Andernfalls hätte sich bei mir Widerstand gemeldet. Er predigte an Gottes Wort und verstand sich auf starke Bilder. Eine Geschichte von ihm beschäftigt mich bis zur aktuellen Flüchtlingsdiskussion. Als

Prof. Dr. Traugott Stählin lehrte praktische Theologie und Kommunikationswissenschaft an der Kirchlichen Hochschule Bethel in Bielefeld, war Mitglied wissenschaftlicher und kirchlicher Gremien und Synoden in Deutschland und in der Ökumene und hielt Gastvorlesungen. Er hatte Gastprofessuren in europäischen Ländern, in Asien, Afrika und USA.

Rufus Flügge (* 11. September 1914 in Hamburg; † 21. April 1995 in Hannover) war ein evangelischer Theologe, gesellschaftskritisch und in der Friedensbewegung engagiert.

er in Ostpreußen auf der Flucht vor den heranrückenden Russen seine Wohnung verließ, so erzählte er, habe er seinen Wohnungsschlüssel weggeworfen. »Mir war klar, dies ist ein endgültiger Abschied und ich wollte nach vorn schauen.«

Diese Geschichte ist mir wieder eingefallen, als ich Jahrzehnte später im Westjordanland (oder auch Palästina) in dem Stadtteil Bethlehems, in dem die Flüchtlinge aus dem Jahr 1948 leben, einen riesigen Schlüssel über die Straße gespannt sah und hörte, dass damit am 5. Mai jeden Jahres an Nakba, das Unglück ihrer Vertreibung, erinnert wird: Der Schlüssel soll in der alten Heimat wieder ins Schloss.

(Lektüre Simplicissimus, Bultmann) Genau wie Rufus Flügge, Stadtsuperintendent. Er sagte: Aus der Bibel kann ich nicht Christ werden. Nur durch Gottes Hilfe. Wer Gott preist, ohne ein konkretes Beispiel von Gottes Hilfe parat zu haben, ist ein Lügner. Gott erkennt man an seiner Hilfe.

Als Bischof Lilje in der Adventszeit 1965 in der Titusgemeinde predigte, war ich dabei. Ein brennender Adventskranz machte den Auftritt unvergesslich. Lilje war Landesbischof in Hannover und stellvertretender Ratsvorsitzender der Evangelischen Kirche in Deutschland.

Landesbischof Dr. Hanns Lilje predigt zum Thema: »Römisches Konzil – Reformation der katholischen Kirche?« Eine erste Stellungnahme zum Konzil aus evangelischer Sicht, bei der der Adventskranz Feuer fängt und somit – nach eigener Aussage – zu seiner feurigsten Predigt führt.

Stählin, Flügge, Lilje, alle drei bedeutende Theologen in der ganzen Bandbreite der evangelischen Kirche. Sie trugen dazu bei, dass ich mich mit Glaubensfragen beschäftigte, aber ich gewann keine eindeutige Position, weder theologisch noch für mich in meiner Berufswahlentscheidung.

Gibt es Gott? Die Religion des Menschen ist entstanden aus dem Gefühl seiner Verlorenheit gegenüber der Natur, seiner Abhängigkeit vom Schicksal. Dort, wo das neugierige »warum?« gegen die Wand des (noch) Nichtwissens prallte, begann der Garten der Religion. Der Garten wurde mittlerweile schon durch die Menschen beträchtlich verkleinert. Noch, so muss man sagen, gibt es keine Ersatzreligion. Der Nutzen des Christentums ist unbestritten größer als seine Verführung zum Schlechten. Es fördert Moral und bahnt das Denken.

»Ich müsste musikalisch sein«

Auch ein Jahr später, also nicht weit vor dem Abitur, das für diesen Jahrgang um ein halbes Jahr auf Herbst 1966 vorgezogen wurde, weil das Schuljahr von Ostern auf Herbst umgestellt wurde, finden sich im Tagebuch Textstellen zum Selbstbild. Hat das je aufgehört? Man kann dabei nicht unterscheiden zwischen Passagen, die hingeschrieben auch heute noch den Verfasser daran erinnern, dass es so war, und Passagen, bei denen schon beim Hinschreiben nicht ganz klar war, ob sie nichts weiter als pathetische Taktik waren.

Ich merke, dass ich laut bin, albern, überdreht, unnatürlich, affektiert, nicht mehr ich. Mein Charme, auf den ich so stolz glaubte sein zu können, ist stumpf. Mein Charme ist aufdringlich. Mein Gelächter gequält. Das Einzige, was zieht, sind meine Augen-Blicke.

Ich müsste musikalisch sein, eine tolle Kondition haben und eine Riesen-Sprungkraft – dann wäre ich der ideale Grashüpfer.

Geht man zwei Jahre zurück – in diesem Alter ein Riesensprung – geht es wiederum um Selbsteinordnung, dieses Mal zwischen Selbst- und Fremdbefriedigung. Freunde waren zu letzterem einfacher zu gewinnen als Freundinnen. Schwul sein war noch ein Straftatbestand. Es war nie mein Thema, Verunsicherung aber zeitweilig nicht ausgeschlossen.

Impulse aus der Peergroup, kulturell-politische Einflüsse

Ein neues Tagebuch gemahnt immer an eine kleine Rückschau. Dies ist mein viertes Tagebuch. Ich bin jetzt 18 Jahre alt, Unterprima. Inhaber eines Freischwimmerzeugnisses, eines Wellensittichs, einer Lesekarte, eines Johanniter-Helferausweises, eines Presseausweises (als Chefredakteur des Leibnizer), einer EDDA-Nadel, eines Personalausweises, einer Schülerstreckenkarte und eines Fahrrades. Gestern kaufte ich mir eine Pfeife. (Meine vierte). In Kürze kommt ein Mopedschein (Verkehrstüchtigkeit ist bewiesen) und eventuell ein Moped hinzu. Einen Wehrpass habe ich auch noch, daneben Bücher und andere Zimmereinrichtungsgegenstände. Ich gehöre zu den Leuten, die man engagiert heißt. Meine Vergangenheit ist makellos; sieht man einmal davon ab, dass ich mir vom Deutschlandsender kommunistisches Material schicken ließ. (5. Mai 1965)

EDDA war übrigens der Literaturzirkel der Schule, auch verantwortlich für Theateraufführungen. Weder aus einem Moped noch aus einem Zutritt in die Deutsche Kommunistische Partei (DKP) wurde etwas. Das eine verboten die Eltern, das andere verbot ich mir selbst.

Ich war offenbar schon früh und dann mein Leben lang immun gegen geschlossene Welterklärungen, wie sie Rechts- und Linksradikale und der politische Islam anbieten. Obschon ich eine kurze Zeit lang, nach der zweijährigen Bundeswehrzeit und bei der Anmeldung zum Studium an der Universität Bonn erwog, Theologe zu werden und mich für Theologie sogar eingeschrieben hatte, tat ich mich konsequenterweise auch mit dem christlichen Angebot schwer. Als ich dann während des Studiums Poppers »Die offene Gesellschaft und ihre Feinde« las, war das auch kein Beitrag, um zum Glauben zu finden. Für Popper gehört missionarisch angelegter Glaube zu den Feinden der offenen Gesellschaft.

Meine Glaubensfindung geschah dann viel später und bleibt bei fester Absicht auf unsicherem Grund. Dazu die passend famose Formulierung bei Ijoma Mangold über den Glauben seiner Mutter: »War sie wirklich gläubig? Oder eine fröhliche Agnostikerin, die lediglich für die schönere Möglichkeit, die Existenz Gottes, votierte?«[8] Was mir allerdings Zeit meines Lebens einleuchtet, ist eine Geschichte, die Klaus Douglass, der langjährige Pfarrer in Niederhöchstadt, erzählte. Er bezog sich auf Blaise Pascal, der gesagt habe, selbst wenn sich ein christlich geführtes Leben als Irrtum herausstellen

Sir Karl Raimund Popper (* 28. Juli 1902 in Wien; † 17. September 1994 in London) war ein österreichisch-britischer Philosoph, der mit seinen Arbeiten zur Erkenntnis- und Wissenschaftstheorie, zur Sozial- und Geschichtsphilosophie sowie zur politischen Philosophie den kritischen Rationalismus begründete.

Klaus Douglass (* 1958 in Lausanne, Schweiz) ist ein deutscher Schriftsteller und Theologe. Von 1989-2009 war er Pfarrer der Andreasgemeinde Niederhöchstadt. Aktuell ist er Direktor der Evangelischen Arbeitsstelle für missionarische Kirchenentwicklung und diakonische Profilbildung (midi) in Berlin.

Blaise Pascal (* 19. Juni 1623 in Clermont-Ferrand; † 19. August 1662 in Paris) war ein französischer Mathematiker, Physiker, Literat und christlicher Philosoph.

sollte (zum Beispiel das Jenseits nicht existiert und Gott, Jesus und der Heilige Geist sich als bloße Erfindungen entpuppen), so habe es sich doch gelohnt, so gelebt zu haben. Das, muss man hinzufügen, gilt aber nur bei einem angstfreien Glauben.

Freude am Mikro

Eine Faszination habe ich damals gegen Ende der Schulzeit entdeckt und sie hat mich begleitet: Ein Mikro verändert das Reden und die eigene Befindlichkeit. Ein Mikrofon ist ein Adrenalintreiber: *Klassen-Fete im neuen Haus, die Viscounts (Buyken, Neumann, Bintig, Norbert Engler) spielten zum Tanz auf. Volles Haus. Ich eröffnete den Laden. Oh, reden gefällt mir. Ein Mikrofon in der Hand; da ging die Angst weg und Freude durchflutete mich. Machte dann ein paar Späße.* (10. Mai 1965)

Fünf Jahrzehnte später, zum goldenen Abitur, hatten die Viscounts einen Erinnerungsauftritt. Sie und wir vermuteten, die Schüler, die mit uns in der Aula saßen, würden nun denken, was sind die Alten doch jung. Die ersten zwei Nummern waren ein großer Erfolg. Aber die Band spielte weiter. Da fing die Langeweile an und bei uns Zauseln setzte ein leichtes Fremdschämen ein. Hätten wir geahnt, dass unser damaliger Casanova-Typ Wilhelm B. – mittlerweile langjährig verheiratet, viele Kinder, erfolgreicher Hausmann – wenige Tage nach diesem Auftritt stirbt, hätten wir und auch die Schüler ergriffen applaudiert.

Schreiben ist Probieren

In dem Abschnitt über die Tätigkeit für die Schülerzeitung habe ich berichtet, dass mich das Thema Wiedervereinigung interessiert. Dabei steht die Deutschlandfrage auf der politischen Agenda jener Jahre nicht sehr weit oben und rutscht immer weiter nach unten. Mit dem Mauerbau war die Trennung beider deutscher Staaten scheinbar auf ewig besiegelt. Die Blöcke Ost und West standen sich, durch atomare Abschreckung gebändigt, gegenüber. Der Osten war der Aggressor, ihm galt die Wiederbewaffnung.

Aus der Perspektive des Ostens war der Bau der Mauer unerlässlich. Man empfand den Systemwettbewerb als unfair. Während sich nach dem Krieg die eine Besatzungsmacht, nämlich die

Sowjetunion, in ihrem besetzten Teil nach Kräften bediente und bis in die Fünfzigerjahre die Ostzone und nachmalige DDR durch Entzug von Ressourcen am Aufschwung hinderte, hatten die drei anderen Mächte den Westzonen und der nachmaligen Bundesrepublik beim Aufschwung geholfen (Marshallplan). Dadurch sei der Westen, hieß es, wirtschaftlich attraktiver geworden und dies habe im Osten zum Wegzug animiert. Dieses Loch sei nun geschlossen. Also könne nun der Wettbewerb mit Aussicht auf Erfolg aufgenommen werden. Der Sputnik-Schock von 1957 hatte zuvor dem Osten psychologisch den Rücken gestärkt, setzte aber gleichzeitig einen Wettlauf im Weltraum und in der Rüstung in Gang.

Der Blick nach Osten: Da meldet sich das Flüchtlingskind. Wenngleich ich erst in späteren Jahren meine Mecklenburger Herkunftsfamilie für mich als wichtiges Thema entdeckte, ist doch schon hier der Blick nach Osten nachweisbar:

Fernsehen gesehen und Christ und Welt gelesen. Fernsehen: die Eröffnung der Olympischen Spiele von Tokio geschaut, mächtige Sensation: die Bilder werden direkt von Tokio nach Amerika gesendet, von wo sie per Flugzeug nach Europa gebracht werden.

Ansonsten gingen heute in Tokio die Olympischen Spiele, die ersten in Asien, zu Ende. Höchstwahrscheinlich die letzten gesamtdeutschen. Neues Deutschland zählte im Medaillenspiegel auch fein säuberlich getrennt die Siegeszeichen der DDR, Westberlin und Westdeutschland auf. Und I. fragte (und nicht nur I) bei jedem Sportler: Ost oder West?

Es war wohl die Münchner Lach- und Schießgesellschaft, die in einem Sketch den größeren Erfolg der DDR-Athleten bei den innerdeutschen Ausscheidungskämpfen kommentierte. Er gipfelte in der Klage eines vermeintlichen westdeutschen Funktionärs: »Gemein, die DDR-Sportler trainieren!«

Für die Olympischen Sommerspiele 1964 konnten sich erstmals mehr ostdeutsche Athleten als Sportler aus dem bevölkerungsreicheren Westdeutschland qualifizieren. Die DDR stellte deshalb 1964 mit Manfred Ewald den Chef der gesamtdeutschen Mission. Dass die Erfolge auch auf systematisches Doping zurückzuführen waren, wusste man seinerzeit noch nicht.

Ich war bei einer Veranstaltung der Deutschen Friedensunion, der DFU, von der Presse als »Deutsche Freunde Ulbrichts« beschimpft. Ein Superintendant Sans sprach, temperamentvoll, in vielem richtig.

»*Die Deutschen müssen lernen, unbequem zu sein. Weg mit dem Obrigkeitsgedanken.*« (*Er stellt den Deutschland-Plan der DFU vor, der eine Lösung der BRD von Amerika vorsieht und ein Austreten von Polen, der CSSR und der DDR aus dem Warschauer Pakt.*) *Die Mauer ist für die DDR eine Notwendigkeit. Nur durch die Mauer ist drüben Liberalisierung möglich. Die Mauer wird erst überflüssig, wenn die Menschen drüben freiwillig dortbleiben.* (*Hinweis auf Peter Bender*) *Wird der überzeugende Deutschland Plan der DFU von allen Politikern geteilt? Fehlt der Mut zum Risiko oder die Erlaubnis der amerikanischen und deutschen Wirtschaft zum Risiko des Geld-Verlusts?* (29. August 1965)

Die Deutsche Friedens-Union (DFU) war eine 1960 gegründete, linksgerichtete Kleinpartei in der Bundesrepublik Deutschland, deren Wahlergebnisse nicht für den Einzug in ein Parlament ausreichten. 1984 gab sie ihren Parteistatus auf. Am 6. Juni 1990 beschloss der letzte Unionstag der DFU nach dem Ende der finanziellen Förderung seitens der SED die Auflösung der Bundesorganisation. Einzelne Landesverbände arbeiteten hingegen noch einige Jahre weiter.

Interessanterweise war mir damals nicht bewusst, dass ich diesen Plan nahezu identisch schon mal gehört hatte, nämlich bei der Begegnung mit Adolf von Thadden im Haus meiner Eltern. Die Einigkeit von rechts und links außen fasziniert: Raus aus der USA-Bindung und rein in die Neutralität. Äquidistanz zu den beiden Großmächten USA und Russland, ab 2022 mit dem Krieg Russlands gegen die Ukraine prompt wieder auf den Tischen beider Strömungen.

Mein Ausflug nach links außen reichte zur Provokation, aber dann folgte die Besänftigung. Es war doch nur ein Gedankenspiel. Ob der Vater wirklich glaubte, was er als Befürchtung von sich gab? *Vati auf meinen Wunsch, nach drüben auf Visite, vielleicht in ein Propaganda-Lager zu gehen:* »*Entweder kommst du nicht wieder oder aber als Kommunist. Wo du sowieso schon SPD bist.*« Die SPD-Mitgliedschaft passierte erst Jahre später und war nicht lang. Aber diese Geschichte wird an anderer Stelle zu erzählen sein.

In meinem Tagebuch fanden zwei Ereignisse große Beachtung: Am 15. Oktober 1963 trat Konrad Adenauer, Kanzler seit 1949, zurück. Am 22. November des Jahres wurde John F. Kennedy ermordet. Aber beides lässt sich einschlägig besser nachlesen als in meinen Aufzeichnungen. Wie bei vielen Zeitgenossen löste Kennedys Ermordung in mir Bestürzung, Anteilnahme und Trauer aus.

DIE ANGST VOR DEM KRIEG

Als ich 21 war, wurde ich gewahr, dass mein Alter nun der Zeitspanne zwischen dem Ende des ersten und dem Beginn des zweiten Weltkriegs entsprach. Eine Generation lag gerade mal dazwischen. Die Veteranen des Ersten Weltkriegs lebten noch. Die Angst war nicht neu für mich. Ich lebte mit ihr:

Die fetten Jahre, in denen wir leben, die unheimlich sind. Bange Frage – und was danach? Werde ich, wie meine Eltern, fliehen müssen? Werde ich kämpfen müssen? Den nächsten Krieg gewinnt der Tod, mahnt ein Plakat. Ich bin jetzt wehrfähig, ein kleiner Vaterlandsverteidiger. Mutti registrierte es mit Unbehagen. »Ich hatte immer gedacht, wenn es wieder losgeht, sind wenigstens die Kinder zu Haus«, sagte sie. Aber jetzt bist du so weit. Unser Jahrhundert ist durch zwei Kriege gebrandmarkt, die Menschen sind gezeichnet und vom Grauen durchgeschüttelt. Dennoch bezweifle ich, ob sich die Menschen gegen ihre Staatsführungen verbrüdern würden.

ALS BONN NOCH HAUPTSTADT WAR

Besuch des Bundestags in Bonn: Ein Mitarbeiter dort benahm sich arrogant und der Bundestag war dünn besetzt. Dass die Bundestagsabgeordneten gleichwohl arbeiteten, war mir, dem jungen Besucher, offensichtlich nicht hinreichend vermittelt worden. Meine Überzeugung, dass die parlamentarische Demokratie gestützt werden müsse, wuchs dadurch nicht. Es war antiparlamentarisches Sentiment, das Nahrung bekam. Es ist wie beim Reisen: Vorurteile können sich auch verstärken:

Tja, dann noch der Besuch im Bundestag. Karten beim Portier, Eingang VII, Rheinuferseite. Bedaure, alles weg. Später ließ er uns Geduldige doch noch rein. Mantel an der Garderobe. »Nächstes Mal mit Jackett, junger Herr«. Ich wollte gerade pampig werden. Von wegen keine Beerdigung, dachte aber an die hohe Stellung dieses Kartenausteilers, schluckte und kroch die Treppe herauf.

Ich habe übrigens immer damit gerechnet, im Laufe meines Berufslebens in der provisorischen oder später tatsächlichen Hauptstadt zu leben und zu arbeiten. Allerdings nicht in der Bundestagsverwaltung, da schreckte ein Besuch bei einem ehemaligen Kommilitonen später doch sehr ab. Der war als promovierter Politologe mit der Presseschau beschäftigt. Er strich die Beiträge an, die niedrigere Besoldungsgrade hernach ausschnitten und aufklebten. Dann bekam er die Ausschnitte wieder vorgelegt und hat sie zugeordnet. Gleichzeitig war er zum Vertrauensmann gewählt worden und führte in dieser Funktion über Mittag dazu Gespräche. Diese Zeit wollte er später am Tag nacharbeiten. Er erzählte, die Kollegen hätten sich dies mit Nachdruck verbeten. Dienstschluss ist Dienstschluss und da solle es für niemanden Ausnahmen geben. Erlebnisse wie dieses prägen das Bild von der Staatsbürokratie.

UND WACKELT WEISE MIT DEM KOPF

Zum Schluss noch ein allgemeiner Blick ins Weltgeschehen: Zypern Krise, Ostasien Krise (Vietnam, Laos), NehrusTod (Schastri Nachfolger), Russland gegen China, Deutschland-Frage inaktuell, nervige Abrüstungsgespräche in Genf, Schauspieler Hans Moser gestorben, Lübke wiedergewählt, Paul VI. Papst (schon ein Jahr im Amt), Maßhalteparole von Erhard, Heye-Trara um Bundeswehr, Kongo-Wirrwarr, Marika Kilius als Schlagersängerin, 96 in der Bundesliga – und ich rauche Pfeife und wackele weise mit dem Kopf.

Das Zitat zeigt das mittlerweile (1964) ausgeprägte breite politische Interesse des Schreibers, das auch weitere Notizen im Folgejahr belegen: *Eltern haben Wedels, Amsbergs und Thaddens eingeladen. Ganz rechts, das sind nach Volksmeinung verkappte Nazis und das ist schlimm. Dauernd gründen sie was Neues, mit national, jetzt die Sammelpartei mit – wenn ich nicht irre – dem Namen Deutsche Nationalpartei.* [Gemeint ist die NPD.]

(Bericht von Tagung im CVJM Mannheim in Abbensen, Kreis Peine zum Thema die atlantische Gemeinschaft, Probleme und Möglichkeiten) Als ich zu Hause war, fiel mir endlich das gesuchte Contra ein. DRP-Thadden hatte es doch gesagt: Europa alleine... Europa wäre Weltmacht. Europa hätte die entscheidende Stelle in der Weltpolitik.

Ein Busfahrer sagte es neulich, was viele denken: »Krawall und besoffen sein, Raub und Mord aus Langeweile, das gab es während der Hitlerzeit nicht. Da wurden wir rangekriegt und das hat auch Spaß gemacht. Das fehlt uns heute, eine Regierung, die nicht dick und

*fett und ängstlich ist, sondern die
durchgreift.«*

Die Bewegung Moralische
Aufrüstung (MRA) stellt sich in
der Leibnizschule mit einigen
Vertretern aus skandinavischen
Ländern aus Holland und aus
Deutschland vor. *Ich schoss in der
Diskussion ungemein scharf, wurde
aber aus dem Wollen dieser Leute
nicht ganz schlau, weil sie sich sehr
verschwommen und unklar aus-
drückten. Sie wollen die Menschen
dazu bringen, dass sie das Gefühl
haben, helfen zu müssen.*

*Dann ist Churchill gestorben.
Einer der größten Engländer aller Zeiten und einer der größten
Staatsmänner dieses Jahrhunderts,
wie es in den Nachrufen so schön
heißt. In Shakespeares König Lear
war ich mit Mutti. Erst dachte
ich, Shakespeare wäre der Wal-
lace-Schreiber des 17. Jahrhunderts
gewesen, aber das stimmt nur bedingt. (4.2.1965)*

Sechs unterschiedliche Meldungen, die anzeigen, was mir
Jahrzehnte später nicht mehr
so präsent ist: Die Eltern waren
teilweise konservativer, als ich
in Erinnerung hatte und ich mit
ihnen. Gemessen an den besitzenden Adeligen, ob in Schleswig-
Holstein, Niedersachsen oder Bayern, waren sie allerdings geradezu verdächtig liberal.

Neben der deutschen Teilung interessierten mich immer die
NS-Verbrechen, insbesondere der Holocaust (der damals noch
nicht so genannt wurde).

Aber Entsetzen und Lust ließen sich nicht immer trennen: *Ich erinnere mich an den Priwall, da wurde im Kurhaus ein Auschwitz-streifen gezeigt. Im Dunkeln stieß ich zufällig gegen ihre Knie und fühlte Gegendruck. Den Rest des Films verbrachten wir in gegenseitiger Knie- und Beinberührung. Als das Licht anging, sah ich ein viel zu kleines, freches Mädchen. Wir sprachen kein Wort miteinander.*

Was ich damals nicht wissen konnte: Noch einmal in meinem Leben, deutlich später, würde ich in eine solche Situation kommen, wenn auch nicht bei einem Film. Aber wieder würde ich im Dunkel einer Veranstaltung das heftige Verlangen haben, eine weibliche Person neben mir zu berühren. Dieses Mal gab es bei Licht betrachtet kein Erschrecken und sogar kein verlegenes Wegrennen, sondern die Frage, ob man vielleicht noch ein Bier miteinander trinken wolle. Karla wollte, Freundin Barbara hatte nichts dagegen, Die Geschichten, wie Paare sich gefunden haben, variieren; gemeinsam ist ihnen der Zufall. Andere würden von Fügung sprechen.

Eine gewisse Weile war die Tituskirche, die für den neuen Stadtteil Vahrenheide zuständig war, eine Anlaufstelle. Der Kontakt war früh entstanden, weil die Eltern das Nordzimmer im neubezogenen Reihenhaus für einige Zeit der Gemeinde, die noch kein eigenes Gebäude hatte, vermietete und mein Vater auf diese Weise in den Kirchbauverein geriet, der den Aufbau unterstützte. Er war Gründungsvorsitzender und füllte diese Aufgabe bis zum Wegzug aus Hannover. Ich komme darauf zurück. Mein erster Eintrag hatte sich auf eine Silvesterparty 62/63 bezogen. Später folgten die Gespräche mit Pastor Traugott Stählin und hier finden sich zwei Notizen aus 1965, die zeigen, dass ich in dieser Zeit noch intensiver mit der Gemeinde zu tun hatte. Von regelmäßigem Gottesdienstbesuch konnte allerdings nicht die Rede sein, dies war auch kein Programm der Eltern.

(Diskussion in der Tituskirche) Dr. Sievers trat für eine erlaubte Schwangerschaftsunterbrechung bis zum dritten Monat ein. Durch die Antibabypille würden nicht nur unerwünschte Kinder nur als Webfehler auftreten, Jungen würden vielleicht darüber hinaus gedämmt und Onanieren durch Agieren ersetzt. Meinetwegen.

Der Eintrag zeigt, dass die Diskussion um erlaubte Schwangerschaftsunterbrechung, zumindest im kirchlichen Raum, damals stark tabuisiert war und die Kirche sich mit der Einladung eines Frauenarztes etwas traute. Es gab auch prompt Gegenwind in der Aussprache, die ich aber hier nicht weiter zitiere. Steil finde ich die These, wenn sie denn so überhaupt vorgetragen wurde, dass ordentlicher Geschlechtsverkehr doch besser sei als Onanieren.

Mit Stählin hatte ich intensive Gespräche. Er nahm mich ernst und ich fühlte mich klug und sensibel:

Ich komme von Pastor (Traugott) Stählin, dem jungen, intellektuellen Pastor unserer Gemeinde. Er sieht die Aufgabe der Religion und des Pastors fern jeder Glaubensromantik: »Wir sind nicht mehr weit von der Situation der Ur-Christen-Gemeinde entfernt. Wenn ich in diesen Stadtteil komme, ist es, als komme ich zu Heiden. Christ ist man nur des guten Scheins wegen und weil die Konfirmation so eine tolle und die Hochzeit so eine rührselige Sache ist. Und Beerdigung mit Pastor ist man dem Alten ja wohl schuldig. Worin liegt die Aufgabe von uns Pastoren? Im menschlichen Nahkampf bestehen – das ist das Interessante unseres Berufes. Ich kann den Leuten nicht mit Theologie ins Haus fallen und fromme Reden wollen sie nicht, aber sie zum Nachdenken bringen über das Leben in ihrem Stadtteil, über die Erziehung der Kinder, über Politik, über das Leben in einer Gemeinschaft – ist das nicht genug? In unserer Zeit fallen die Schranken der Konventionen und das ist die große Chance der Kirche.«

Widersprüchliches zu den NS-Verbrechen

Das nachfolgende Zitat stimmt mich aus heutiger Sicht nachdenklich:

Heute war große Debatte im Bundestag: Verjährung der Nazi – Verbrechen (20 Jahre sind am 15. Mai herum) oder nicht. Entscheidung kommt. Hintergrund: Auschwitz – und andere Prozesse. Überall sucht man große und kleine Nazis. Jeder PG ist schwer verdächtig. Vom Volke wird Scham gefordert. Schämt euch, ihr bösen Deutschen, dass ihr Heil Hitler geschrien habt und »Wir wollen den totalen Krieg« und »Juda verrecke.« (10. März 1965)

Soll die Ironie, die hier mitschwingt, Distanzierung anzeigen von der Entscheidung des Bundestags, die Verjährungsfrist für Naziverbrechen zu verlängern? Fand ich es falsch, dass nun, 20 Jahre nach Kriegsende, die Suche nach Kriegsverbrechern intensiviert werden konnte, weil das verabschiedete Gesetz die

Verjährungsfrist für die Verfolgung von Verbrechen, die mit lebenslangem Zuchthaus bedroht sind, verlängerte? Der Tagebuchschreiber nennt zu Recht den Auschwitz-Prozess, von dem wir heute wissen, wie schwierig es für den Generalstaatsanwalt Fritz Bauer war, ihn überhaupt stattfinden zu lassen. Für viele Deutsche sollte das Kapitel »Kriegsverbrechen, Judenverfolgung« mit der Entnazifizierung der Westalliierten abgeschlossen sein.

Mit den Verbrechen der Nazis habe ich mich zeitlebens, auch schon damals, gründlich beschäftigt, auch mit dem Besuch von Vernichtungsstätten. Habe sie aber bei der Aufarbeitung, die mit den Auschwitzprozessen erstmals Nazis der zweiten und dritten Reihe aus den Vernichtungslagern auf die Anklagebank brachte, gleichwohl nicht zusammenzubringen vermocht. Ich hatte mir nicht klargemacht, dass mit dem Abschluss der Entnazifizierung eine Reihe von Hauptschuldigen durch die Netze geschlüpft war. Lediglich 5025 Verurteilungen in den westlichen Zonen verdeutlichen die Notwendigkeit, die Suche und Bestrafung von Nationalsozialisten, die Verbrechen begangen hatten, nicht an der Verjährung scheitern zu lassen, obschon die Stimmung in der Mehrheit der Bevölkerung zu einem Schlussstrich tendierte, so wie mein Eintrag es nahelegt. In den drei Westzonen wurde über die 2,5 Millionen Deutschen, deren Verfahren bis 31. Dezember 1949 durch die überwiegend mit Laienrichtern besetzten Spruchkammern entschieden war, wie folgt geurteilt: 54% Mitläufer, bei 34,6% wurde das Verfahren eingestellt, 0,6% wurden als NS-Gegner anerkannt, 1,4% Hauptschuldige und Belastete .

Bin jetzt werktätig

Während meiner Bundeswehrzeit bin ich erstmals mit allen Schichten der Bevölkerung zusammengekommen. Eine einzige Ausnahme gab es. Als Schüler über 16 (das war die Voraussetzung) hatte ich für einige Wochen einen Aushilfsjob bei der Post. Das war mit Nachtschicht verbunden. Die nachfolgende Textpassage unterschlägt, dass mich diese wenigen Wochen auf der Hannoveraner Hauptpost nahe am Bahnhof nachhaltig beeindruckt haben:

Bin jetzt werktätig. Postfacharbeiter heiße ich mich. Sortiere Pakete. Und Vati wird wütend, hitzige Debatte. Von wegen Freude an der

Arbeit und ein Hoch der Handarbeit. »Mit der hat Vati dich Drecks-
lümmel am Leben erhalten«, *argumentiert Mutti sachlich. Zum
Schluss waren sich alle einig, dass der ganze Streit A wegen meiner
Mundfaulheit (gemeint: gelangweilt, kurze Auskünfte, Vati: Mach'
doch den Mund auf, Lümmel) und B an der sinkenden Arbeitsmoral
läge. Alle sind faul und betrachten Arbeit als Job. Das bringt uns doch
in den Abgrund. Der Abgrund ist noch ganz schön mit Banknoten
und Fleischstücken (aber bitte nicht fett!) ausgelegt.*

Was hat mich beeindruckt? Die Postsendungen wurden nach
den Postleitzahlen, die es zu jener Zeit noch nicht lange gab,
ab Januar 1965 in der vierstelligen Form, sortiert. Ich war in der
Nachtschicht und konnte lernen, wie anstrengend Nachtarbeit
ist. Da war ein alter Facharbeiter, der schaute nicht auf die Postleitzahlen und sortierte dennoch perfekt in die bereitstehenden
Postsäcke. Von ihm wurde unter den Kollegen anerkennend gesprochen. Er redete wenig. Sie sagten, er kennt alle Orte. Er würde mit seinem Wissen das Schicksal des Indianers teilen, der aus
der freien Wildbahn in ein Reservat gesperrt wird und dessen
großartige Fähigkeiten wie Fährtenlesen nicht mehr gebraucht
werden. Das Wissen ist obsolet, die Anerkennung sinkt, vielleicht
auch das Selbstwertgefühl.

Dann war da ein etwas zu dicker junger Mann, der als Bahn-
schaffner Postsäcke entgegennahm. Er sagte, er habe einen Klassenkameraden, der sei jetzt Vorstand bei Audi. Er frage sich und
seine Umgebung, warum er nicht eine solche Karriere gemacht
habe. Ja, warum nicht, dachte der Aushilfsarbeiter. Fehlte es an
Fortune, an Leistung, an Durchhaltevermögen? Und dann waren
da die Foppereien, die dem langaufgeschossenen, offenkundig
schüchternen Schüler galten. Er hatte den Eindruck, dass einige der Frauen der Nachtschicht geil waren. Gab es Geheimnisse?
Wurde es in irgendwelchen dunklen Ecken getrieben? Ihn treffen die Scherze um die Säcke. Wenn er mit einem Postsack kam,
fragte eine der Frauen, laut genug, damit die anderen es hören
konnten, ob sie mal seinen Sack übernehmen könne. Ihm fiel keine schlagfertige Antwort ein. Immer ging es um Sackscherze, sie
nahmen kein Ende.

In den Pausen wurden mitgebrachte Stullen gegessen, es
wurde geredet, Kaffee getrunken, einer saß immer abseits und

las Heftchen. Dann bekam der Aushilfsarbeiter mit, dass einige Packungen leider vom Band fielen und der Umschlag aufriss. Ehe der Inhalt wieder mit einer aufgedruckten oder aufgeklebten Entschuldigung verpackt wurde, hatte man ihn sich angeschaut. Vom Band fielen nämlich mit großer Treffsicherheit Sendungen mit Sex-Inhalt.

Ich war von den Nachtkollegen bei der Post beeindruckt aber beneidete sie um ihre Arbeit nicht. Gleichwohl gab es Streit zu Hause, weil die Eltern eine kritikwürdige Haltung ihres Sohnes vermuteten und dieser keine Lust verspürte, die von den Eltern gewünschte Einstellung darzustellen, obwohl (oder weil?) seine kaum von ihrer abwich.

Im späteren Leben bleibt die Ahnungslosigkeit über das Leben der Anderen. Zwar liest der (spätere) Akademiker Texte über das Proletariat, hat sich im ersten Job als Vertreter der Arbeitgeber auf Podiumsdiskussionen und in Radiosendungen kundig über die Situation der Arbeitnehmer ausgelassen, blieb aber zeitlebens allenfalls ein Beobachter am Rand. Das ist eine Warnung: Sich nicht über Menschen in ihren Echokammern zu echauffieren, denn man sitzt doch selber in einer.

Politisches Erwachen?

Bisher waren die Ansichten der Eltern bestimmend: nicht selten auf eine verquere Art. Sie wurden abgelehnt und ihnen wurde gefolgt. Würde das so bleiben? Dazu Beispiele zur Überprüfung: aus Gesellschaft, Politik, moderner Kunst und aktueller Literatur. Ergebnis: Die Ablösung erfolgte zumindest in der Mittelstufe nicht, in der Oberstufe nur scheibchenweise. Und dennoch hatten Eltern und Sohn zeitweilig den lebhaften Eindruck größter Kontroversen. Man kann sich auch bei kleinstem inhaltlichem Unterschied streiten, wenn man nur an die große Differenz glaubt. Gerade der Pubertierende möchte dies so haben, damit er leiden kann.

Was tut sich in den deutschen Gauen?

In der Schule sollten wir einmal die Situation in einem Wartezimmer eines Arztes beschreiben. Meine Fantasie reichte leider nur zu einer schablonesken Beschreibung und ich lieferte einen meiner schlechtesten Aufsätze in der Mittelstufe ab. Wenn ich mir die nachfolgende Charakterisierung der deutschen Gesellschaft anschaue, komme ich zum gleichen Ergebnis. Hier schreibt einer, was er von seinen Eltern aufgeschnappt oder gefühlt hat, als seinen eigenen Text nieder. Die Beispiele sind kein Ausweis größter Offenheit des Tagebuchschreibers; sie sind nachgekaute Vorurteile.

Was tut sich sonst in den deutschen Gauen? Man schläft und isst. Man schlägt sich durchs Leben, teils mit seiner Frau. Fettaugen, zufriedene, ringgeschmückte Hände, die über die Ausbuchtung unterhalb der Heldenbrust streichen, oder nervöse Augen, Hände, die sich durch die Haare fahrend, nervös an der Zigarette ziehen, dem Herztod ausgeliefert, zwei typische Gestalten unserer Zeit. Beide haben keine Zeit, Verantwortung zu tragen, nachzudenken, sich mit Gott oder dem Staat zu befassen. Das einzig Gute dieses materiellen Wohlstands: Standesunterschiede werden verwischt, die Bonzen und Proletarier fallen über dieselbe sattmachende Torte her. Ein Fehler unserer Zeit: zu wenig Arbeitslose. Die Welt ist näher zusammengerückt. Das vaterlandslose Westdeutschland mit seinen zwei Weltkriegs-Schuldkomplexen marschiert munter voran, ob in NATO oder EWG oder sonst wo.

MAN WILL JA NICHT UNMODERN SEIN

Stellte ich wirklich konsequent die ererbten politischen und moralischen Positionen am Ende meiner Schulzeit auf den Prüfstand? Oder war es mehr ein intellektuelles Ausprobieren oder Kokettieren? Liest man die Beschreibungen zu kulturellen Fragen, kommen weitere Zweifel auf.

Gestern waren Susanne und ich im Künstlerhaus, Frühjahrsausstellung junger Künstler. Die Bilder? Ach ja, die Bilder. Schön bunt mit Punkten und mit Kreisen. Wenn man sie anders herum hängt, sieht man auch Punkte und Kreise, nur anders herum. Das Ganze nennt sich abstrakt und die sowas malen, sind verkannt.

Und dann kommen jedoch erste Zweifel an der eigenen (überhaupt nicht eigenen) Position auf. Und wenn nur der Schlüssel fehlte zum besseren Verständnis? Das Phänomen der Akzeptanzlücke zwischen Künstler und Normalos, die sich in der nächsten oder übernächsten Generation schließt, konnte mir nicht verborgen bleiben. Beispiel: Impressionismus:

Vielleicht lag es auch daran, dass wir keinen Katalog hatten. So fehlte uns die innere Beziehung, Nun, man will ja nicht unmodern sein und außerdem hat man das warnende Beispiel eines Vincent, der Impressionisten überhaupt, vor Augen. Heute bewundert man aufrichtig, was damals verhöhnt wurde.

LITERATUR SOLL DOCH ERHEBEN

Beim zweiten Beispiel geht es um Literatur:

Ömi zu Besuch. Vati kann an Grass nichts finden. Seine Mutter stimmt ihm zu. Ömi: Blechtrommel – nach 20 Seiten hätte sie es nicht mehr ausgehalten. »*Kunst muss doch erfreuen, einen irgendwie erheben*«. *Ich wende ein, das sei nicht die Aufgabe der Kunst. Ich muss aber zugeben, dass ich so als Laie mit Grass auch nichts anfangen kann. Vati: Immer nur das Negative.* »*Konni, da muss ich aber mal was sagen*«, *wirft Mutti ein und erzählt, dass sie mit Kafka überhaupt nichts habe anfangen können. Vor allem die widerliche Geschichte von dem Menschen, der zur Spinne würde und schwarz und Schleimspuren ziehend an der Decke entlang kröche. (Erzählt dann weiter, dass sie im Krankenhaus mit einer Studienrätin gelegen habe, deren Mann blind und verbittert wurde.) Aber bei einem Kuraufenthalt habe er ihr, seiner Frau, in einer Art Ausbruch sein ganzes Leid offenbart und zwar hätte er genau das empfunden, was Kafka aufgezeichnet hätte. Ihr Mann hätte später wieder sehen können, die Geschichte gelesen und wäre jetzt ganz beeindruckt gewesen.*

Ein schönes Beispiel übrigens für den Einfluss von Margot. Sie ist konservativ, scheut sich aber nicht, wenn sie dazu Anlass findet (und sie ist immer auf der Suche), ihre Position infrage zu stellen. Positionsänderungen konnte sie lebenslang so schnell vornehmen, dass sie einem, wenn man ihr gerade zugestimmt hatte, durchaus im nächsten Moment genau diese Zustimmung um die Ohren hauen konnte. Zur Dialektik gehört geistige Beweglichkeit, Tiefgang ist damit nicht ausgeschlossen. Margot liebte den tiefen geistigen Austausch.

Obwohl meine Mutter gern verdeutlichte, dass sie eine geborene Freiin war, hatte sie mit ihrem Bildungshunger etwas Gutbürgerliches an sich. An den üblichen adeligen Klatschgesprächen, bei denen das Treffen darin besteht, »dass man nichts Befremdliches angezogen hat oder gar gesprächsweise äußert (keine konfliktträchtigen Themen, sperrige Meinungen oder verblüffende Urteile«)[9] beteiligte sie sich ungern. Staden[10] zitiert einen französischen Adeligen, der eine Regel des Ancien Regime formulierte »Jamais approfondir« (niemals vertiefen). Meine Mutter liebte genau die Vertiefung. Stadens Mutter, Camilla v. Stackelberg, bürgerlich geboren, zweimal adelig verheiratet, beschreibt in ihrem Buch ihre fortwährende Sehnsucht nach genau solchen tiefgehenden Gesprächen, wie sie sie schließlich bei ihrem zweiten Mann gefunden hatte.[11] Sie erinnert an Margot. Sie war eine große Frau, für ihre Generation jedenfalls.Und bis ins hohe Alter eine elegante Erscheinung. »Jahre sind nur Kleider«,schreibt Dorothy Parker. »Entweder du trägst sie dein Leben lang mit Stil oder du gehst eben als Schlampe ins Grab.« Margot hatte Stil.[12]

EIGENSTÄNDIGER

Der Sohn gewinnt von sich den Eindruck, auf eine eigenständigere Lebensspur zu kommen, nicht gegen die Eltern, aber doch stärker integriert in das bürgerlich-demokratische Westdeutschland als sie:

»Was machst du da?« »Ich lese Die Freiheit im Lichte des Marxismus-Leninismus« antworte ich mit stolzgeschwängerter Stimme auf Muttis Frage. »Und warum so laut?« »Weil ich es sonst nicht verstehe.« Aber warum denn SO laut?« »So laut kann ich gar nicht brüllen, dass ich es verstehe.«

Die nachfolgenden Stichworte des Primaners zeigen, dass er wichtige Entwicklungen der Politik registriert: *Start von Gemini 5. SPD macht Opposition, de Gaulle gewinnt die Wahl. Sturkopf du, Stuhl vor die Tür, EWG kaputt, NATO kaputt. Erhard redet von formierter Gesellschaft.*

Auf der Aufschlagseite des Tagebuchs Nr. 5, begonnen am 3. März 1966, stehen die vier philosophischen Grundfragen von Kant, Jaspers philosophische Grundfragen (nach Kant unter Kierkegaards Einfluss) und Descartes' Cogito ergo sum (ich denke, folglich bin ich). Der Eintrag beginnt mit dem Satz: *»Die Philosophie der Neuzeit hat sich von den rationalistischen Strömungen der Aufklärung, die doch oft erschreckend oberflächlich waren, abgesetzt«, meint Herr Studienrat Wendt, mein Religionslehrer. Und* dann geht es weiter mit Camus und Heidegger. Am Schluss dieses Eintrags steht: »*Der Bibliothekar schnäuzte sich die Nase. Dann stellte er das Buch wieder weg. Frieden, alle wollen Frieden. Für den Frieden machen wir Krieg in Vietnam, nur für den Frieden.*«

Wieso die angeblich »rationalistischen Strömungen der Aufklärung erschreckend oberflächlich« waren, lässt sich mit dem Lehrer, der uns dies beibiegen wollte, gewiss nicht mehr klären. Auch wäre es interessant gewesen, das Orakel meiner Oberstufenzeit, Ernst Hagemann, mit der Aussage seines Kollegen zu konfrontieren. Ich bin mir jedenfalls sicher, dass wir uns bei solchen Sprüchen mit angehoben fühlten, aber (oder weil wir) nicht verstanden, was man uns sagen wollte.

Und dann kam – im Herbst würde das Abitur stattfinden – die Zeit, in der der angehende Abiturient von keinem Hochflug zurückschreckt: *Becketts Endspiel. Der Sinn ist, wie wir in einer anschließenden Diskussion herausfanden, dass es sinnlos ist. Mir leuchtet ein, dass er sich mit Phrasenstil, übertriebenem Blaba, gegen just dieselbe Sprachverschlampung wenden will.*

Und warum sollte es mir nach dem Studium der Buddenbrooks anders gehen als so vielen Lesern vor mir und nach mir? Hatte die VW-Reklame »und läuft und läuft und läuft«[13] zu einem Stakkato-Schreibstil verführt, das Lesen des Spiegels, bei mir nicht regelmäßig, zum scheinkonkreten, ironischen Schreiben (darauf hatte uns Hagemann beim Studium der Leserbriefe im Spiegel hingewiesen), so führte Thomas Mann zu Schachtelsätzen der ambitionierten Art:

Schon wieder zehn Tage seit dem letzten Eintrag. Meine Jugend läuft weg... Die Pünktchen deuten an, dass ich vor wenigen Tagen die Buddenbrooks zu Ende las, Thomas Mann liebt Pünktchen: ein wunderbares Buch! Dieser sauber ausgefeilte Stil, diese biegsamen Sätze, die trotz ihrer Länge keine Ungetüme sind, welche Genauigkeit in der Beobachtung. Dazu der ironische Unterton, diese trefflichen Typen.

Gneisenaus edle Stirn besichtigt

War in Veit Harlans Filmstück »Kolberg«. Heinrich George, Otto Wernicke, dann dieser Schauspieler mit den asiatischen Gesichtszügen, fängt, glaub ich, mit W. an (Wegener), dann die sogenannte Reichswasserleiche, Kristina Söderblom. Das bunte Spektakel entstand 1942–44. Der alte Mann neben mir lachte aufdringlich und starrte mich dabei an, als wollte er fragen, warum ich denn bei diesem Film nicht mit lache. Ich stellte mir nur vor, dass jener Lacher gern auch im Sportpalast bei Goebbels gewesen sein kann und Hurra und Führer wir folgen dir geschrien hat. Jetzt sitzt er da und lacht über seine Dummheit. Andere waren ergriffen. Krieg lohnt sich. Opfer lohnt sich. Hinter Gneisenaus edler Stirn arbeitet es. Die Mundwinkel, die schmalen, zucken. »Das wollte ich hören, lieber Nettelbeck. Wir kämpfen also weiter.« Der Film hinterlässt beim jungen Zuschauer eine seltsame Mischung von Langeweile und Entsetzen.

Eine aktuelle (2024) Bemerkung kann ich mir nicht verkneifen: Kann es sein, dass dieser Film heute, nicht mehr gezeigt wird, weil die Verantwortlichen meinen, die Bevölkerung vor Verführung schützen zu müssen? Immer wieder wird betont, wie wichtig die »Vergangenheitsbewältigung«. sei. Wie kann ein Weglassen eine Bewältigung sein? Das gilt für das Dritte Reich ebenso wie für die DDR-Geschichte.

Meine und deren Chancen im Leben

Immer wieder geht es in diesem Text um die Frage, wie einer, in diesem Fall ich, wurde, was er ist. Gene, transgenerationelle Übertragung, Familienmuster, Prägungen über das Datum (die Sicht auf die Generation), Sozialisation und schließlich Eigenleistung. Eine Kernfrage lautet: Wie viel kann in der Sozialisation verändert werden, im Schlechten wie im Guten? Machtvoll ist die Peer Group[14]. Mich hat der südafrikanische Entertainer Trevor Noah[15] mit seiner plastischen Beschreibung der Klammerkräfte einer Township beeindruckt. Er schildert einen jungen Mann, der einen Job als Verkäufer gefunden hat. Seine Freunde, alle arbeitslos und kleinkriminell, stören sich am abweichenden Verhalten. Am Ende gibt der junge Mann seinen Job wieder auf.

Ich hatte mit solchen negativen Kräften nie zu tun.Das nennt man privilegiert.

Genialische Zeit: Weiter am Denken

Erinnere dich, dass diese Zeit rund um das Abitur in deiner Wahrnehmung eine große war. Man traute sich was. Man traute

sich zu, die Welt ein kleines bisschen aus den Angeln zu heben.
Nur mal so zum Spaß. Eine genialische Zeit.

*In der Schule weiter am Den-
ken. Kant: Was ist Aufklärung?
beackert. Ganz interessant, aber
so idealistisch. Den Menschen aus
seiner selbst gewählten Unmündigkeit befreien, das haut auch in
2000 Jahren noch nicht hin. Aber
wie recht diese Leute haben, merke
ich an mir: Wenn ich einen Artikel
geschrieben habe, fühle ich mich,
als ob ich Denkmauern durchstoßen hätte in die Freiheit. Oder wie
eine geistige Dusche. Ich habe einen
großen Lehrer: Dr. Hagemann, nur
brauche ich später auch welche.*

Emil Nolde (* 7. August 1867 als Hans Emil Hansen in Nolde, Kreis Tondern der Provinz Schleswig-Holstein; † 13. April 1956 in Seebüll) war einer der führenden Maler des Expressionismus. Er ist einer der großen Aquarellisten in der Kunst des 20. Jahrhunderts und bekannt für seine ausdrucksstarke Farbwahl. Neuere Forschung zeigt, dass er den Nationalsozialisten Avancen gemacht hat, sei es, weil er deren Auffassungen teilte, sei es, um nicht verboten zu werden. Er bekam gleichwohl Malverbot und seine Werke galten als entartet.

Christian August Ulrich von Hassell (* 12. November 1881 in Anklam; † 8. September 1944 in Berlin-Plötzensee) war ein deutscher Kommunalpolitiker, Diplomat und Widerstandskämpfer beim Attentat am 20. Juli 1944. Für eine Übergangsregierung war er als Außenminister vorgesehen.

Denn wie sagt der alte Lessing: »*Genies müssen durch andere geweckt werden.*« *Das dürfte auch ein paar Etagen tiefer gelten.*

Durch die Mauer gestoßen und schon in der Dusche gelandet, das soll erst einmal einer nachmachen.

Heute hat Vati Geburtstag. Viel feiern war nicht. Vati schenkte mir zu seinem Geburtstag (eine wunderbare Sitte [16]*) ein Tagebuch des linksgerichteten 20. Juli-Mannes, Botschafter von Hassell. Aus der Bücherei holte ich mir ein wunderbares Nolde-Buch. Nolde ist mein Maler, Wolfgang Borchert mein Dichter.*

Was an Ulrich von Hassell links ist, bleibt unerfindlich.

Auch wenn ich die Schlußzeit meines Schullebens »genialisch« nenne, so war dies mehr Gefühl als Fakt. Da, wo ich mich stark fühlte, habe ich mir Mühe gegeben, noch besser zu werden: in Deutsch, Geschichte und Religion. Was wäre denn die Alternative gewesen? Mathematik klemmte, die naturwissenschaftlichen Fächer lagen mir auch nicht, bei fremden Sprachen war es nicht viel besser; noch nicht mal Französisch musste ich in der Schule nehmen. Leider habe ich selbst im Studium die Notwendigkeit, ins Sprachen-Lernen ernsthaft zu investieren, nicht begriffen. Hätte ich zwei Wünsche frei, würde ich französisch sprechen und Klavier spielen.

SELBSTTUN IST KEINE BEFREIUNG. STOLZ AUF VETTER CLAUS

(Fahrt nach Gedser) Vorher hatten wir noch billig und gut in einem Selbstbedienungsrestaurant gegessen, die jetzt auch als Folge des enormen Arbeiter- und also auch Kellnermangels in Deutschland Verbreitung finden.

In den sechziger Jahren waren Selbstbedienungsrestaurants noch keineswegs Normalität. Auch ein halbes Jahrhundert später sind sie es noch nicht. Selbstbedienung hat sich seitdem weiter durchgesetzt; do it yourself wird als Befreiung angepriesen und ist in Wirklichkeit Mehrarbeit für den Kunden.

Hauptgesprächsstoff mit Verwandten ist nach Hund Pucki natürlich die Verlobung des Claus von Amsberg mit der Kronprinzessin Beatrix von Holland. Ein bisschen Stolz auf Aufsteiger Claus kann ich nicht verhehlen, obwohl ich für dessen Beatrix-Bekanntschaft nun wirklich nichts kann.

Claus von Amsberg, ein Vetter meines Vaters, (ab 1966 Claus van Amsberg; voller Titel Claus, Prins der Nederlanden, Jonkheer van Amsberg; geboren als Klaus-Georg Wilhelm Otto Friedrich Gerd von Amsberg;* 6. September 1926 in Hitzacker (Elbe); † 6. Oktober 2002 in Amsterdam) war Prinzgemahl der niederländischen Königin Beatrix.

Beatrix Wilhelmina Armgard, Prinzessin der Niederlande, Prinzessin von Oranien-Nassau, Prinzessin zur Lippe-Biesterfeld (* 31. Januar 1938 in Baarn) war vom 30. April 1980 bis zum 30. April 2013, als sie das Amt ihrem Sohn Willem-Alexander übergab, Königin der Niederlande. .

Wenn ich an dieser Stelle so langsam in das Feld der Schlussfolgerungen aus diesem Lebensabschnitt komme, so finde ich hier Sätze, die, damals aufgeschrieben, mich mein Leben lang begleiten. Nicht bremsend, sondern treibend.

Die Ruhe habe ich immer noch nicht gefunden, die Selbstzufriedenheit kommt mir selber oft etwas aufgesetzt vor. Es fehlt die Kern-Sicherheit. Es fehlt auch noch der persönliche Mut. Frage nach der geistigen Kapazität. Doch nur Mittelmaß?

Heute glaube ich zu wissen, dass es nur wenig Menschen geben dürfte, Mutter Teresas, die ohne äußere Sicherheit im vollen Besitz ihrer inneren Sicherheit sind. Fehlt die äußere Sicherheit, ist die Chance, sich im Inneren sicher zu fühlen, für die meisten von uns gering. Damit meine ich zum einen die gesellschaftlichen Rahmenbedingungen, zum Beispiel keine Bedrohung durch Gewalt und Verarmung, zum anderen jene Sicherheit, die durch positive Rückmeldungen entsteht. Aber selbst wenn diese äußere Sicherheit vorhanden ist, folgt nicht automatisch innere Sicherheit. Vielfach materiell abgesicherte Menschen beispielsweise können unsicher und ängstlich durchs Leben gehen.

Liebe Gott und den Mitmenschen wie dich selbst, lehrt uns die Religion. Wie kann ich mich lieben, wenn ich mit meinen Leistungen nicht zufrieden bin? Was ich damals nicht wusste und erst später, nämlich nach der Trennung von Ali, lernen sollte: dass Selbstliebe notwendig auch die Liebe zum eigenen Körper einschließt.

2. Eltern

MARGOT: »ICH WUNDERE MICH, WIE WENIG WIR MIT KUL-
TUR BELECKT WAREN.«

*Vor dem Krieg: Sonnentage, Spiele im Freien, ein Sandkasten unter
blühenden duftenden Linden, das Muhen der Kühe im Stall. Der große
Park, eine Trauerweide am Teich, unter den hängenden Zweigen ge-
hockt. Blühender Rhododendron,
der herbe Duft von Buxbaum (liebe
ich heute noch). Storchengeklapper
auf dem Reetdach der Scheune... –*
Margot in ihren Erinnerungen.
Die Beschreibung geht weiter,
sie ist lohnenswert zu lesen. Es
wurde, resümiert sie, mit wenig
Worten und wenig Vorhaltun-
gen erzogen. Es galt das Vorbild
der Eltern. *Bei Tisch reden die
Kinder nur auf Befragen. Dasitzen
mit gefalteten Händen.*

Die Mutter kam ans Bett, *be-
tete mit uns, deckte uns noch mal
gut zu und gab uns einen Gutenachtkuss.* Der Vater? *Zu Vati war
ein gewisser Abstand vorhanden,
wir verehrten ihn, fürchteten ihn
aber auch etwas. Ich jedenfalls.*
Dieser Zustand hat sich lange erhalten. Im Eingangsgespräch ihrer
Erinnerungen wurde sie deutlicher: *Wir waren allein mit der Mutter. Vati nahm selten am Familienleben teil.* Verwöhnt wurden die
drei Schwestern durch *ein liebes altes Diener-Ehepaar.*

Und die Bildung? *Ich wundere mich, wie wenig wir mit Kultur
beleckt waren. Die Hauslehrer konnten einem das Denken nicht vermitteln. Unsere Schulbildung war mäßig.* Ein befreundetes Ehepaar
der Eltern, Klingbergs, später nach dem Krieg in Celle wohnend
und eine Art Ersatz-Eltern, bemühten sich, die 16-jährige zu bilden: *Tante Klingberg fuhr mit mir nach Schwerin ins Theater, auch
ins Kino. Klassiker wurden mir nahegelegt. Onkel Klingberg las Effi*

Margot von Vieregge

Etwas bleibt ja doch ...

Titelblatt der Erinnerungen meiner Mutter

Briest und verließ den Kinofilm dazu unter Protest. Ich las das Buch damals auch.

Reisen bildet, sagt man. Ist sie gereist? Ja, mit Klingbergs einmal eine Tour durch Norddeutschland und mit den Eltern einmal nach Warnemünde. *Man fuhr nicht in den Urlaub damals«*

Nationalsozialismus? *Unser Vater bekam als Nicht-Parteimitglied politisch immer größere Schwierigkeiten, wovon wir Kinder aber nicht viel mitbekamen.* Der Vater ist dann aus dem Staatsdienst ausgeschieden und in großherzogliche Dienste eingetreten.

Wie Margot erzählte, bemühte sich der Vater, seine Töchter aus Kriegshilfsdiensten herauszuhalten. Sie, Jahrgang 1923, war zunächst bei dem besagten Onkel Klingberg im Wasserstraßenamt Grabow tätig, 1942 wurde sie zum Arbeitsdienst einberufen, *wir arbeiteten bei Bauern und Siedlern,* bevor sie dann zur kolonialen Frauenschule Rendsburg überwechseln konnte. »Der Kolonialen Frauenschule Rendsburg (KFS) oblag von 1926 bis 1945 die Ausbildung von Frauen für hauswirtschaftliche und landwirtschaftliche Aufgaben in den ehemaligen deutschen Kolonien.« (Wikipedia)

Die »Kolo« lag am Kaiser-Wilhelm-Kanal, dem heutigen Nord-Ostsee-Kanal. Der Unterrichtsstoff umfasste Tätigkeiten wie Kochen, Molkerei und Käserei, Viehzucht, Schlachten, Obst- und Gemüseanbau, Tischlerei, Schneiderei, Hygiene und Krankenpflege. Insgesamt absolvierten etwa 1.100 Frauen die Schule, von denen etwa 800 ein Abschlusszeugnis erhielten.

Margots Wunschtraum war es, *eines Tages nach Deutsch Süd-West-Afrika auf eine Farm zu gehen.* Ein halbes Jahr medizinische Ausbildung verbrachte sie in verschiedenen Krankenhäusern. Zu Hamburg notiert sie: *Viele Bombennächte verbrachten wir im Luftschutzkeller.* Auf der Koloschule wurden laut Wikipedia-Eintrag in der Zeit des Nationalsozialismus auch NS-typische Themen wie »nationalpolitischer Unterricht«, »Vererbungslehre«, »Erbgesundheitslehre« und »Rassenkunde« in das Lehrprogramm aufgenommen.

Margot erinnert sich an diese Zeit anders: *Auch dort keine politische Beeinflussung.* Hat sie die Beeinflussung nicht gemerkt oder konnte die Propaganda bei ihr nichts ausrichten? *In unserem Elternhaus wurde in Gegenwart der Kinder niemals über Politik gespro-*

chen. Auf die Frage, wie sie aus heutiger Sicht ihre Reaktion auf das Dritte Reich beschreiben würde, schrieb sie: *Völlige Interesselosigkeit an Politik, auch Unfähigkeit zur Kritik. Zur Kritik wurden wir nicht erzogen.*

Im Anschluss an die Zeit in Rendsburg wollte sie gern mit einer Freundin auf einen Bauernhof nach Norwegen gehen, aber ihr Vater bestand darauf, dass sie nach Greese zu den Randows wechselte, um in der Landwirtschaft auszuhelfen. Wie die aus der Parchimer Dragonerzeit befreundeten nachmaligen Großväter von mir, Randow und Brandenstein, es hinbekommen haben, Margot an allen nationalsozialistischen Dienst-Verpflichtungen vorbeizuschleusen, berichtet Margot nicht. Ich hätte nachfragen sollen. Margot über ihre Aufgabe in Greese: *Ich übernahm die Aufsicht der ukrainischen Mädchen.* Was dann geschah, berichtet sie nicht enthusiastisch: *Konni und ich freundeten uns an. Ein Briefwechsel entstand. Im November kam er überraschend für kurze Zeit nach Hause. Wir verlobten uns. Die beiden Familien freuten sich, und wir?*

Er fragte, ich sagte ja. Wenn ich ehrlich bin: Ich hatte ja gar keinen Maßstab. Reden über Liebe? Wir hatten keine Liebeserfahrungen und über Liebe reden konnten wir schon gar nicht. Auch Konni nicht. Richtig ist, das mag ich gleich gespürt haben, dass wir in so vielem übereinstimmten. Unsere Liebe wuchs bis zu einem Grad, dass sie allen Stürmen widerstand.

»ICH NAHM MIR EIN HERZ.«

Konrad berichtet in seinen Memoiren: *Margot und ich lernten uns immer besser kennen, am 22. November 1944 – zwei Tage vor meiner Abreise – nahm ich mir ein Herz und fragte sie, ob sie meine Frau werden wolle. In der Küche fand dieses denkwürdige Ereignis statt. Nach kurzer Überlegung stimmte sie mir zu und wir gingen zu meinen Eltern, die sich sehr über unseren Entschluss freuten.*

Die Schwiegereltern wurden telefonisch benachrichtigt, mehr Zeit war nicht, es reichte noch für einen Besuch bei den Adoptiveltern: *Auf halber Freitreppe begrüßte uns Onkel Henning, an der Haustür Tante Lisa. Zum Mittagessen gab es eine Flasche Wein meines Geburtsjahrgangs. Onkel Henning hielt eine kleine Rede.*

Sie würden heiraten, nicht wenige Kinder haben und in den vorgezeichneten Bahnen eines mecklenburgischen Gutsbesitzers leben. Die beiden wären ein weiteres Glied in einer nachgewiesen über 700 Jahre langen Reihe. Verlust von Heimat und Besitz, Entwurzelung und mühseliger Neuanfang, lebenslang erschwert durch die Verwundungsfolgen, stand Ende 1944 nicht ernsthaft vor Augen. Es waren also letztlich drei Verluste zu bewältigen: die Heimat, der Besitz, der ein Sein anzeigte, dem ein Bewusstsein der eigenen Rolle entsprach, und der Gesundheitsverlust durch die Verwundung meines Vaters. Viel wurde über den dritten Verlust gesprochen, hin und wieder, insbesondere nach der Wiedervereinigung, über den Besitzverlust, selten über den Heimatverlust.

Einen Zeitschnipser später, im Juni 1945, bei der Hochzeit am vorläufigen Fluchtziel Dahme (Schleswig-Holstein) war dies Realität. Nicht weit von Travemünde gibt es eine Stelle, die uns Kindern in jedem Jahr, das wir in den Ferien mit den Eltern auf dem Priwall verbrachten, gezeigt wurde: »Bis hierhin sind wir mit unserem kleinen Auto in der Nacht (der Flucht) gekommen, wir hörten Geschützlärm und liefen zu Fuß weiter. Einiges konnten wir noch in den Rucksack stopfen, leider das falsche.«

Mein Vater hatte sich bei der englischen Besatzungsmacht zu melden und wurde ein SEP.

Die Briten bezeichneten die Kriegsgefangenen als Surrendered Enemy Personnel (SEP). Die völkerrechtswidrige Verweigerung des Kriegsgefangenenstatus war bereits im Dezember 1943 auf der Konferenz von Jalta festgelegt worden. Nach der Haager Landkriegsordnung und den Genfer Konventionen hatten Kriegsgefangene das Recht auf unmittelbare Entlassung nach Beendigung der Kampfhandlungen und auf eine Versorgung, wie sie den Soldaten der Gewahrsamsmacht zukam. Die Umgehung dieser Vorschriften sollte die Suche nach Kriegsverbrechern erleichtern. Auch erlaubte der SEP-Status, die deutsche Kommandostruktur in der Gefangenschaft bestehen zu lassen. Die Gefangenen waren nicht rechtlos, konnten sich aber nicht auf die Genfer Konvention berufen.

Das Sperrgebiet F – auch »Kral« genannt – umfasste den gesamten Kreis Oldenburg in Holstein, Teile des Kreises Eutin und Teile des Kreises Plön. In der ersten Zeit waren dort schätzungsweise 750.000 Soldaten interniert. Am 6. Dezember 1945 standen nur noch 87.573 Mann auf der Verpflegungsliste. Das Sperrgebiet F war weitgehend deutschem Kommando unterstellt. Oberkommandierender war Generalleutnant Wilhelm-Hunold von Stockhausen. Unterteilt war das Sperrgebiet zunächst in sechs Abschnittskommandos, die ebenfalls von deutschen Generälen geführt wurden. Jedem Abschnittskommando unterstanden rund 100.000 Mann. Nach britischen Rahmenbefehlen hatten die Stäbe in erster Linie für Disziplin und Ordnung bei den unterstellten Einheiten sowie für Verpflegung und Unterkunft zu sorgen. Die Soldaten waren listenmäßig zu erfassen und auf die Entlassung vorzubereiten.

Während der Kriegsgefangenschaft heirateten die Verlobten. Konrad wurde entlassen – Landwirte zogen die Briten bei der Entlassung vor – und dem Gut Stendorf bei Eutin zugewiesen. Und hier, Ende 1946 und durchaus überraschend, komme ich ins Spiel. Ich werde, wie eingangs berichtet, vorzeitig geboren und zwar in Lübeck, weil die Eltern bei ihren Eltern Randow Weihnachten feierten, die in der Nähe bei einer früheren Bediensteten untergekommen waren.

Er hatte sie gefragt, ihr fehlte sogar der Mut, sich Bedenkzeit zu erbitten. Er musste ja gleich wieder weg als Lehrer an einer Kriegsschule, der Urlaub war zu Ende. Er hatte mit seinem Vorstoß bis zum Schluss gewartet. In der Küche diese Frage zu stellen, das war gewiss kein Meisterstück an Romantik. Er war zwar schwer verwundet und einige Zeit danach wieder im Lazarett in Wismar, aber auch darüber hat Margot offenbar nicht nachgedacht. Wird schon wieder.

Was zählte: Die beiden Eltern – die Väter beste Freunde – waren hoch erfreut und auch für die Adoptiveltern passte die Partie. Konrad war schließlich ein freundlicher Mensch mit besten Aussichten: Nach der landwirtschaftlichen Lehre würde er bald das Gut Steinhausen, zwischen Wismar und Rostock gelegen, mit gutem Boden und guten Einkünften, übernehmen, denn sein Adoptivvater war ja schon über 70. So steht unter einem frühen Foto des Paares »Zukunftsaussichten: Besitzer des Gutes Steinhausen«.

Und sie fühlt sich noch jung und unerfahren, hat wenig vom Leben gesehen, aber immerhin passenderweise die Kolonialschule bei Flensburg besucht, war somit nicht nur auf das Leben in Afrika, sondern auch auf das Gutsleben in Mecklenburg vorbereitet. Jedenfalls in den praktischen Dingen. Sie würde in ihrer noch relativ jungen Schwiegermutter in Steinhausen die beste Freundin finden, eine Lehrerin auch der (relativen) Selbstständigkeit, und würde zu einer guten Gastgeberin heranwachsen. Ihre Kinder wären sorgenfrei wie die Eltern.

So sah es noch im November 1944 aus.

Es kam dramatisch anders. Plötzlich waren sie Flüchtlinge, die Aussicht auf Rückkehr in alte Verhältnisse verdunkelte sich von Tag zu Tag. Sie heirateten eilig, auch wieder fremdbestimmt unter Druck (gerüchteweise drohendes Heiratsverbot für Deutsche). Aber sicher auch, weil sie Halt und Wärme suchten, einer beim anderen. Ein Jahr später – mittlerweile war Konrad aus der englischen Kriegsgefangenschaft entlassen und hatte eine Arbeit auf einem Gut bei Eutin zugewiesen bekommen, vom Gutsbesitzerssohn zum Vorarbeiter bei einem sturköpfigen Inspektor – war sie schwanger. Mit mir. Hat sie das gefreut? Oder geängstigt? Margot sollte im Inspektorenhaushalt mithelfen. Die Frau des

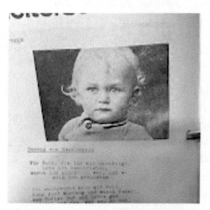

Ich mit 3 (Ausschnitt aus dem Leibnizer)

Inspektors war so schroff wie ihr Mann.

Die kleine Familie wohnte im Haus des Inspektors auf dem Dachboden. Sie fühlten ihre Unfreiheit, denn sie waren Flüchtlinge und unter staatlichem Zwang in Arbeit und Logis gelangt, also unerwünscht. Was der Krieg und seine Folgen waren, das war ins holsteinische Land wenig eingedrungen, und nun sollten sie bitteschön dankbar sein, untergebracht und ernährt zu werden.

DIENSTMÄDCHEN UND ERSTER KNECHT

Konrad und Margot berichten in ihren Erinnerungen über das Gutsverwalter-Ehepaar, bei denen wir auf dem Speicher wohnten und über die Schwierigkeiten, was ich natürlich nicht mitbekam. Aber unterkriegen lassen gehörte nicht zu ihrer Einstellung. Für meinen Vater war es eine Entwicklung vom unerwünschten Flüchtling zum respektierten Mitarbeiter. Dann, bei Konrads notwendigem Abschied aus Stendorf nach seinen insgesamt drei Operationen zur Entnahme des Lungensplitters, zeigten sich Boysens fast freundschaftlich. Umgekehrt kümmerten sich die Eltern später um ihre früheren Vorgesetzten, als diese als Pensionäre in Eutin lebend von jüngerer Verwandtschaft um ihr Häuschen gebracht werden sollten.

Margot: *Am schlimmsten war die totale Abhängigkeit. Ich war Dienstmädchen, hatte den Anweisungen von Frau Boysen, der Frau des Inspektors, zu folgen. Sie war kein schlechter Charakter, aber sie konnte nicht aus ihrer Haut. Treppen mussten gebohnert werden, bis man auf ihnen ausrutschte. Habe ich gelitten? Manchmal schon.*

Konrad: *In normalen Zeiten wäre man ein Arbeitsverhältnis zu so dürftigen, ja diskriminierenden Bedingungen niemals eingegangen. Aber damals gab es keine Tarifverträge und als Flüchtling war man ziemlich rechtlos und konnte nur ans Überleben denken. Diese Notlage wurde manchmal recht schamlos ausgenutzt. Inspektor war seit 1920 Peter Boysen, der aus Angeln stammte. Er war ein äußerst fleißiger, korrekter, tüchtiger und auf Ordnung bedachter Beamter. Boysen und ich kamen recht gut miteinander aus, nachdem ich mich seinen Eigenheiten angepasst hatte. Vor 5:00 Uhr war er morgens schon im Kuhstall, um das Melken zu beaufsichtigen. Als ich ihm eines Morgens nach fünf Uhr guten Morgen wünschte, kam eine unmissverständliche Antwort: ›Guten Tag‹. Die Situation war klar.*

Eine weitere Geschichte von ähnlicher Kommunikation zwischen Inspektor Boysen und meinem Vater berichtete Konrad Er war allein auf dem Feld mit dem Traktor und pflügte. Da sah er seinen Vorgesetzten auf dem Fahrrad kommen. Er hielt auf der gegenüberliegenden Seite des großen Feldes an, besah sich die Arbeit, nahm sein Fahrrad, warf es auf den Boden, dazu den Stock und den Hut, hob alles wieder auf und fuhr davon. Der Gutsinspektor hatte seinem Mitarbeiter rückgemeldet, was er von dessen Leistung hielt. Gesprochen haben sie darüber nie.

Im Oktober 1954 begann Konrad eine einjährige Umschulung für Kriegsversehrte in Bad Pyrmont, nachdem er über ein Jahr vergeblich eine passende Arbeit gesucht hatte. Meine Eltern waren froh darüber, nun im nahegelegenen Aerzen, einem Städtchen mit 10.000 Einwohnern im südniedersächsischen Landkreis Hameln-Pyrmont, in einer eigenen Wohnung zu sein und den Tagesablauf nach ihrem Rhythmus gestalten zu können. Für Margot begann nun das richtige Familienleben, im neunten Jahr nach Flucht und Hochzeit.

Wenn Nachbarn schlachteten, bekamen wir Brühe und Brägen geschenkt, obwohl wir doch Zugezogene waren. Aber Hirn aßen die Einheimischen nicht, wurde mir erklärt. Da fühlt man sich auch als Kind schlauer als die Nachbarn. Hirn oder Brägen (auch Bregen, aus dem Niederdeutschen) wird in der Küchensprache das Gehirn von Schlachttieren genannt. Hirn besteht aus einer weichen, grauweißen Masse, die sich überwiegend aus etwa gleich großen Teilen Fett und Eiweiß zusammensetzt. Hirn ist reich an Vitaminen und enthält mit bis zu 3 g pro 100 g das meiste Cholesterin aller Lebensmittel, etwa doppelt so viel wie Eigelb. Gebratenes Hirn erinnert geschmacklich an Leber.

Sie haben es sich nicht einfach gemacht.

Ich möchte mich wiederholen. Im Kapitel »Ich« habe ich verschiedentlich grundsätzliche Bemerkungen zur Beziehung der Eltern zu mir (die zu meiner Schwester kann ich wenig beurteilen) gemacht. Diese Bemerkungen bezogen sich im Wesentlichen auf die »Tagebuch«-Zeit, also die Gymnasialzeit in Hannover. In Stendorf und Aerzen gab es keine schulischen Schwierigkeiten und vermutlich wenig sonstige Befürchtungen mit der Konsequenz, es müsste erzogen werden. Am Ende ihres Lebens sagt Margot, sie beide, die Eltern, wären ihrem Sohn gegenüber zu streng gewesen. Der Sohn fragt nicht nach. Er beschwichtigt. Wahrscheinlich, würde er heute sagen, hätten sie einfach nur gelassener sein sollen. Es hätte sich schon eingeschaukelt. Aber das ist die fortwährende Schwierigkeit des Erziehens: entscheiden zu müssen, wann es richtig ist, die Dinge laufen zu lassen und wann es geraten scheint, einzugreifen.

Meine Eltern, meine Schwester und ich

Ich hatte es als Heranwachsender mit zwei Formen elterlicher Einigkeit zu tun, entweder waren sich meine Eltern von vornherein einig oder sie stellten die Einigkeit her. Wenn sie sich mal nicht einig waren, dann zogen sie sich ins Schlafzimmer zurück, ich hörte ein Gemurmel, auch ein streitbares, dann ging die Tür auf und eine Phalanx stellte sich dem Pubertätskampf. Ich kann mich nicht entsinnen, dass es mir einmal gelungen wäre, die Eltern gegeneinander auszuspielen. Immer wenn ich mich mit einem anlegte, so gerade richtig warm lief, presste der andere mir Rückzug oder gar Friedensangebot ab. Meistens Margot mit dem Spruch, »Vati darf sich nicht aufregen«.

Als ob diese Einheit nicht genug wäre, passte auch zwischen Lehrer und Eltern kein Blatt Papier. Jedenfalls in meinem Fall. Bei Walburg war es ein bisschen anders. Die Eltern trauten ihr das Gymnasium nicht zu, weil sie so schüchtern war. Die Vorstellung, dass die Schüchternheit an der Mittelschule, der Werner von Siemens Schule, die gleich neben der Leibnizschule lag, einfacher zu überwinden wäre, erwies sich als falsch. Konrad erzählte, dass er für seine Tochter ein gutes Wort einlegen wollte und sich deshalb mit der Lehrerin, auf die es ankam, traf. Schon als er ihr die Hand schüttelte, hatte er verloren. Sie rief »Aua aua, das hat aber weh getan!« und meinte seinen Händedruck.

Wenn die Eltern zum Elternsprechtag die Lehrer getroffen hatten, kamen sie zurück und hatten jede Menge Stoff, der ihnen zur Erziehung ihres Sohnes gerade recht kam. Das Merkwürdige war, dass in den Wochen danach der Stoff, aus dem hervorging, dass Lehrer und Eltern in meinem Fall die gleiche Sorge trieb, nicht weniger wurde, sondern ständig wuchs. Heutzutage ist eine derartige Allianz zwischen Eltern und Lehrern nur noch der Wunschtraum der Lehrer.

Aber ich habe etwas vorgegriffen.

Als die Familie nach Hannover zog, wechselte ich in das zweite Halbjahr der dritten Klasse der Grundschule.

Die Eltern blieben fest zusammen Die Eltern haben sich ernsthaft und letztlich erfolgreich bemüht, als Flüchtlinge, die sie waren, im neuen Umfeld Fuß zu fassen. Die gesellschaftliche Stellung, die sie ererbt hatten, war dahin. Was sollte an die Stelle treten? Viele Geschichten von früher, die Vergewisserung und Trost, aber keine Orientierung im Hier und Jetzt lieferten

Mindestens mein Vater musste all seine Kraft ins Überleben stecken. Er überlebte von Tag zu Tag, von Woche zu Woche und in der Summe erstaunlich viele Jahre; er starb mit 82.

Meine Mutter war immer dann glücklich, wenn sie Gelegenheit fand, ihren Bildungshunger auszuleben. Das waren aber nur Momente. Sie fühlte sich überfordert durch die Sorge, auch mit allen praktischen Fragen, für meinen Vater und unterfordert in ihrem Ehrgeiz, Welträtsel zu lösen. Oder doch mindestens die Philosophen zu verstehen, die vorgaben, hierzu einen wichtigen Beitrag geleistet zu haben, und deren Bücher sie las und in den Volkshochschulen in Hannover und zuletzt in Elmshorn mit kundigen Dozenten besprach. Jaspers und Heidegger vor allem.

Eigentlich drifteten Margot und Konrad in ihrem Leben auseinander, aber sie hielten einander fest und beschworen ihr Glück, schon alleine deswegen, weil sie über eine Alternative nicht nachdenken wollten. Als mein Vater gestorben war, hatte ich meine Mutter manchmal zu trösten, weil sie den Eindruck hatte, ihr Leben nicht gut gemeistert zu haben. Unsere Beziehung war aber so kompliziert, dass der Trost nicht immer gelang. Vielleicht waren wir uns in manchem zu ähnlich. Was uns bis zuletzt verband, war ihre Lust an Gesprächen über den üblichen Small Talk hinaus. Mit Abstand, am Telefon, gelang uns dies am besten. Heute (2024) vor sechs Jahren ist sie gestorben.

Was ist eigentlich mit meiner Schwester?

Gleich vorausgeschickt: Meine Schwester und ihre Familie (Mann, Sohn, Tochter) kommen in diesem Text zu kurz. Denn die Reichweite dieses Textes endet 1968, auch wenn es hin und wieder mal Sprünge nach vorne gibt.. Bin aber sicher, dass meine Schwester, anders als meine Enkelin Alissa, die sich schon erkundigt hat, ob sie in dem Text vorkommt und von mir eine ausführliche Erwähnung mit viel Lob gefordert hat, sich nicht beschweren wird.

Walburg wurde am 1. Juni 1952 geboren. Wäre sie ein Junge geworden, wäre sie wohl immer an Jürgen, dem Engel auf Erden, gemessen worden. Aber sie hatte es auch so nicht leicht mit dem Weg ins Erwachsensein, denn, verständlich genug, aber dennoch ein Erziehungsfehler, wurde ihr eine Überbehütung zuteil.

Meine Vermutung ist, dass dies aus zwei Gründen geschah. Zum einen wurde damit dem traditionellen Frauenbild gefolgt, zum anderen und vermutlich entscheidender gab es bei den Eltern die große Furcht, auch diesem Kind könnte etwas Schlimmes passieren. Im Ergebnis wurde ihr zu wenig zugetraut und sie musste sich ihr Selbstvertrauen auf ihrem Bildungsweg, der bei ihr, zurückgesetzt in die Volksschule, von ganz unten begann, hart erarbeiten. Kein Vergleich zu ihrem Bruder, dessen Bildungsweg von Grundschule über Gymnasium zu Universitätsstudium an einigen Stellen etwas holpernd, aber insgesamt bruchlos ablief und in dessen Schatten sie sich fühlen musste.

Der zeitliche Abstand zwischen den Geschwistern war zu groß für ein Aufwachsen in gelebter Gemeinsamkeit. Es gab allerdings eine Zeit des Miteinanders, als Walburg im Kindergartenalter war (dessen Besuch nie in Erwägung gezogen wurde) und ich in vorpubertärem Stadium. Als die Familie vom Dorf in die Stadt zog – ich war in der dritten Klasse – da hatten wir in der Dreizimmerwohnung ein gemeinsames Zimmer und haben uns abends beim Einschlafen viel erzählt. Später, als der kleine Wohlstand die Familie in ein Reihenhaus in Hannover-Vahrenheide brachte, für die Eltern ein großer Gewinn, hatte jedes Kind ein eigenes Zimmer und die Einschlafgespräche fanden nicht mehr statt. Auch im Tagebuch taucht die Schwester selten auf. Mal ging es um einen Wellensittich, mal um einen Dackel, den sie bekam. Letzteres las sich dann so:

Weihnachten allweder vorbei. Nun ja, ganz noch nicht. Weil mein Aktenschrank und mein Drehstuhl noch nicht da sind. Aber dieser Heiligabend war ein Dackelfestival. Alle umstanden den Weihnachtsbaum, quälten sich ein Weihnachtslied ab und wir schielten auf die Kindertische. Walburg stutzte, schrie auf: ein Hund, Mutti – mit überschlagender Stimme – ein Hund! Ein achtwöchiges Dackelbaby, mit beiden Vorderpfoten aufgestützt und mit blanken Augen sah sie aus einem Karton heraus an. »Och, ist der nüdlich.« Ihr Freudengestammel drang in einen ein, man stand um sie herum und freute sich mit. Sie auf dem Sessel mit dem Hund auf ihrem Schoß: »Er leckt auch, Mutti, sieh doch nur«. Schätze, die Freude wird auf die Dauer noch etwas abnehmen. (25. Dezember 1964)

Mit der etwas zu wichtigtuerischen Schlussbemerkung lag ich übrigens falsch; der Hund wurde ein vollwertiges Familienmitglied.

»ER FORDERT VON SEINEN MITMENSCHEN DASSELBE«

Ein Jahr später gab es einen Zusammenstoß mit dem Vater, der mein untergründig stets schlechtes Gewissen wiederum aktivierte:

Vati schrie mich Sonnabend an. Er ist ein seltsamer Mensch. Er trägt sein schweres Leiden so fabelhaft, dass man kaum glaubt, einen schwer Kriegsbeschädigten, einen, der, wenn Gott nicht Wunder tut, nicht sehr lange leben wird, vor sich zu haben. Aber diese ungeheure Selbstüberwindung, dieser ewige Kampf gegen den Schmerz, das nicht Schwachwerden, das sich nicht Gehenlassen, schlägt sich selbstverständlich irgendwo nieder, auf uns nämlich. Er fordert von seinen Mitmenschen dasselbe, den gleichen Ordnungssinn, die gleiche moralische, ethische aber auch politische Auffassung. Er kommt mir oft wie ein Weltverbesserer im Kleinformat vor. So geriet er an dem Sonnabend außer sich darüber, dass ich nicht sofort wusste, was schwarz-rot-weiß für Farben sind, welche Fahne, und ich nichts ahnend in dem Donnerwetter, das folgen sollte, sagte, »Ist ja auch wohl nicht mehr ganz so aktuell, die Kaiserfahne«, da platzte er los: »Immer negative Kritik habt ihr. Uns alles kaputt machen. Die Fahne, Junge, nicht aktuell sagst du, das ist die Fahne, für die wir gekämpft haben, nicht das Hakenkreuz«, und die verstümmelte Hand wies auf die Bruststelle, wo sich unter der Jacke dieses schreckliche Splitterloch befindet. Darunter die Schnittstrecke, bis auf den Rücken reichend, das Ganze stützend ein Korsett. Leiser wird die Stimme, hoffnungslos der Tonfall: »Hat alles keinen Zweck, du begreifst es nicht, du willst es ja nicht begreifen Junge, Pflicht, weißt du nicht, was Pflicht ist.« Ohne diesen Krieg wäre er ein prächtiger Landmann, ein Junker, wie ihn sich auch der stolzeste Adlige oder niedrigste Tagelöhner nicht besser hätte vorstellen können. Mein Vater. (9. September 1965)

Man ahnt, um was es geht, aber falsch ist es doch. Die Fahne ist schwarz-weiß-rot und dazu heißt es bei Wikipedia: Die Flagge mit drei waagerechten, gleich breiten Streifen in den Farben Schwarz-Weiß-Rot war von 1867 bis 1871 Kennzeichen für Handels- und Kriegsschiffe des Norddeutschen Bundes, von 1871 bis 1919 die

Nationalflagge (offiziell festgelegt 1892) des Deutschen Reichs in der Kaiserzeit und von 1933 bis 1935 übergangsweise zusätzlich die Flagge des »Dritten Reichs«, ehe die Hakenkreuzflagge als alleinige Nationalflagge eingeführt wurde. Im Kaiserreich wurden die Farben Schwarz-Weiß-Rot zu weithin akzeptierten Nationalfarben. Nach 1919 blieben sie die dominierenden Farben in der Handelsflagge der Weimarer Republik. In dieser Zeit wurden sie von Monarchisten, Freikorps und anderen rechtsgerichteten Republikgegnern als Zeichen für ihre Ablehnung des republikanischen Staates verwendet.

EXEMPLARISCH: FÜR SCHWARZ-WEISS-ROT IM KRIEG GEWESEN?

Als ich diese Stelle jetzt wieder las, konnte ich erahnen, wie sehr die Verwundung von Konrad nicht nur diesen und seine Frau, sondern auch seine Kinder in ihrem Aufwachsen beeinflusst hat. Es war eine immerwährende Drohung: wenn du dich falsch verhältst, bist du am vorzeitigen Tod deines Vaters schuldig, mindestens mitschuldig. Für Margot war dies eine Möglichkeit, den aus ihrer Sicht aufmüpfigen Sohn in Schach zu halten. Was ich nicht glaube – und dies wäre eine Frage an meinen Vater gewesen, die ich heute gerne gestellt hätte –, ist seine Behauptung, er habe für eine und zwar diese Fahne gekämpft.

Dass er nicht für Hitler sein Soldatenleben riskierte, das stimmt. Schwarz-Rot-Gold war nicht die Fahne seiner Jugend. Sein Erwachsenenumfeld bevorzugte die Fahne der Monarchie. Verständlich auch, dass er sich darüber aufregt, dass sein doch an Geschichte außerordentlich interessierter Sohn die Fahne des Kaiserreichs nicht kennt – abgehakt. »Aber hast du deine Soldatenpflicht nicht in erster Linie als Kamerad und später als Vorgesetzter für deine dir anvertrauten Soldaten erfüllt?« hätte ich ihn gern gefragt.

Die zitierte Stelle zeigt exemplarisch, wie sich in jenen Jahren Streit bis zur Erschöpfung aufschaukelte. Dabei war aus dem vermeintlich tiefen Riss, den die Eltern tatsächlich eine Zeit lang ernsthaft zu befürchten schienen, schon nach wenigen Jahren ein Risslein geworden. Wenig später wurde der Sohn von seinen Eltern so sehr bewundert, dass es ihm fast (nur fast) unangenehm war, weil er wusste, so ein toller Hirsch war er nun auch wieder nicht. Gleichzeitig wusste er, dass ihn dieses Vertrauen seiner Eltern dazu brachte, Lebenshürden nicht auszulassen, sondern anzugehen.

Mit Kurt Appaz, (Pseudonym für Wolfram Hähnel), der als Schüler acht Jahre später an der gleichen Schule war, bin ich in der Beurteilung von Schule und Schulzeit unterschiedlicher Meinung. Er meint »Schule zermalmt Neugier, Kreativität, eigenständiges Denken, Lust auf Verantwortung«. Einig sind wir uns hingegen in der Einschätzung des Elternhauses: »Und zu Hause bedeutete trotz aller Meinungsverschiedenheiten mit den Eltern immer noch Geborgenheit.«

MIT IHM ALLEIN

Wenn ich als Erwachsener darüber nachdachte, welche Erinnerungen mit den Eltern mir in besonders klarer und sympathischer Form präsent blieben, so waren es insbesondere Begebenheiten, die den Rahmen der kleinen Familie sprengten. In der Erinnerung stechen Ereignisse hervor, die in den ersten Lebensjahren Mutter und Sohn, später Vater und Sohn betrafen.

In Hannover kam Konrad mit zu einem Klassenspiel, Fußball natürlich. Der viel zu große Platz wurde mal auf der einen, mal anderen Seite, mal links und mal rechts von den Akteuren belegt, so wie Vogelschwärme, die eng miteinander sich zu immer neuen Figuren finden. Jemand schoss, soweit er konnte, den Ball ins Feld und alle rannten hinterher. Beim Elfmeter auf schlammigem Untergrund gelang es dem Schützen nicht, das gute Stück bis zum Tor zu befördern. Der Ball blieb vorher im Morast hängen und eine Schlammschlacht im wörtlichen Sinne konnte beginnen. Das alles minderte nicht die Bedeutung des Ereignisses, zu dem Schlachtenbummler in Form von Vätern äußerst selten dabei waren, von Müttern ganz zu schweigen. Die einmalige Anwesenheit meines Vaters war also etwas Besonderes. Auf dem Rückweg, beide mit dem Fahrrad, war ich so aufgedreht, dass ich, rückwärts gewendet im Erzählfluss, gegen einen Begrenzungspfosten fuhr und stürzte.

Dass Vati mit mir zum Catchen gehen würde, hätte ich nicht gedacht. (16. Februar 1965) Er hat es aber getan. Es war nicht der

Wunsch des Sohnes, aber er hat seinen Vater wegen dieses Ausflugs in eine fremde Welt, die beim weiblichen Familienpersonal Kopfschütteln auslöste, bewundert.

UND WIE SELTEN BERICHTET ER VON ARZT-ERLEBNISSEN.

Über die vielen Arztbesuche meines Vaters erfuhr ich wenig. Von einem Zahnarzterlebnis berichtete er denn doch.

Mich gruselte bei dem Bericht und ich bewunderte den Humor meines Vaters in solch einer Situation. (Konrad geht zum Zahnarzt Dr. Geißler, der ihm überraschend einen Zahn zieht.) »Ungefähr 10 Minuten wühlte er, dann hatte er die Wurzel. Seine Hände zitterten. Sehen Sie mal, sagte er, und zeigte mir seine zitternden Hände. Ich hatte Tränen in den Augen und Schweiß auf der Stirn. Beim Herausgehen nahm Dr. Geißler die Brille ab, um sich einen Blutstropfen abzuwischen. Ich sagte ›Entschuldigen Sie bitte‹« – das ist Vati: im Schmerz noch ironisch. Galgenhumor.

NOCH EINE BESONDERE SEITE VON KONRAD

Keine Erwähnung habe ich in den Tagebüchern zu einer besonderen Seite meines Vaters gefunden, was mich verwundert, denn wir haben oft in der Familie darüber gesprochen. Ich meine die unstillbare Lust meines Vaters, Straßenhändlern mit Sonderangeboten zuzuhören und in nicht wenigen Fällen die angebotenen Artikel auch zu kaufen.

In einem Fall zeigte sich die Hilfsbereitschaft von Konrad, die aber nicht auf Gegenliebe stieß. Es ging um einen Flaschenöffner. Wie rhetorisch empfehlenswert, setzte sich der Händler zunächst mit aus seiner Sicht ungeeigneten Exemplaren dieses Genres kritisch auseinander, um hernach auf das unschlagbare Angebot zu kommen. Der letzte Schritt einer solchen Darbietung besteht stets in der Mitteilung, dass üblicherweise das Produkt X Mark koste, in diesem besonderen Fall aber und nur hier und heute für sensationelle Y Märker zu erhalten sei. Konrad war, was er nicht mitbekommen hatte, erst nach Phase eins des Verkaufsgesprächs an den Stand getreten und nutzte eine Sprechpause des Redners, um auf einen seiner Meinung nach empfehlenswerten Flaschenöffner, der neben anderen in der Auslage lag, hinzuweisen. Das war nun völlig falsch, der Händler hat ihn nach Strich und Faden beschimpft. Und die Familie hatte eine Story mehr, die gegenüber Dritten stets erzählt werden konnte.

Selten versetzte ich mich in die Lage meiner Eltern.

Ist es verwunderlich, dass sich ein Kind selten in die Lage seiner Eltern versetzt? Vielleicht sind schon die Selbstvorwürfe, es nicht zu tun, eine bemerkenswerte Ausnahme unter Jugendlichen. Wer berufstätig ist, wünscht sich, die eigenen Kinder würden gern Näheres wissen, sich für die Arbeit des Vaters oder der Mutter interessieren.[17]

Bei mir war es so, dass ich, wenn das Thema im Familienkreis hochkam, nicht abgeschaltet habe. Ich habe also mitbekommen, dass Konrad quasi auf dem zweiten Bildungsweg aus der Landwirtschaft in den Dienstleistungssektor gewechselt war, kein einfacher Weg in jener Zeit knapper Arbeitsplätze. Er hatte sich vom Angestellten in die mittlere Beamtenlaufbahn hochgedient, dabei eine Zusatzausbildung erfolgreich abgeschlossen. Er hatte es zum Amtsoberinspektor gebracht (oder gab es noch einen Dienstgrad höher? Mehr ging jedenfalls nicht, darüber saßen die »Studierten«). Er nannte die landwirtschaftliche Berufsgenossenschaft »meine Dienststelle«. Manchmal half er den Bauern bei ihrer Antragstellung zu einer Kur, damit sie sich mit Aussicht auf Erfolg bewerben konnten. Hier war er mehr verhinderter Landwirt als Vertreter seines Amtes. Nach Weihnachten und Neujahr seien die meisten Anträge gekommen, weil dann seine Klientel sich endlich die Zeit habe nehmen können für den Schriftkram.

Die Kurbetriebe wollten sich Weihnachten gern mit einigen Flaschen Wein erkenntlich zeigen, aber das ging gar nicht. Mochten seine Vorgesetzten auch anders handeln, er wies die Gaben zurück.

Ich erinnere mich an einen Besuch an seiner Arbeitsstelle. Etwa zehn Minuten vor Dienstschluss begann Konrad seinen Schreibtisch leer zu räumen. Dann zog er seinen Mantel an und setzte seinen Hut auf. Mit Schlag Dienstschluss öffnete er die Bürotür und trat in den Flur. Und alle anderen im Flur auch, alle im nämlichen Augenblick, es war wie inszeniert. »Nabend« wurde gerufen. Das machte er auch. Nur mittags mochte er sich nicht zum gängigen »Mahlzeit« durchringen, erzählte er.

Konrad gibt seine Beförderung zum Inspektor durch. Der Aufzug ist durchaus ironisch gemeint.

Es gibt ein Foto von Konrad im gestreiften Bademantel, an den nackten Füßen, die wie in Verlegenheit gegeneinander stehen, Pantoffel und auf dem Kopf eine Kaffeewärmermütze, am Ohr einen Telefonhörer. Darunter steht »Ich wollte Euch nur mitteilen, ich bin Inspektor geworden.« Typisch für ihn: Die Botschaft, auf die er stolz war, wird durch Ironie abgefedert.

Und dieses Wrack geht Tag für Tag zur Arbeit, fehlt weniger als Gesunde, pflichtbesessen, gehalten von nichts als Lebenswillen, Glauben und Liebe. Der Liebe Muttis, die stark ist. Ein äußerlich verpfuschtes Leben. Zum Beamten-Dasein mit Zahlen und langweiligen Stadtstänkern verdammt. Und doch: erreicht: Haus, Auto, ›Beamtenstellung‹. Was für eine starke Persönlichkeit, was für ein großes Leben. Wahrlich: Nicht die Großen leben großes Leben. Wenn alle so wären wie er, wäre alle Schlechtigkeit der Menschheit ausschließlich auf einen Schuss konservativer Engstirnigkeit gebaut. (4. März 1964)

Es geht, vermerkt der Chronist von eigenen Gnaden, mit seinem Vater gesundheitlich abwärts. Das war 1965. Zur Erinnerung: Konrad ist 44 Jahre alt und hat noch fast vierzig Jahre zu leben, wenn auch im letzten Viertel zunehmend eingeschränkt und zuletzt bettlägerig. Ende Juli 65: *Rasenmähen kann er nicht mehr, das Auto haben wir letzten Sonnabend gewaschen, das war ihm doch sonst Pflicht und Freude.*

Und dann gab es ein Vorkommnis, für den Sohn ein Beispiel »konservativer Engstirnigkeit«, bei dem er sich eine Frage zu stellen getraute, die er gleich wieder bereute: »Wie lange willst du eigentlich noch leben?« Sie hatten sich in der Stadt am Opernplatz zu einer bestimmten Zeit verabredet. Der Sohn kam zwei Minuten zu spät und wurde vom Vater erwartet:

Er erwartet mich gleich, mit unruhigen, beunruhigenden Augen, schwitzig, gefährdet und gefährlich. Er konnte nicht mehr. Nicht zum Aushalten langsam ging er von dannen zum Auto. Mutti macht sich schwere Sorgen um ihn: dunkle Augenringe, Nervosität zeigen es an.

Konrad und die Kinder wissen nun, im August 1965, dass er Multiple Sklerose hat. Während eines Urlaubs 1958 am Millstädter See, dem ersten Urlaub überhaupt, den sich das Ehepaar leistete, waren bei ihm vorübergehend Sehstörungen und andere Beschwerden aufgetreten. Die Diagnose hatte Margot für sich behalten. Beim nächsten Schub hatte sie ihn informiert. Dazwischen ging es um seine Bestellung zum Beamten. Er musste die Erkrankung nicht verschweigen, denn er wusste nichts davon, und er bekam die Zusage. Er war jemand, der in den kommenden Jahren seine Beamtenschaft nicht ausnutzte, aber sie half ihm, umgeben von verständnisvollen Kollegen, seine Kräfte bestmöglich zu nutzen. Er konnte nach krankheitsbedingten Ausfällen immer wieder auf seinen Platz zurückkehren, sein langjähriger Stellvertreter rückte dann ohne Murren wieder zur Seite. Als Angestellter oder in der sogenannten freien Wirtschaft hätte man ihn vermutlich vor die Wahl gestellt: entweder voll tauglich oder Antrag auf Frühverrentung. Mit allen psychologischen und materiellen Konsequenzen.

Es hätte meine Mutter in ihren späteren Jahren gewiss gefreut, wenn ich ihr die folgende Passage zum Lesen gegeben hätte: *Sie vollbrachte eine übermenschliche Leistung, spielte ein*

Doppelspiel. Vati schenkte sie sieben Jahre Frieden und Sicherheit; mir hätte sie vielleicht sieben Jahre Vernunft geschenkt, wenn sie es mir nicht verschwiegen hätte. Ich habe versagt in den letzten Jahren. Ich habe oft genug durch meine Widersetzlichkeit die moralische Standfestigkeit Muttis sowohl als auch Vatis untergraben. Ich war kein reifer Sohn. Ich habe schon viel versprochen, aber dies muss ich halten: an Vati denken. Der Gedanke an Vati wird mir größeren Fleiß geben. (Gedacht wird an ein ferneres Familienmitglied, einen Fritz Jochen von Amsberg, der mit MS jahrelang gelitten hat). *»Wir müssen diesen Gedanken weit von uns weisen«, sagt Mutti. »Es ist nur eine leichte, eine ganz leichte Krankheit. Wir müssen hoffen, man muss sich zum Lebenswillen zwingen. Man kann sich zwingen und Vati kann es. Wir müssen leben, wie wir gelebt haben.«*

Und noch eine Krankheitsgeschichte:

Beide Eltern im Krankenhaus, er mit seiner MS und sie mit einer Streptokokken-Infektion. Walburg ist bei Amsbergs untergebracht, ich esse reihum: Bornmüller, Stählin, Schwester Elisabeth. Dr. Hagemann bot es mir noch an und Tümmlers. Oh Vati, ich möchte dich jetzt umarmen. Deinen Körper voller Schweiß, Schlappheit und Erschöpfung. Wie du da liegst, das aufgequollene Gesicht, wabbelige Masse Kinn, die eingedrückten Augen, die krank sind (auch MS?), die Beine, die mir jedes Mal einen Schrecken einjagen, weil ich mir einbilde, die Haut wäre trocken, weil man sie sich so leicht gelähmt vorstellen kann.

Man sieht, wie gut die Familie inzwischen in Hannover vernetzt war. Zur Unterstützung hatten sich ein Arbeitskollege, der Pastor, die Gemeindeschwester, der Klassenlehrer und ein Nachbar gemeldet.

(über Margot) *Sie tröstet mich, wenn ich krank bin, sie tröstet mich, wenn sie krank ist. Sie ist meine Mutter, er ist mein Vater. Meine lieben Eltern.* (8. September 1965) Kurzum: Ich bin gerührt.

Das kann man doch einfach mal so schreiben und stehen lassen. Mein Vater war, wann immer es gesundheitlich ging, passionierter Frühschwimmer und besuchte das Lister Bad, fünf Minuten von uns entfernt, das größte Freibad der Stadt, am Mittellandkanal gelegen, erbaut 1927. Ich war manchmal mit dabei, erinnere mich allerdings stärker an die Besuche am Nachmittag. Einmal

kreuzte ich in Trikot und Fußballstutzen auf, weil ich mir ein-
bildete, damit Wirkung zu erzielen. Ich erntete Hohn und habe
mich in dieser Montur nicht wieder ins Bad begeben. Wichtig
war es mir (und anderen), immer einen Kamm in der Badehose
stecken zu haben.

Bundesverdienstkreuz für Konrad. Warum nicht für beide?

Für seine ehrenamtlichen Verdienste erhielt Konrad das Bundesverdienstkreuz. Der Chronik der Titusgemeinde entnehme
ich, dass der Kirchbauverein bis 2001 200.000 DM gesammelt
hatte. Konrad war von Anbeginn bis zu seinem Wegzug Vorsitzender. Namentlich wird er in der Chronik nicht erwähnt. Er
hat kein Hehl daraus gemacht, dass ihm die aus seiner Sicht arge
Politisierung der Gemeinde durch die Pastoren, die auf die Grün-
dungspastoren folgten, nicht gefallen hat. Mein Vater war auch
jahrelang Vorsitzender des Hilfsvereins für die Psychiatrischen
Kliniken in Langenhagen. Er kam durch die Johanniter an diese
Aufgabe. Margot und Konrad sind Woche für Woche zu Treffen
mit Kaffee und Kuchen gepilgert, der Kuchen kam von Margot.
Ein Patient schaute den damals schon schwer Gehbehinderten
scheu von der Seite an, um dann zu fragen »Warum machen Sie
das?« Ich war stolz auf meinen Vater.

Übrigens Fehlanzeige bei den Suchbegriffen Vieregge, Hilfsver-
ein, Ehrenamt auf der Homepage der Klinik. Ehrenamt: Im Moment von den Hauptamtlichen, wenn nicht behindert, leutselig
gelobt, aber dann vergessen, da ist diese Klinik keine Ausnahme.

Ich hatte dem Bundespräsidialamt vorgeschlagen, die Eltern
zum jährlichen Bürgerempfang des Bundespräsidenten einzula-
den. Es existieren Fotos der bei-den Ehepaare v. Weizsäcker und
Vieregge. Meinem Vater wollte ich nicht verraten, dass ich die
Einladung angekurbelt hatte. Konrad hat mir erst Jahre nach
dem Vorgang, der den Eltern viel bedeutet hat, erzählt, dass er im

Richard Karl Freiherr von Weizsäcker
(* 15. April 1920 in Stuttgart; † 31. Januar
2015 in Berlin) war ein deutscher Politiker (CDU). Von 1981 bis 1984 war er Re-
gierender Bürgermeister von Berlin und
von 1984 bis 1994 der sechste Bundespräsident der Bundesrepublik Deutschland. Weizsäcker war mit Marianne von
Kretschmann verheiratet.

Präsidialamt angerufen hatte, um sich zu erkundigen, wie er zu dieser Ehre käme. Sie haben es ihm gesagt.

Später, schon in Elmshorn, kam noch ein Bundesverdienstkreuz hinzu, verliehen von einer Staatssekretärin in Kiel. Margot wurde nicht bedacht. Sie hatte ja »nur« Kuchen gebacken und meinen Vater begleitet, Woche für Woche. Ich kann verstehen, wenn gefordert wird, den Beitrag der Frauen ebenso zu würdigen wie den der Männer.

Meine Mutter war übrigens keineswegs lebenslang Hausfrau. Als meine Schulzeit sich dem Ende zuneigte, bewarb sie sich als Schulmitarbeiterin. Sie entlastete die Lehrer. Eine sehr sinnreiche Einrichtung in mehrfacher Hinsicht: ideal für bis dato nicht oder lange nicht berufstätige Frauen und eine Entlastung der Lehrerschaft in allen organisatorischen Dingen. So beschaffte Margot Praktikumsplätze für die Schüler, indem sie herumtelefonierte. Ihr hat, sagte sie später, diese Beschäftigung Selbstvertrauen, Kontakte mit Kolleginnen, teilweise lebenslange Freundschaften und eigenes Geld eingebracht.

DER SOHN TRITT AN SEINE STELLE

Es war in der Familie üblich, dass am Vorabend von Heiligabend die Familie gemeinsam den Weihnachtsbaum aufstellte und schmückte. Hauptschmuck war Lametta. Der Bruder meines Vater, mein sehr gemochter Onkel Fritz, pflegte dann anzurufen und sich zu erkundigen, ob wir auch beim Schmücken des Baumes seien. Traditionssicherung unter Brüdern. Dabei kam dem Vater ein doppeltes Privileg zu: Er schmückte den Baum in der Spitze und er – nur er – verwendete dabei neues Lametta. Wir anderen waren für die unteren Regionen verantwortlich und dies mit Lametta vom Vorjahr. Es galt als Ehrensache, dass jeder Lamettafaden senkrecht hängen musste. Und dann, 1965, kam es zum Traditionsbruch. Ich bemerkte ihn und war bestürzt.

Henning schmückte dieses Mal die Spitze des Weihnachtsbaumes mit Lametta, dem neuen, denn weiter unten kommt das alte vom Vorjahr. Henning las die Weihnachtsgeschichte. Beides Aufgaben des Vaters eigentlich. Der öffnete nur die Tür vom Weihnachtszimmer und sagte mit gepresstem Lächeln bim bim, klingelingeling. Ich kam mir manchmal als Stellvertreter und eingesprungener Ersatzmann

Vatis vor, ein schrecklicher Gedanke. »Ich werde alt« sagte er manch-
mal. Der Heilige Abend war schön. Manchmal nahe am ideal harmo-
nischen Familienleben, Großi eingeschlossen ...« (25. Dezember 1965)

Vielleicht trug diese nicht zum ersten Mal wahrgenommene
Machtverschiebung zu einer nun deutlichen Entspannung zwischen Eltern und Sohn bei. Die Aufsässigkeit, die einige Jahre das
Leben der Familie stachelte, war im übrigen, wie ich nun weiß,
keine Besonderheit. Bei Mangold heißt es zum Verhältnis des Sohnes zur alleinerziehenden Mutter: »Er möchte es ihr auch nicht
leicht machen. Kampflos wird nichts zugestanden.« Aber auch an
die andere, wiederum von Mangold in Worte gefasste Erfahrung
erinnere ich mich, nämlich dass, wenn man schließlich nach-
gab, es nicht selten einen Punkt gab, »an dem sein Trotz in Be-
schwingtheit umschlägt. Das ist merkwürdig, hilft aber nicht fürs
nächste Mal.«[18]

Von derartigen Zwängen war ich zunehmend frei geworden.

Silvester 65/66

Der Silvesterabend gehörte wie Weihnachten der Familie, hatte
aber etwas Schwermütiges. Wiederkehrend der Spruch »Dieses
Mal machen wir es ruhig«. Ich kann mich nicht erinnern, dass
wir an diesem Abend je Gäste hatten, abgesehen vom nach dem
Tod seiner Frau einsam gewordenen Großvater Randow oder
Großi (Tante Lisa), auch gegen Ende ihres Lebens. Stimmungs-
kanonen waren meinen Eltern lebenslang suspekt und an diesem
Tag besonders. Immer drängte sich mit Blick auf das kommende
Jahr die Frage in den Raum: Wird er es überleben? Angesprochen
wurde das Thema nur indirekt, in dem man sich in der Familie
besonders optimistisch gab.

20 Minuten vor Mitternacht gehe ich nach Hause. Sie fragt:
»Kommen Sie wieder?« Das gibt Mut. In Hochstimmung nach Hause.
Vati macht für mich extra Klein-Weihnachten. Atmosphäre freund-
lich. Kerzen am Weihnachtsbaum. Ist es 0:00 Uhr? Hast du mal ein
Zigarillo da, wegen der Knaller? Frohes neues Jahr, Prosit, Herr Nach-
bar. »Können Sie denn mit ihren Knallern nicht aufpassen, Herr von
Vieregge?« tönt ängstlich Nachbar Tümmler. Heißa, die Raketen stei-
gen, Glockenschall und Donnerschlag!

Was ist Klein-Weihnachten? Klein-Weihnachten ist eine Tradition aus der Randow-Familie an Silvester. Der Vater packt riesige Pakete. Darauf steht der Name eines Familienmitglieds. Dieses fängt an, das Paket auszupacken. Dann steht da ein zweiter Name und jetzt ist der dran. Und dann eine andere usw. Am Ende ist aus dem Paket ein winziges Päckchen geworden, das ein kleines Geschenk für ein Familienmitglied enthält. Ein Paket endete, jedes Jahr, mit einem Geschenk, das sich der Organisator selber machte. Er findet ein Notizbuch mit den Kalenderdaten des kommenden Jahres und sagt, dass ihn dieses Geschenk überrasche und sehr zufrieden stimme. Stand der Jahreskalender nicht für das Versprechen des Empfängers, auch das neue Jahr zu überleben? Ein zweites wiederkehrendes Silvesterereignis in der Familie ist ein roter Heringssalat mit Toast, ein Ereignis, das zu der Bemerkung führte: »Unser Heringssalat ist einmalig«. Das müsse man doch mal festhalten. Die Einmaligkeit wiederholte sich Jahr um Jahr.

Politisches Familienleben

Friede, Freude, Einigkeit herrschte auch gegen Ende der Schulzeit nicht, was erklärbar ist. Der Sohn bemühte sich um eine eigenständige Position. Da die Mitte besetzt war, genauer die rechte Mitte, hatte er die Auswahl zwischen drei anderen Möglichkeiten: nach ganz rechts ausweichen zu müssen oder nach links mittig oder nach ganz links. Die Eltern sind in Sorge, der Sohn würde – dem damaligen Mainstream der jungen 68er folgend – nach links, vielleicht sogar nach ganz links, abdriften. Der Sohn nährt diese Sorge durch Provokationen, aber nicht durch Taten. Denn zur autoritären, DDR-bezogenen Linken zog ihn nichts außer Widerspruch und zur freiheitlich-anarchistischen Variante fehlte ihm die Bereitschaft, die Brücken zum Elternhaus abzubrechen. Auch mangelte es in Hannover in der Schülerszene in jenen Jahren an Vorbildern, oder wir kannten sie nicht.

Ich glaube, ich kann von mir sagen, dass in mir die Bereitschaft fest wie der Kern in der Frucht steckt, Verantwortung zu übernehmen und in die Führung zu gehen, auch wenn dies nicht immer clever ist. Wer zu früh aus der Deckung geht, macht sich angreifbar. Wer nichts macht, macht keinen Fehler und wird nicht selten wegen seiner Umsicht gelobt. Aber die Enttäuschung dessen, der vorprescht, kennt noch eine zweite Möglichkeit: Man lässt dich hängen. Eine Avantgarde, die so weit vorne ist, dass sie niemanden hinter sich hat, erscheint mitunter lächerlich.

Ich bin kein Draufgänger, das nicht. Aber ich habe Schwierigkeiten mit Menschen, die sich einen schlanken Fuß machen. Aus dem Kriegstagebuch meines Vaters habe ich gelernt, wie ähnlich wir uns sind. Nur dass mir die Nagelprobe erspart blieb.

Warum in der folgenden Geschichte die Eltern mich für ignorant halten, lässt sich nun nicht mehr klären. Auch die Eltern konnten provozieren und hatten dann immer noch die Möglichkeit des Rückzugs unter Verweis auf die Krankheit des Vaters. Spielte die Mutter das Spiel »Herrschen durch Teilen«? Das tat sie, aber hatte sie eine andere Wahl in dieser Lebensphase, in der sie durchgängig überfordert war?

Sie hatte als unbedarftes junges Ding, als das sie sich in Mecklenburg fühlte, einen starken Beschützer als Verlobten und nachmaligen Ehemann gefunden. Der starke Beschützer aber wurde im Lebensverlauf krankheitsbedingt immer schwächer und sie musste mehr und mehr übernehmen. Einerseits, vom Intellekt her, hatte sie nichts dagegen. Andererseits widersprach dies ihrem Frauenbild und sie schwächte sich selbst durch Infragestellung ihrer Rolle. Ihre Berufstätigkeit nach meinem Auszug half ihr zu dem Selbstbewusstsein, das ihr eigentlich eigen war.

Eine kleine Episode: Ich blätterte in einer Illustrierten, als Mutti mich fragte, ob ich »das Bild« schon gesehen habe »Was für'n Bild?« – »Henning (dieser vorwurfsvoll-unsachliche Ton), das Bild vom Kongo natürlich.« – »Ach so, das Bild da.« – »Rührt dich das gar nicht? Ein Soldat, ein Weißer, zieht zwei Neger hinter sich her wie Kühe. Er schleppt sie zur Hinrichtung.« Vati: »Junge. Das muss dich doch bewegen.« Mutti: »Konni, das ist heute so.« Vati: »Da wird der Zeigefinger nass gemacht und weitergeblättert. Du müsstest aufschreien. Aufschreien.« – »Ja und was nützte das?« frage ich. Beide waren außer sich. »Das rührt sie nicht«, wiederholte Mutti. Vati beeilte sich zu sagen: »Ihr werft uns vor, dass wir damals nichts getan haben. Und was tut ihr? Es ist genau wie damals.« (Natürlich ist es nicht dasselbe; ich kann an Vietnam und an Kongo nichts ändern. Auch möchte ich zwischen Kriegsgräueln und vorsätzlich geplanten Morden an bestimmten Völkern oder Bevölkerungsgruppen unterscheiden.) Vati sagte auf meine Argumente, dass er die KZs ausnehme. Er kam dann wieder auf die »Nestbeschmutzer« zu sprechen. So kann so ein Illustrierten-Bild ermüdende »Diskussionen« schaffen. Ich muss mich dann immer vorsehen. Erstens darf ich die Eltern nicht aufregen (Vatis Herz und Multis bangen um Vatis Herz). Zweitens bin ich noch zu dumm (»Davon verstehst du nichts. Sei nicht so überheblich«).

Natürlich hielt ich mich keineswegs für dumm. Je näher das Abitur rückte, gegen Ende überraschend mit halbjähriger Verkürzung der Schulzeit, desto mehr entkrampfte sich das Verhältnis zwischen Eltern und Sohn. *Im Augenblick herrscht bei uns ein so friedliches, ironisch-nettes Familienleben (bei dem mir beinahe jede Freiheit eingeräumt wird), dass es schon beinahe eine etwas wehmütige Abschiedsstimmung ist. Ich kann ohnehin nicht begreifen, dass ich in anderthalb Jahren »erwachsen« sein soll. Mache jetzt viel in Kultur. Gestern Abend war ich bei einer Dichterlesung: Uwe Johnson. War ein bisschen trocken.*

Es ist eine Zeit des gegenseitigen Verständnisses. Vor allem Mutti blüht auf unter lieben Worten und Hilfen.

Eltern und Sohn wissen, es kommt die Zeit des Loslassens, ob sie wollen oder nicht. Also lassen sie schon mal los und siehe da, das Resultat ist positiv.

FÜHRERSCHEIN – (K)EINE KUNST

Meine Mutter ahnte mit Blick auf die schwindende Gesundheit ihres Mannes, es würde der Tag kommen, an dem er nicht mehr fahren sollte. Es würde weiß Gott kein schöner Tag sein. Also müsse sie den Führerschein machen. Nach meiner Erinnerung haben wir uns etwa zur gleichen Zeit um den Lappen bemüht. Es heißt immer, Prüfer haben es nicht gern, wenn die Prüflinge nicht zittern. So wie der Mangel an Waren die Selbstwertschätzung des Verkäufers gegenüber dem Kunden hebt, so wirkt sich auch die Angst des Prüflings positiv auf die Selbstwertschätzung des Prüfers aus.

So betrachtet musste der Prüfer in keinem der beiden Fälle fürchten, auf übermäßig selbstbewusste Prüflinge zu stoßen.

Margot nahm mehrere Anläufe und kam auf 80 Stunden mit dem Fahrlehrer. Ob sie bei Prüfungen durchgefallen war oder sich zur Prüfung gar nicht gemeldet hatte, weil sie sich nicht sicher fühlte, lässt sich nun nicht mehr feststellen. Sicher ist, es war alles andere als eine gemütliche Zeit in der Familie. Es war ja auch die erste Prüfung, die meine Mutter nach vielen Jahren zu absolvieren hatte. Ohne das Wissen um die Notwendigkeit und ohne die ruhige ermutigende Art meines Vaters, den auch aus der Situation geborene Beleidigungen nicht erschütterten, hätte sie es nicht geschafft. Sie fuhr später, als sie musste, wacker, aber nie mit Freude.

Ich probierte es nach dem Mindestmaß an Unterricht, knapp zweistellig. Und bestand. Angst hatte geholfen:

Es fing damit an, dass ich nicht anfing. Der Gang wollte nicht, der Schaltknüppel rutschte in meiner nassen Handfläche hin und her, der Fahrlehrer neben mir wurde nervös und wusste nicht, wie er mir helfen sollte, denn einen zweiten Schaltknüppel hat der Wagen nicht. Der Herr Prüfer sagte, es könne nun losgehen und fragte, warum nicht. Schließlich, ob im ersten oder zweiten Gang weiß ich beim besten Willen nicht mehr, bekam ich den Motor an. Das Fahrzeug fuhr nicht, es kroch, ich, den Hals in jede Straße von rechts hinein steckend, guckte in den Spiegel, während der Fahrlehrer, der halb schräg saß, dem Prüfer die Sicht nach vorn verdeckte und, höflich mit ihm plaudernd, an seinem Spiegel rückte und verstohlen das mit Papier abgedeckte Gaspedal betätigte. Ich wurde nach vorne getrieben, die Sache langweilt mich zu erzählen; ich bestand. (30. April 1966)

3. Adelsleben

Was heisst eigentlich Adelserziehung?

Meine Erfahrungen mit dem Adel beziehen sich nicht auf den Hochadel und kaum auf den Agraradel, wie er in Mecklenburg bis 1945 existierte. Danach waren die Zeiten, in denen beruflich die Beschränkung auf Landwirt, Soldat und Staat, bis 1918 vor allem am Hofe, definitiv vorbei, ebenso die Trauer über den Untergang des Kaiserreichs. Und dennoch ging unter den neuen bescheidenen Randbedingungen nicht alles verloren.

Leutselig ja, respektlos nein

In einem Punkt, da bin ich mir sicher, waren sich die Generationen vollkommen einig: Respektlosigkeit, gegenüber wem auch immer, stand auf der Verbotsliste ganz oben. Respekt wurde andererseits eingefordert. Wenn meine Eltern mit sogenannten einfachen Menschen redeten, wurde ich allerdings nie ganz den Verdacht los, dass sie sich leutselig verhielten. Andererseits kam ihre Art, die sich im Norden auch in dem Gebrauch von Plattdeutsch äußerte, gut an.

Was ich eingetrichtert bekommen habe, ist die »Achtung vor den Leuten.« Das gutsherrliche Patriarchat konnte nur so funktionieren und vielleicht hat das über Geschichten, vor allem meines Großvaters Randow, weiter fortgewirkt. Bei Jens Jessen[19] findet sich dazu eine hübsche Formulierung: Diese Haltung sei ein »unwillkürlicher Reflex von Majestäten, in allen Menschen, mit denen sie nicht verwandt sind, Untertanen zu sehen, die als solche Anspruch auf eine gewisse Grundsympathie haben.«

Manieren schaffen Distanz

Was unter Kultur verstanden wurde, wird weiterhin gepflegt. Angela sagte »angenehm«, wenn sich ihr jemand vorstellte. Das sagt man nicht, belehrte ich sie. Sie wollte wissen, warum. Ich weiß es auch nicht. Aber man sagt es nicht

Auf dem an mich adressierten Briefumschlag mit der Todesanzeige eines adeligen ehemaligen Freundes stand »S. H. Dr. Henning von Vieregge«. Was heißt das, wollte Angela, die aus einer soliden Handwerkerfamilie stammt, wissen. »Seine

Familienhöhepunkt in Rossewitz: Heirat Joachim Heinrich Vieregge, 1610–1670 (Wappen links) mit Anna Margarethe Hahn, 1626–1690, schon damals die reichste Familie in Mecklenburg. Joost: »Mecklenburgische Elefantenhochzeit«

Hochwohlgeboren«. Das könne doch wohl nicht mein Ernst sein! Nein, das ist nicht mein Ernst, aber andere Leute, die auf herkömmlichen Stil etwas geben, bleiben bei dieser Usance. Aber wenn die einen hochwohlgeboren sind, was sind dann die anderen, die große Mehrheit? Hier wird die Abgrenzung anfechtbar.

Doch was ist, wenn der Adlige spürt, dass sein Gegenüber bewusst provoziert? Meine Eltern konnten, gemessen an ihrem sonstigen Auftreten, überraschend hochfahrend reagieren, wenn man ihnen plump gegen den Adel kam. Wer meinen Vater mit »Herr Vieregge« anredete, musste damit rechnen, seinen bürgerlichen Namen verkürzt zu hören. Aus einem Herrn Radler wurde ein Herr Adler. Das »von« sei schließlich ein anerkannter Namensbestandteil. Meine Mutter legte bei ihrer Grabinschrift Wert darauf, als eine geborene Freiin aufgeführt zu sein.

Andererseits signalisierten sie uns Kindern, dass wir nicht in Formalitäten stecken bleiben sollten. Die Botschaft war: Als Flüchtling hast du zwei Möglichkeiten: du tust so, als wäre alles so wie immer, oder du passt dich den neuen Gelegenheiten an und zwar erhobenen Hauptes: »Wir haben den Quatsch nicht nötig.« Meine Eltern neigten zur Variante 2. Dann bist du kein Jäger und sitzt auch nicht zu Pferde (es sei denn, dies wäre dir ein echtes Anliegen). Und du sagst in aller Naivität, du gehst jetzt in den Wald. Da zuckt, Malinowski folgend, der immer noch adelig getrimmte Adelige zusammen und zwinkert seinem Standesgenossen wissend zu: Er weiß nicht, dass es heißt, man geht ins Holz. Und schon rutscht man auf der Adel-Anerkennungsskala zwei Plätze tiefer.

In einem Buch über das Leben des baltischen Adels bis zur Verschickungsaktion der Nazis ins Warthegau 1939 findet sich folgende Passage. »Das Essen war gut«, erwiderte Onkel Nicko, »aber die Nötigung war schwach.«[20] Meine Mutter hätte dieser Satz eines Stackelberg irritiert, denn ihrer Überzeugung nach nötigt man nicht. Ein Nachbarjunge, der zum Geburtstag meiner Schwester eingeladen war, hatte fast wortgleich wie Stackelberg zu Hause über die Kuchentafel bei uns berichtet (»Leckerer Kuchen, aber man wurde nicht genötigt«), was meine Familie heiter stimmte.

Mein liebster Stammbaum

Auch dass die Gabel sich zum Menschen und nicht der Mensch sich zur Gabel beugt, war eine gern wiederholte Bemerkung. In diesem Zusammenhang wurde an alte Tanten erinnert, die so grade saßen, dass sie von den Stuhllehnen keinen Gebrauch machten. Dies hat mir allerdings nicht einleuchten wollen, denn wozu sind die Lehnen denn sonst da, wenn man sich an ihnen nicht anlehnen darf? Anderes leuchtet mir ein, das gebe ich zu. Zum Beispiel: Wer gegenüber Dritten von seiner Frau als seiner Gattin[21] spricht, hat sich disqualifiziert. Und vieles mehr, kleine Distinktionsmerkmale, aufmerksam registriert.

Auch die Kleidung gehört dazu, woran Jens Jessen erinnert: »Einen Automatismus bevorzugter Kleidung gibt es auch nur im niederen Adel, wo Loden und Trachtenanzüge, Paisleymuster, Twinsets und Perlenketten (und ehemals auch der Schottenrock) als sichere Wahl gelten.«[22] An dieser Uniformierung der Besonderheit haben sich meine Eltern nur sehr zurückhaltend beteiligt. In der Aufzählung fehlen die Damen-Trachtenhüte, da war Margot dabei. Auch mit Perlenkette und Perlenohrringen. An anderer Stelle seiner »bürgerlichen Betrachtung« des Adels, wie Jessen es nennt, vermerkt er, dass der Adel kein Understatement brauche und infolgedessen sich oft »etwas zu bunt« kleide.[23] Einfarbig knallige Männercordhosen und eben solche Westen sind zu nennen. Natürlich auch das Salz-und-Pfeffer Jackett, wie ich es mir früh zulegte, es aber am Ende selten trug.

Kurios: Als Heinrich XIII. Prinz Reuß 2023 als mutmaßlicher Anführer einer Reichsbürgergruppe, die einen gewaltsamen Umsturz plante, verhaftet wurde, ging das Foto um die Welt: Perfekt der (englisch inspirierte) Adelige. Als ein Freund vom Land kommend in ähnlichem Aufzug durch Berlin lief, fragte ihn ein Passant, ob er auch Reichsbürger sei.

Eltern schenkten ihren Kindern und ihren Enkeln Siegelringe (Jessen behauptet, Siegelringe würden nur vom niedrigen Adel getragen)[24] oder Tafelsilber mit Wappen. Oder einen Serviettenring mit Namen als Versuch, die Familienfahne weiter auf dem Dach zu haben. Ein Schwiegersohn bedankte sich bei mir für den Serviettenring freundlich und fragte dann seine Frau, wofür der sei. Ein Krügerrand, Willkommensgruß für jeden Enkel, leuchtete ihm schon eher ein.

Andererseits lässt sich bei manchen adeligen Flüchtlingen und deren Kindern eine gewisse Hilflosigkeit in der Wohnungseinrichtung beobachten. Nicht alle sind geschmackssicher. Wie denn auch? Die über Jahrhunderte gewachsene Einrichtung der Zimmer wurde geerbt, da war wenig Raum für Veränderungen. Gewohnheit trainiert nicht, auch nicht in ästhetischen Fragen. Flüchtlinge haben Kultur nicht gelernt, weil ihre Vorväter es sich nicht erarbeitet hatten. Allerdings war es eben doch nicht so, dass der aus dem Osten geflüchtete Landadel alles verloren hatte. Auch in unserem Fall war es erstaunlich, was sich im Lauf der Jahre auf oft verschlungenen Wegen an Familienerbstücken wieder angesammelt hatte: Gemälde, Geschirr, Silber, alte Gästebücher und Fotos, Möbelstücke.

Einig war man sich, was die Einrichtung anging, dass eine Mischung verschiedener Stile einer auf Perfektion getrimmten Einrichtung vorzuziehen sei. Feststellbar ist »eine gewisse demonstrative Verachtung fürs allzu Gepflegte, Gekämmte und Gestriegelte«[25], da hat Jessen richtig beobachtet.

Wer eigentlich alles verloren hatte, hatte am Ende doch etwas aus der Familie gerettet. Dabei ging es weniger um materielle Werte als um Familienzeichen, Gegenstände, zu denen eine Geschichte gehört. So wie der mechanische Bär in Kleindackelgröße, der bei Großmutter Randow stand. Sie, die kleine taffe und bildungsbegierige Frau, die Ehrgeiz in die Familie hineinbrachte, ist mehrfach über die sogenannte grüne Grenze zurück in die Ostzone aufgebrochen und mit vollgepackten Rucksäcken zurückgekehrt. Der Bär war dabei. Er gehörte ihrer Mutter, der geborenen Vieregge, verheirateten Amsberg, die über Jahre das Kommando in den Familien Vieregge, Randow, Amsberg geführt hatte. Sie soll in den ersten Nachkriegswirren einen Russen, der den Mechanismus des Bären verstehen und dafür das Kunsttier auseinandernehmen wollte, mit energischen Worten daran gehindert haben. Er habe verschreckt das Haus verlassen.

Diese Geschichte habe ich mir gemerkt. So vieles ist durchgerauscht. Der Heranwachsende hat genug mit sich selbst zu tun.

4. Grosseltern

»Die Tradition aller toten Geschlechter lastet wie ein Alp auf dem Gehirne der Lebenden« – Es ist der Historiker Stephan Malinowski[26], der in der Einleitung seines Buches über den Adel im Nationalsozialismus Marx zitiert und daraus folgert, dass die Besonderheit des adligen Familienbegriffs »die bürgerlichen Zeit- und Raumvorstellungen sprengt«.

Es gibt zwei Annahmen zum Marx-Zitat, die sich gegenüberstehen und die im Folgenden auf den Prüfstand gehören:

Ja, Marx hat Recht, insbesondere was die geflüchteten Landadeligen betrifft, denn sie haben nach zwei Weltkriegen ihre privilegierte Stellung in der Gesellschaft und ihren Besitz eingebüßt, geblieben ist die drückende Erinnerung an bessere Zeiten.

Nein, Marx hat nicht Recht. Was immer diesen Familien geschah, ihr Stolz, gewachsen im Bewusstsein einer langen Familientradition, hilft ihnen, die veränderte Lage nicht einfach hinzunehmen, sondern als Herausforderung zu begreifen.

Von den sechs Familien meiner Großeltern gehören fünf dem Uradel an, d. h. man weiß von ihnen seit deutlich vor dem Dreißigjährigen Krieg. Ich habe diese Tradition mit den vielen Kettengliedern als Rückenstärkung empfunden. Immer wenn ich in einer unangenehmen beruflichen Situation war, habe ich mich innerlich zu einer kleinen Adelsarroganz entschlossen und das hat mir Gelassenheit geschenkt. »Was wollt ihr denn, ich komme aus einer alten Familie und muss mir so etwas nicht bieten lassen«, lautete dann die Botschaft an mich selbst. Geäußert habe ich diesen Gedanken aber lieber nicht.

Irritiert war ich allerdings, als ich über Dritte bei einer beruflichen Krise sehr viel später im Leben hörte, Journalisten, die mich persönlich gar nicht oder wenig kannten, hielten mich für arrogant. Halten sie Adelige generell für arrogant?, fragte ich mich. Schließlich ist man adelig ohne eignes Verdienst, was von Bürgerlichen vielleicht als Unrecht empfunden wird. Aber die ausgleichende Gerechtigkeit ist, dass sich Dritte den Namen gut merken können. Fehler von Adeligen bleiben länger haften.

Rossewitz heute (2020). Vor Verfall gesichert, Zukunft ungewiss.

Die Familien der Großeltern (um mich nur auf diese zu konzentrieren) heißen Randow und Amsberg über meinen Vater und Brandenstein und Wedel über meine Mutter, also vier Adelsfamilien aus Mecklenburg. Eine fünfte und sechste kommen über die Adoption meines Vaters hinzu. Vieregge und Oertzen.

Familiengeschichten sind das eine, Großeltern das andere. In meinem Buch »Unter der Glückshaube« habe ich über die Groß-eltern-Familien ausführlich berichtet.

Hier möchte ich zwei meiner Großeltern, den Großvater väterlicherserits und die Adoptivgroßmutter, hervorheben und die Großmutter väterlicherseits erwähnen. Ich kenne so viele Geschichten, wonach die Großeltern eine wichtige Rolle im Leben spielten. Sie prägen das Kleinkind. Im besten Fall schenken sie Selbstvertrauen, Lebenslust, Humor, die lebenslang tragen. Und, das sei gegen die Einleitung zu diesem Kapitel mit Nachdruck hervorgehoben: da ist es völlig wurscht, wie lang eine Familientradition ist. Großeltern sind Großeltern. In einer Familie wird der Großvater »großer Vater« genannt, was mir sehr gefällt. Aber zunächst möchte ich von einer »großen Mutter« erzählen, wir Kinder nannten sie Großi.

Großi

Mit den Jahren wusste ich, sie war meine Adoptivgroßmutter. Nicht wir haben sie adoptiert, sondern sie mit ihrem Mann meinen Vater, als er klein war. Das aber zählte für mich in keiner Weise.

Lisa war 26 und, wie es damals hieß, schon auf dem Weg zum ältlichen Fräulein, als der viel ältere Mann, Oberstleutnant und Gutsbesitzer, um ihre Hand anhielt. Wohl sehr zum Erstaunen ihrer großen Familie hatte sie damit eine gute Partie gemacht. Und die Ehe war, wie sie berichtete, ausgesprochen glücklich, trotz oder wegen des Altersunterschieds.

Von ihren neun Geschwistern erzählte sie mir viel. Zum Beispiel, dass jede Schwester einen Passbruder hatte, und die Pärchen schenkten sich zum Geburtstag etwas. Und wenn die Mädchen nicht fügsam waren, gab es Zungi. Das bedeutete, dass der andere mit seiner Zunge der Tadelnswerten übers Gesicht fuhr; das war wohl Höchststrafe.

Tante Lisa (»Großi«) und ich.

Von dem im 1. Weltkrieg gefallenen Bruder berichtete sie in ihrer lapidaren Art so, dass ich als kleiner Bub mir das merkte. Offenbar machte der Bedauernswerte drei Fehler: Er ging von Mecklenburg weg (nach Hamburg), hatte eine Brille und lernte etwas Kaufmännisches für die Kolonien. All das besiegelte, so verstand ich Großi, sein Schicksal. Denn beim Ausbruch des 1. Weltkriegs war er in Afrika, wurde Soldat oder auch nicht, verlor jedenfalls seine Brille und verlief sich ins feindliche Feuer.

Ihre Geschichten knallten einem um die Ohren.

Ihre knappe Art korrespondierte mit ihrer Eile. Sie war immer in Eile. Mit Rückschlägen hielt sie sich nicht lange auf. Sie fuhr einen DAF. Der hatte Automatik, was ihr Arbeit ersparte, und war von einem holländischen Lastwagenhersteller gebaut, ein robuster Kleinwagen also, und das war für sie als miserable Autofahrerin eine gute Wahl. Einmal – ich meine, sie rauchte und dachte an Vieles, nur nicht ans Autofahren – kamen wir zu weit rechts ab, landeten gewissermaßen im Kiesbett, der Wagen schleuderte, drehte sich um die eigene Achse und stand auf der anderen Seite in Gegenrichtung. Vielleicht war der Vorfall auch ein wenig zahmer und es gab eine Nachwürzung der Fantasie zur stärkeren Dramatisierung. Mich, ich war vielleicht zehn, erschütterte der Vorfall, sie nicht. Während ich noch zitterte, sagte sie so etwas wie Glück gehabt und setzte die Fahrt ohne weiteres fort.

Sie führte einem Herrn v. Pentz den Haushalt, der hatte einen kleinen Hof in der Marsch bei Bremen gepachtet oder gekauft. Vor der Küche stand ein hoher Apfelbaum. Ich sollte die Äpfel pflücken, eine Leiter wurde herbeigeschafft, ich kletterte hoch und fing an. Dummerweise waren die besten Äpfel noch weiter oben. Da traute ich mich nicht hin. Unten stand Großi und rief mir zu, ich solle höher klettern. Es war keine Bitte, sondern eine harsche Aufforderung. Ich erinnere mich nicht, was ich tat, außer dass ich mich meiner Ängstlichkeit schämte. Und irgendwie stolz war auf eine Großmutter, die keine Angst um ihren Enkel hatte.

Als Großi mit ihrem Bruder Voß (so wurde er aus mir unbekannten Gründen genannt) in Bonn-Röttgen zusammenzog, waren zwei schnelle Geschwister unter einem Dach. Beim Essen musste ich mich ranhalten. Denn die beiden Alten aßen wie im Wettkampf und kaum waren sie fertig, wurden die Teller abgeräumt. Als ich mich beim Nachtisch über das Tempo beschwerte, sagte Großi: »Blöde Hunde werden nicht fett«. Ich glaube, ich ahnte damals schon, dass dies ein Merkspruch für mein Leben werden sollte.

Diese Großmutter war nicht nur schneller als die anderen alten Leute, sie war auch direkter und fordernder. Und sie handelte selber so, wie sie es anderen abverlangte. Ich glaube, sie kam mir deswegen sehr viel moderner vor als alle anderen Familienmitglieder dieser Generation. Ich hatte bei ihr das Gefühl, als junger Mensch ernst genommen zu werden. Hinter der rauen Schale spürte ich ihre Liebe und freute mich auf die gemeinsame Zeit in Bonn. 1968 im Herbst wechselte ich nämlich von der Bundeswehr dorthin, um mit dem Studieren zu beginnen. Leider kam ich zu spät. Sie starb einen Monat zuvor.

Diejenigen aus der Familie Oertzen, die ich kennenlernte, empfand ich als humorvoll und klug. In einem Lied von Hildegard Knef kommt ein bisschen unvermittelt der Name Oertzen vor: »Er hieß nicht von Oertzen, er hieß einfach Tom«. Der Familienverband soll eine Klage erwogen haben. Mein Onkel Hanni, Sohn jenes Großonkels Voß, und seine Frau Ina handelten anders. Sie nannten einen ihrer Söhne Tom. Dieser Onkel, zuletzt Ministerialdirigent im Bundesministerium des Innern, war ein Vorbild für mich. In einem seiner Bücher hat er mir für die Mitarbeit gedankt[27]; wenn ich nur noch wüsste, wofür konkret.

Zu meinen Kindheitserinnerungen gehört unauslöschlich der Besuch bei der ältesten Schwester von Großi, Tante Jutta. Sie wohnte mit ihrem Mann in der Nähe von Hannover in einem großen, aber ungemütlichen Gutshaus und lehrte mich einige Grundsätze über richtige adlige Einstellungen. Ich war von meinen Eltern schon verdonnert worden, mich bloß besonders artig zu benehmen, sodass ich eingeschüchtert, wie ich war, dem Hausherren die Hand küsste. Das wurde mit Amüsement zur Kenntnis genommen.

Weniger gelungen kam meine Bemerkung über die Badewanne an, die altersbedingt Rost angesetzt hatte, was ich mit »schmutzig« charakterisierte. Ebenfalls daneben lag ich mit meinem Hinweis auf das schwedische Königshaus. Ich wollte halt auch mal ein bisschen über Adel mithalten. »Meinst du die Abkömmlinge eines französischen Pferdeknechts?«, wurde ich daraufhin von der strengen Tante gefragt. Klugerweise habe ich die Monegassen erst gar nicht erwähnt.

Pluspunkte machte ich mit meinem tatsächlich nicht aufgesetzten historischen Interesse. Die Tante zeigte mir uralte Bücher und Urkunden und sagte: »Wirklich wichtig, ob nun Familie oder Gegenstände, ist alles vor dem Dreißigjährigen Krieg.« Punktum.

Die Lieblingsschwester meiner Großmutter war mit ihrem Mann in der Ostzone und nachmaligen DDR geblieben. Sie war eine promovierte Chemikerin, was zu jener Zeit eine Besonderheit war, hatte dann ihren Doktorvater geheiratet und fortan dessen Karriere unterstützt. Jener Heinrich Wienhaus unterrichtete, auch in die DDR-Zeit hinein, in Tharandt bei Dresden an der Fortwirtschaftlichen Hochschule. Die gehört heute zur TU Dresden und der Sohn dieses Paares, Otto, ebenfalls Chemiker, bekam als Nichtparteimitglied nach der Wende endlich den verdienten Lehrstuhl. Bei ihm und seiner Frau Karla lernte ich »gelernte DDR-Bürger« der reflektierten Art kennen und war wieder einmal froh über das ausgreifende Familienverständnis. Hallo, ich bin der und der, kann ich mal vorbeikommen? Aber ja, wir freuen uns. Ihr könnt auch übernachten.

DER GROSSVATER, OPA UND ÖMI

Der behäbige Begriff »Altvorderer« bringt mich auf meinen Großvater Randow: *Opa sah gut aus und unternehmungslustig wie eh und je, baut und bastelt in Haus und Garten, seine blauen Augen leuchten, die unzähligen Falten im Gesicht, seine Jagdgeschichten, das Hängen am Alten, ohne der neuen Zeit völlig abgeschlossen gegenüber zu stehen. Er kriecht auf Müllkippen und Abfallplätzen herum, sammelt jede Schraube und jedes Brett, jeden Zementklotz, jeden Lederriemen; mit allem kann er etwas anfangen.* (5. Juli)

Opa erzählt von sich und seinen Brüdern aus der Jugendzeit, während wir Johannisbeeren pflücken: Eine Erzieherin züchtigt seinen Bruder Gerd. Darüber zu Recht ergrimmt stellt der zehnjährige Heinz sie zur Rede, wird seinerseits geschlagen

Großvater Randow

und geht erbost zum Gegenangriff über. Im Boxen war sie ihm nicht gewachsen. Aus leichter Ohnmacht erwacht, tat die Arme das Verkehrteste: Sie wollte mittels Ohrfeigen strafen. Da nahm Heinz sie in den Schwitzkasten, während sein Bruder Gert ihr eine Stricknadel in das Hinterteil rammte. Den Nachstellungen knapp entronnen, flüchtete sich die Beklagenswerte zum Vater Randow. Auf dessen Grinsen hin verließ sie fluchtartig das arge Haus.

Auch in einer anderen Geschichte ging es um gemeinsames Handeln der Randow-Brüder. Ein Nachbar benahm sich verdächtig. Er las Bücher, hatte eine Brille, ich vermute mal, er war urban. Opa erzählt mit Stolz, wie sie ihn geärgert haben. Dass sein ältester Enkel Brillenträger war, hat den Erzählfluss nicht unterbrochen.

ENTENJAGD MIT SCHLURFENDEM ENKEL
Ich war auch klein kein Naturfreund, wahrscheinlich nennt man mich dereinst den Begründer des urbanen Zweigs der Familie. Als der Großvater auf Entenjagd ging, nahm er seinen Enkel mit und bereute dies. Denn der schlappste in zu großen Gummistiefeln

derart laut hinter ihm her, dass der Jäger befürchtete, die Enten könnten vorzeitig Reißaus nehmen. Er hat aber dann im Wortsinn getroffen und ich habe ihn bewundert.

Ich durfte mit den Großeltern nach Ratzeburg zu einem Treffen der Mecklenburger Landsmannschaft mitfahren. Der Großvater setzte sich mit dem Enkel auf den Boden, direkt vor einen ebenfalls älteren Herrn und sagte, »Zu Füßen meines Großherzogs sitze ich gern«. Zu Füßen von wem? Ich verstand es nicht. Hätte ich gewusst, dass Adel und Großherzog in Mecklenburg über Jahrhunderte einen Kampf um die Vorherrschaft geführt hatten, der 1918 mit einer doppelten Niederlage entschieden wurde, hätte ich vielleicht eine unpassende Bemerkung gemacht.

Später, gegen Ende seines Lebens, nach dem Tod seiner Frau, lebte Opa in einem Schloss in Schleswig-Holstein, das die Johanniter als Altersheim führten. Als er nach einem Besuch in Hannover bei uns wieder aufbrach, sagte er traurig, nun müsse er wieder »in das Lager zu den alten Frauen«.

In der Schule, das hatte er mir am Rande meiner Konfirmation als Trost für meine mäßigen Schulleistungen in jener Zeit erzählt, waren die Randow Brüder allesamt keine Leuchten. Aber auch dank der Zuwendung durch ihren Vater hatten sie eine gute Startchance, die sie nutzten.

Allein mit Opa

Einmal lud Opa mich zum Hühnchenessen ein. Man muss dazu wissen, dass die Großeltern äußerst wenig Geld hatten. So war eine solche Einladung eine große Sache. Opa und ich fuhren mit dem Bus nach Lübeck und gingen zu einem Platz, wo seiner Meinung nach die allerbesten Hühnchen angeboten wurden. Als wir wieder auf die Straße traten, sagte der Großvater: »Oh, jetzt sehe ich, wir sind im falschen Lokal gewesen. Da drüben ist das, was ich eigentlich meinte.« Er war eben eine grundehrliche Haut. Wir haben uns dann wechselseitig versichert, dass das Lokal, aus dem wir nun gerade kamen, mindestens genauso gut sei.

Eine andere Episode hat auch mit Essen zu tun: Aus Stendorf war ich ja Klappschnitten gewohnt, bei denen eine Scheibe nur halb belegt wird, aber bei den Großeltern belegte ich mir das Brot ganz mit Aufschnitt. Ich merkte, wie die beiden zusammenzuckten. Ich hatte eine rote Linie der Sparsamkeit überschritten. Sie haben kein Wort darüber verloren, aber mir war es peinlich.

ALLES KANN MAN GEBRAUCHEN

Übrigens war auch der Weg vom Wohnort der Großeltern, einer Nebenerwerbssiedlung, wie sie nach dem Kriege für Flüchtlinge gezielt gebaut worden war, in Krummesse bei Lübeck zur damaligen Zeit noch nicht geteert. Im Sand lag ein verbogener Nagel. Mein Großvater bückte sich und steckte ihn ein. »Den kann man doch wieder gerade schlagen«, sagte er. Von meinen Eltern hörte ich, Opa habe großartige Einfälle – dazu gehörte auch die Wassertransportschiene den langen, sandigen Garten hinunter – aber seine Konstruktionen seien immer anfällig.

Hätten wir mehr Zeit miteinander gehabt, ich schwör's, wäre ich ein richtiger Praktikus geworden. Seine Warmherzigkeit und sein Humor habe ich bei meinem Vater wiedergefunden und wenn ich etwas davon geerbt habe, so soll es mir recht sein.

ÖMI

Ömi, seine Frau, war klein, rund und ehrgeizig. Sie war eine passionierte Buchleserin und ausweislich unseres Gästebuchs, wo sie den Besuch von kulturellen Veranstaltungen sorgfältig und dankbar vermerkt, kulturinteressiert. Sie war mutig: Die Zonengrenze unmittelbar nach dem Krieg hat sie nicht davon abgehalten, sie mehrere Male zu passieren. Sie besuchte ihre Mutter Amsberg in Rehna und trug auf dem Rückweg gerettete Familienkostbarkeiten gen Westen.

Ich habe noch ein wenig ihren Geruch in der Nase, wahrscheinlich ein spezielles Parfüm, und sehe sie am Schreibtisch, an dem sie viel saß und schrieb (sie war die Drehscheibe aller Familiennachrichten, in kleinster Schrift auf Postkarten verbreitet) und sehe ihre Rosenpracht im Vorgarten. Und erinnere mich an einen Satz. Wir waren wieder auf dem Priwall, die Großeltern waren zu Besuch, und sie saß auf dem Rand einer Sandburg und schaute übers Meer. »Wenn du mal älter sein wirst, wird es dir gehen wie mir jetzt. Du fängst an, dich für Landschaft zu interessieren, Landschaft zu mögen.«

Damals konnte ich mit dem Satz nichts weiter anfangen als ihn abzuspeichern. Heute verstehe ich ihn.

5. Weitgehend unerfüllte Liebe

Pubertätsgefühle

Als meine jüngste Tochter Antonia 13 oder 14 war – sie war auf einer reinen Mädchenschule, so wie ich auf einer reinen Jungenschule war – fragten wir den Klassenlehrer, ob die Mädchen schon in der Pubertät seien. Er zeigte auf Farbfotos aus Zeitschriften, die die Mädchen mitgebracht und an die Wände des Klassenraums gepinnt hatten. Es waren zur Hälfte Stars, Models, Celebrities und zur anderen Hälfte Tierbilder. »Das ist die Situation«, sagte der Klassenlehrer.

Und wenn ich ein Foto hätte im Klassenraum anpinnen dürfen? Ich hätte wohl ein Foto von Lothar Ulsaß, dem Spitzenfußballer von Arminia Hannover, mitgebracht. Vielleicht auch eines von Niki, dem Wellensittich, oder dessen Nachfolger Chico (der Dackel Pucki kam etwas später in die Familie).

Damals gab es in Vahrenheide-West die ersten Reihenhäuser. Eisenacher Weg 31, das war unsere Adresse. Vahrenheide hat 9961 Einwohner (2019), davon haben etwa 60% einen Migrationshintergrund. Teile von Vahrenheide gelten als sozialer Brennpunkt. Wir wohnten in Vahrenheide-West, getrennt durch Straßenbahnschienen von Vahrenheide-Ost, wo das Einkaufsviertel war und die Probleme. Die Kirche stand auf der Grenze und wollte vermitteln. Bauherr war die Neue Heimat. Sie ging 1990 in einem Korruptionsskandal unter.

Kirche und Schule waren zunächst noch nicht gebaut, es gab also noch genug freie Grasflächen, auf denen wir Tag für Tag Fußball spielten, zu zweit »Schiebe-Schiebe«. Wir, das waren sämtlich Jungen aus Vahrenheide-West, das Spielfeld lag diesseits der Straßenbahnschienen. Tore wurden mittels Pullover markiert. Die Kleidungsbegrenzungen lagen sich so nah gegenüber, dass man direkt schießen konnte. Zwei Berührungen waren erlaubt, dann kam der andere dran. Nach der ersten Berührung des Balles konnte der Gegner aber schon eingreifen. Wer als erster sechs oder zehn Tore hatte, hatte gewonnen. Waren wir zu mehreren, bauten wir uns ein Kleinfeld. Irgendwann schieden ältere Mispieler aus, wir sahen sie am Horizont, Mädchen an der Seite. Verachtung und Neid paarten sich bei den Zurückgebliebenen.

Ich könnte mir denken, dass der Beginn des Tagebuchs nicht den Abschied vom Fußballspielen markiert, wohl aber die wachsende Sehnsucht zum anderen Geschlecht anzeigt. Diese Sehnsucht war noch ungezielt. Gewissermaßen das Mädchen als solches. Die ungezielte Sehnsucht löste Gefühle der Langeweile aus. Keine Lust auf nichts. Manche Menschen sagen, sie hätten sich im Leben nie gelangweilt. Erinnern sie sich nicht an ihre pubertären Zeiten, an die Sonntage vor allem?»Die Langeweile ist nicht nur eine körperliche Qual, sie lässt einen auch die eigene Einsamkeit spüren«, schreibt Ijoma Mangold[28] dazu, auf seine pubertäre Zeit zurückblickend, und ich antworte: So isses. Wechseln sich im Leben nicht die Phasen ab, in denen man sich einsam fühlt mit solchen, in denen man sich nach Einsamkeit sehnt? Die Eltern, auch meine Eltern, reagierten mit gespieltem oder tatsächlichem Unverständnis: Die Sätze fingen an mit »Du kannst doch mal...« Und dann folgten völlig unbrauchbare und unsensible Tipps. Aufräumen zum Beispiel.

Schreiben gegen Langeweile?

Aber wenn nichts passiert, wenn es einfach nur langweilig ist, wo finde ich darüber einen Bericht? Es scheint doch so zu sein, dass jedes Kind nicht nur mit Spinat, sondern auch mit Langeweile zu kämpfen hat. Ijoma Mangold[29] beschreibt dieses Phänomen (»Mir ist sooo langweilig.«) präzise: »Das Schlimmste: Langeweile. Sie erhebt ihr Haupt gern an Sonntagnachmittagen, wenn auf den Straßen nichts los ist und die Kinder der Nachbarschaft auf Familienausflug sind. Kein Freund holt ihn ab, kein Buch kann ihn verlocken, einen Fernseher gibt es nicht, die Mutter ist mit sich selbst beschäftigt, jedes Spielzeug liegt wie tot auf dem Boden des Kinderzimmers.«

Wenn die Eltern dann auch noch den Mittagsschlaf pflegen und anschließend gern im Familienkreis sind, machte man als Kind eine unerwünschte Bekanntschaft mit der Ewigkeit. Oder wie Mangold schreibt: »Das Einzige, was man noch will, ist, dass die Zeit vergeht, damit endlich etwas passiert. Irgendwann muss doch wieder etwas passieren. Irgendwann muss doch auch dieser unendlich lange Sonntagnachmittag, diese unendlich lange Kindheit ein Ende haben.«

Aber das Merkwürdige ist, Langeweile hängt nicht nach. Sie ist vergessen, wenn sie vorbei ist. Habe ich mich, als wir auf dem Land wohnten, gelangweilt? Ich kann mich nicht erinnern. Habe ich mich, als wir in der Drostestraße wohnten, gelangweilt? Nein. Aber ich erinnere mich an Sonntagnachmittage in unserem Vahrenheider Reihenhaus, ich war ermattet vor Sehnsucht nach etwas gegen die Langeweile, erst sollte es Fußball sein, später ein Mädchen.

Der Konfirmationsunterricht zu eben jener Zeit in der Vahrenwalder Kirche (unsere Kirche stand noch nicht) war auch nicht prickelnd. Die Erinnerung liefert das Bild einer etwas dickeren Frau, die uns Bibelstellen suchen lässt. Langweilig ohne Ende, mehr ein Beitrag zum Kirchenaustritt als zur Glaubensfindung. In der ersten Reihe der Konfirmanden sitzt ein Mädchen mit weiß-rot geschminkten Lippen. Die würde ich gerne küssen. Die Gedanken kreisen um dieses Mädchen. Der Konfirmationsunterricht wird nun interessanter. Jener lang aufgeschossene, schüchterne Junge wusste freilich nicht, wie anfangen, geschweige denn wie weitermachen. Allerdings: Die zunehmend sehnsüchtig erwünschten Ablenkungen vom Schulalltag hätten ihm vermutlich den endgültigen schulischen Garaus bereitet. Denn in keinem Schuljahr war seine Versetzung gefährdeter als ausgerechnet im Jahr der Konfirmation. Dazu gleich mehr.

Unsere beiden Annahmen sind also: Da beginnt einer mit dem Tagebuch-Schreiben, weil die Pubertät Sehnsucht nach dem anderen Geschlecht weckt und weil gleichzeitig in der Schulkarriere ein böser Knick droht.

Einmal, vermutlich 1962/63, bin ich zu meiner Langzeitlehrerin in der Unter- und Mittelstufe, Hilde Göhrs, gegangen, hatte ein paar eigene Texte in der Hand und habe ihr in einer Mischung aus ernster Verzweiflung und Skepsis gegenüber dieser Verzweiflung erzählt, dass ich mich geteilt fühle. Das Gute, Moralische, sei im Widerstreit mit einer dunklen Figur, die ich auch sei. Die Reaktion der Lehrerin war knapp und lautete: »Das ist nicht untypisch in diesem Alter.« Ich fand mich unterbewertet.

Eine Maßnahme, die ich zur Selbstaufwertung ergriff, war folgende: Ich unterschrieb eine Weile mit i. A. oder i. V. Das hatte ich offiziellen Schriftstücken entnommen. Ich hatte auch einen Stempel »Drucksache«. Irgendein Spielverderber muss dann mal gesagt haben, dass alle drei bürokratischen Einsatzwerkzeuge keine Bedeutung verleihen, im Gegenteil.

UNRUHE, LEBENSLANG

Nichts ist schlimmer als unzufriedenes Nichtstun. Diese Bemerkung ist nicht nur neunmalklug. Zufriedenes Nichtstun habe ich, das kann ich nun im gehobenen Alter mit Fug und Recht feststellen, selten praktiziert. Ich habe über den notwendigen Wechsel von Aktivität und Muße gerne gesprochen, aber wenn ich mal einen Tag einfach nicht in die Gänge komme, bin ich abends nicht glücklich und gebe dann am nächsten Tag tüchtig Gas. Dann stellt sich die Zufriedenheit wieder ein.

Man schreibt, wenn man etwas zu berichten hat. Besonders viel habe ich immer geschrieben, wenn es mir schlecht ging. Ich weiß, originell ist das Gegenteil.

Die Langeweile hätte ein Ende, wenn man sich trauen täte. Man hat elegante Sprachwendungen, das Mädchen ist beeindruckt. Der Dialog kann beginnen, sie fängt Feuer. Aber leider nur in der Fantasie. Es sind vor allem Gesprächsanfänge, bei Peter Kurzeck[30], der ein wunderbarer Erzähler seiner Kindheit ist, im Kino Rex in Lollar vor der Vorstellung. Mit welchem Satz komme ich mit dem Mädchen meiner Anbetung ins Gespräch? Es müsste ein Satz sein, der sie neugierig macht und gleichzeitig den Rückzug ermöglicht, wenn der Satz nicht funktioniert. Wie viele solcher Sätze habe ich mir vorgesagt? Geistreich, aber nicht albern, witzig, aber nicht peinlich. Die meisten dieser Sätze wurden nie gesprochen. Im entscheidenden Moment standen nur falsche Sätze zur Verfügung. Das gleiche dann in Discos. Es hat lange gedauert, bis ich diejenigen Freunde, die sich trauten, nicht mehr beneiden musste. Peter Kurzeck und ich auf einer Linie der Erinnerung.

Aber natürlich gibt es noch viel mehr Sätze, die vorgeübt werden. Eine schlechte Note muss verkauft werden. Eine Entschuldigung muss sitzen. Ein Diskussionsbeitrag soll in der Sache treffsicher sein und den Redner ins rechte Licht rücken (»ein interessanter junger Mann«).

Sehnsucht nach weiblicher Zuwendung

Auch wenn sich trennscharf die Einflüsse aus Eltern, Verwandtschaft, Lehrerschaft, Pfarrern, also der vorherigen Generationen und aus der Peergroup, Mitschülern und Mädchen, nicht exakt trennen lassen, so folgt dieser Text doch prinzipiell dieser Abfolge. Der Scheinwerfer beleuchtet also nun den zweiten Einflussbereich. Wieder gehe ich nicht streng chronologisch vor, denn in den Erinnerungen sind die Überlappungen und Verwischungen stärker als die saubere Sortierung. War erst die Tanzstunde und dann der Englandaufenthalt oder umgekehrt? Die Tanzstunde war jedenfalls einschneidender, weil mit ihr die lange Beziehung zu einem Mädchen namens Susanne B. begann, die sich bis in die Bundeswehrzeit hinzog.

Die Leit-Erfahrung, kalauernd könnte ich auch von Leid-Erfahrung sprechen, ist folgende: Die erste große Liebe war nicht völlig, aber letzten Endes doch einseitig. Die Bemühung um Ersatz war zeitintensiv, scheiterte aber an dem Schielen auf die große erste Liebe, obwohl ich mich mit sprachlichem Aplomb davon wegbewegen wollte. Mehrmals und immer vergeblich.

Ich begann mein Studium nahtlos nach der Bundeswehr im Herbst 1968, da war ich 21, fast 22. Und ich war immer noch Jungfrau. Heute muss man sich dafür fast schämen. Man würde sich nicht trauen, dies im Freundeskreis zuzugeben, weil man befürchten müsste, der Einzige unter 100 zu sein und möglicherweise ein Fall für den Psychiater. Über die Schäden, die insbesondere über das Netz entstehen, wo jedem jeder pornografische Zugriff möglich ist, ließe sich nachdenken. Aber welche Schäden entstehen, wenn Triebe nicht ausgelebt oder wenn – Thema Selbstbefriedigung – nur mit schlechtem Gewissen? Und wenn diese Haltung in Übereinstimmung mit den (unausgesprochenen) Vorgaben des Elternhauses stand? Gesellschaftlich gab und gibt es Wellenbewegungen. Die Angst vor Aids war der erste Bremser nach der vielgerühmten sexuellen Befreiung, die auch meine Befreiung war. Aber diese Geschichte wird hier nicht erzählt, sondern die vielen kleinen Begebenheiten aus dem Leben eines jungen Mannes, den es in die große weite Welt der Liebe zog, der sich aber immer mal wieder doch nicht traute, auszubrechen.

Eine Silvester-Feier im Keller der evangelischen Kirche war nicht der ersehnte Wendepunkt. Leser mehr als ein halbes Jahrhundert später bemerken natürlich, dass zu jener Zeit am Anfang eines Abends noch Abstand gewahrt wurde – man siezte sich – und am Ende des Abends gab es vielleicht ein paar Küsse. Dazwischen ein nervender Diakon. Jedenfalls dann, wenn die Party in der Kirche stattfand.

Am 4.1.1966 berichte ich über eine Silvesterparty im Gemeindekeller der Titus Kirche: *Abklatschen. Geht gut. Christiane verzieht sich für den Rest des Morgens. »Sag doch du«. Henning, denke ich, lass dich nicht wieder so schnell begeistern. Wir lächeln. Wir verstehen uns, wenn wir lachen. Nur zwei kurze Küsse auf trockene Lippen. Dadurch wird die Liebe nicht zerstört.*

Wenn man sich diese Textstelle anschaut, kommt man ins Grübeln. Ab wie vielen Küssen wird die Liebe zerstört? Ich hatte mir vorgenommen, mir selber gegenüber gnädig zu sein. Aber wundern wird man sich doch dürfen.

SEXUELLE ABWÄGUNGEN

Landheimaufenthalte, Andeutungen von Freunden und die in einem Aufklärungsbuch gemachte Erkenntnis, dass rund 98 Prozent der Jungen onanieren, gaben mir Sicherheit, sodass wahre Skrupel nur noch einsetzen, wenn ich mit Hartmut zusammen bin. Die Skrupel bestehen darin, dass ich mich frage, ob ich homosexuell veranlagt bin. Vance Packards Behauptungen, Angehörige einer soziologisch gesehen höheren Klasse seien im Gegensatz zu der Arbeiterklasse erstens Zungenküsser, zweitens Brustgenießer, drittens bevorzugen Liebesakte nackt, viertens onanieren länger (da wir später heiraten). (7. Oktober 1964)

In einem frühen Tagebuch von 1962 finden sich mehrfach die Überschriften »Übe Selbstzucht« und »Onaniere nicht«. Die Eltern hatten über dieses Thema nie mit mir gesprochen. Aber es war klar, was sie dachten. Die Seele soll keinen Schaden nehmen. Einmal hat mich mein Vater beiseite genommen und wollte mich aufklären. Das war beiden peinlich und ich stoppte seine Versuche mit dem Hinweis, ich wisse Bescheid. Das stimmte zwar nur ein bisschen, aber Konrad war froh, dass das Thema besprochen war.

Tanzstunde, der (Fehl-)Start mit Susanne

Endlich findet Henning ein Mädchen, das er begehrt. Doch wenn die Begehrte ihrerseits nicht begehrt, gibt es zwei Möglichkeiten: Abdrehen oder Durchhalten. Im Fall von Susanne hatte ich mich fürs Durchhalten entschieden.

Im Herbst begann die Tanzstunde. Damit habe ich in meinem Leben später noch einige Male begonnen und jedes Mal war es ein Desaster. Tanzen vermittelt mir in aller Deutlichkeit, dass ich mich taktfrei und ungelenk zu schöner Musik bewege und somit von meiner Partnerin allenfalls Mitleid erwarten kann.

Die Inhaberin der Tanzschule, Else Franke, klein, dick und alt, hatte mich sofort auf dem Kieker. Sie holte mich auf die Tanz-fläche um den anderen zu zeigen, dass sie auch mit den hartnä-ckigsten Fällen klarkommt. Das war schön für sie und schlecht für mich. Schon der erste Eintrag verrät die fehlende Begeisterung des Schreibers: *Die erste Tanzstunde und auch die zweite sind vorüber.* Der Eintrag ist von Ende September 1963. Ich hatte im Sommer in England trainiert und sah mich besser gerüstet für das »Abenteuer Frauen«. Später geht es in den Berichten vor allem um die sonn-täglichen Tanztees, wo man üben sollte und auf Blues hoffte. Der Blues war die Chance, möglichst viel vom weiblichen Körper zu spüren. Und sich Hoffnung auf mehr zu machen.

Wenige Wochen später findet sich ein Eintrag, der den Tage-buchschreiber die folgenden Jahre beschäftigen würde: *Susanne B. in Hannover Kirchrode.*

Susanne hätte die Frau meiner Jugend werden können, sie wurde und blieb die Frau meiner Sehnsucht. Es war wie ein Theaterstück. Erster Akt Anpirschen, zweiter Akt Erfolg, der sich als Missverständnis herausstellt. Zum 3. Akt würde der Kritiker schreiben, hier verlor der Dichter den Faden. Aber das Leben ist widersprüchlicher als ein sorgsam aufgebautes Theaterstück. Eigentlich ging es immer mal mehr rauf, mal mehr runter. Bei »runter« wollte ich ihr und mir beweisen, dass es attraktive Alternativen gäbe, zum Beispiel die entgegenkommende Babsi oder die blondmähnige Ria. Ich konnte mich aber nicht überzeu-gen und nahm halt einen neuen Anlauf beim Original.

Ich hatte mich gleich in Susanne verguckt, sie sich aber nicht in mich. Im Prinzip blieb es dabei. Meine Begeisterung äußerte

sich in langen Telefonaten, damals durchaus unüblich (bei Fern-
gesprächen ohnehin) und in Briefen. Im direkten Umgang war
ich schüchtern, was ich mir als gutes Benehmen schön redete.
Zwischenzeitlich warf ich ihr vor, mein Werben nur zu genießen,
aber nicht ernst zu nehmen. Oder sie sei kalt. Immer hoffte ich,
sie würde mich widerlegen.

Susanne beschäftigte mich bis in die Bundeswehrzeit hinein. Später habe ich sie einmal getroffen, sie war Therapeutin
geworden, beruflich erfolgreich und privat kinderlos in einer
Beziehung. Erneute Versuche, mit ihr in Kontakt zu kommen,
scheiterten 2022. Mich hätte ihre Sicht der Dinge nach so langer Zeit doch sehr interessiert. Ich fand ihre Adresse, privat und
beruflich. Privat kam das Besetztzeichen, beruflich wurde nicht
abgehoben, auch kein Anrufbeantworter, ein Brief kam zurück.
Gewissheit brachte erst eine Anfrage im Einwohnermeldeamt
Salzhausen. Man dürfe auf eine telefonische Anfrage keine Aus-
kunft geben, sagte die nette Dame vom Amt korrekt, aber ich
solle doch mal raten. Ist sie gestorben? Die hilfsbereite Sachbe-
arbeiterin – die Mitarbeiter städtischer Verwaltungen in klei-
neren Einheiten sind so viel unkomplizierter! – bejahte meine
Frage.

TANZSTUNDENMISSWAHL

Bei der Tanzstunde gibt es zwei schwierige Momente, nämlich
die Wahl der Partnerin zum Mittel- und zum Abschlussball.
Damals war es jedenfalls so, dass der Junge zu fragen hatte, ob
das Mädchen gewillt sei, mit ihm zum Ball zu gehen. Eigentlich
ging es nur um den ersten Tanz und zuvor um einen Besuch bei
den Eltern des Mädchens. Man stellte sich vor, brachte einen
Blumenstrauß mit und bemühte sich um ein gewinnendes Auftreten. Aber gefühlt war die Wahl der richtigen Partnerin fast
wie ein Heiratsantrag. Nun gab es mutige und weniger mutige Herren, ich gehörte zu den weniger mutigen. Die Mutigen
hatten schon längst die Erwählte gefragt und keinen Korb bekommen.

Wie denn auch, die Mädchen hatten ja kaum Entscheidungs-
raum. Für die Jungen, die noch nicht gefragt hatten und für die
Mädchen, die noch niemand gefragt hatte, kam dann die Ent-

Der lange, dünne junge Mann mit Einstecktuch, Schlips, Siegelring, Brille: Er sucht, ist aber froh, wenn ihn niemand findet. Der Kopf zweifelt, der Körper streikt, der Rhythmus schweigt.

scheidung in einer mehr als unerquicklichen Situation. Die Tanzlehrerin, vermutlich seit Kaiser Wilhelm im Amt, nutzte eine Tanzpause zu der Ansage, dass nun die Herren die Damen zum Ball auffordern sollten. Wir saßen auf der einen, die Mädels auf der anderen Seite des Tanzraums. Sie würde ein Startsignal geben. Daraufhin erhob man sich so schnell es unauffällig ging und versuchte, die Erwählte vor der Konkurrenz zu erreichen. Das Dumme war, dass natürlich einige wenige Damen von vielen Herren angesteuert wurden (die schönen, die noch frei waren) und man dann im letzten Moment wenn man merkte, man würde einen Schritt zu spät kommen, so tun musste, als habe man sie nicht gemeint. Susanne war zu diesem Zeitpunkt übrigens schon vergeben, jemand war cleverer gewesen und ich warf es ihr vor.

Aber auch die Ersatzfrau war weg und ich war so sauer, dass ich den Kurs verlassen wollte. Die alte Tanzlehrerin, unendlich erfahren in Tragödien dieser Art, fing den jungen Mann ein und führte ihn einer armen Übriggebliebenen zu.

BABSENS BRÜSTE

Am Ende der Tanzstunde jedenfalls wurde der unermüdliche Sucher doch ein wenig fündig. Das Mädchen hieß Barbara, genannt Babs, und zwei intensive Kuss-Ereignisse mit diesem netten Mädchen, die natürlich prompt dann auch nicht infrage kam, sind im Gedächtnis. Einmal küssten sich Babs und ich ausdauernd auf einer Parkbank, sehr zur Freude aller Mücken der Umgebung, die sich zur Stechparty verabredeten. Das musste irgendwie ausgehalten werden. Ein andermal nahm der junge Mann all seinen Mut zusammen und tastete sich zu ihren Brüsten vor. Dieses Ereignis brachte seine Glieder zum Zittern. Beim Aufstehen, mühte er sich, mit seiner Jacke seine Aufregung zu verdecken. Zur Einordnung solcher Ereignisse ist zu bedenken, dass es um mehr als bilaterale Beglückung ging, bei ihr und bei mir. So ein öffentlicher Flirt sollte Anerkennungspunkte in der informellen Gruppenhierarchie bringen, auch wenn die Liebesbeziehung dann doch nicht auf einzig und ewig angelegt war.

Lotti Weiß ging vorbei und murmelte »Muss auch mal sein«, was Babs ungehörig fand. Ich sagte, dass ich ihren Namen entzückend fände, und sie sagte »So so«. Dieses stereotype So so fiel mir langsam auf den Wecker, mein Charme kam mir stumpf vor, bin ich eine Küssmaschine? Ich fühlte anerkennende Blicke aus allen Seiten des lang gestreckten Raumes durch die Dunkelheit und sie erhöhten meine Selbstzufriedenheit.

WAS WAR IHR FASZINOSUM?

Also wieder eine Fortsetzung des Versuchs mit Susanne. Das gutbürgerliche Drumherum ihrer Familie hat mir imponiert. Der Vater hatte eine gute Stellung in der Industrie, die Mutter strahlte runde Mütterlichkeit aus, Wohlwollen und Neugierde, christliche Verankerung. Sie wohnten, verglichen mit unserem Reihenmittelhaus in Hannover-Vahrenheide, im weit vornehmeren Kirchrode, ärgerlicherweise gerade auf der andern Seite von Hannover. Sie war Einzelkind, hatte Jahre später, als wir uns nochmals trafen, viel zu tun mit ihren alternden Eltern. Der Familienzusammenhalt war eng. Sie strahlte ein Selbstbewusstsein aus, das mir fehlte. Sie erschien mir diszipliniert, wertorientiert, Kopf gesteuert, aber gleichzeitig vermutete ich unter der Oberfläche viel Temperament. Das wollte ich gerne spüren. Die Chance auf einen Tsunami gar. Aber dann war sehr früh die Rede von ihrem Freund namens Harald. Wie tief ging die Freundschaft, wie weit vor allem? Hatte ich eine Chance, ihn auszuspannen? Oder spielte sie das Katz-und-Maus-Spiel mit ihrem hartnäckigen Verehrer? Warum hat sie abständige Nähe zugelassen, nachdem sie die nahe Nähe abgelehnt hatte? Jedenfalls fesselte dieses Ungewisse. Ich ließ nicht ab.

Und dann war ich im Glück!

Das Tagebuch – Schreiber werden zustimmen – füllt sich nicht gleichmäßig, sondern in Schüben. Auf der Spitze der Schübe stehen zwei Wörter: »Glück« und »Verzweiflung«. Hier die Glücksspitze: Als ich ihr vorwarf, mir gegenüber kalt zu sein, antwortete sie schriftlich mit einem Zitat, das es in sich hatte: »Auch eine Granate ist vor der Explosion kalt (Maurice Chevalier).«

Und dann war ich ganz knapp vor dem Ziel meiner Wünsche. Dachte ich jedenfalls. Eine Party mit Küssen. Endlich. Kaum war ich zu Hause, setzte mir die Euphorie zu. Besser ich hätte geschwiegen, aber nein, ich schrieb ihr einen Brief des mitternächtlichen Überschwangs:

(Brief vom 19. September 23:45 Uhr) *Ich liebe dich, Susanne. Sag ja, Susanne. Ich liebe dich. Sei meine Freundin. Ich stehe vor dir nun und habe Sehnsucht, blanke Sehnsucht. Liebe. Liebe.*

(Nächster Morgen im Tagebuch) *Es ist jetzt 4:30 Uhr am 20. September. Ich habe nicht schlafen können. Die ganze Nacht lag ich im Wachtraum, sah Bilder von, mit und über Susanne. Susanne ich bin immer noch fassungslos über mein Glück. Zwei Jahre »Vorbereitung«. Zynismus, Sarkasmus, Hochmut: weg, weg, alles war weg. Mich packt ein unbändiger Besitzerstolz – die Eitelkeit scheint mit der Liebe untrennbar verbunden. Ich schreibe dir so gerne, aber nun, da wir uns küssten und ich dir sagte, wie sehr ich dich liebe, schreibe ich dir noch lieber. Wir haben, so schrieb ich am Sonntag in mein Tagebuch, uns unsere Liebe ehrlich verdient. Ich hoffe, dass dieser Brief*

*dich nicht in seiner Gewalt abstößt.
Ich kann nur inständig hoffen, dass
du mich genauso stark liebst, wie
ich dich liebe.*

Sie antwortete postwendend.
Ich habe den Brief im Tagebuch
gefunden, freundliche runde
Buchstaben mit grüner Tinte, in
der Sache aber eindeutig:

*Was du mir (an-)bietest, ist ja
eigentlich der Idealzustand, den ich
mir immer erträumt habe, kann
ihn aber nicht annehmen. Es wäre
nicht nur unaufrichtig, sondern ge-
mein von mir, spielte ich dir Gefühle vor, die nicht vorhanden sind.
Henning, glaub mir, es tut mir so leid, dass ich mich am Sonnabend
nicht beherrscht habe, sondern dir neue (und daher auch berechtigte)
Hoffnungen machte.*

Ein abgewiesener Liebhaber kann sich in einen Zornnickel
verwandeln oder so tun, als wäre es ihm nie ernst gewesen. Ich
wählte den dritten Weg: Dann soll es eben kulturell-kamerad-
schaftlich weitergehen. Wobei hinter solchen Angeboten der
offiziellen Abstandswahrung stets die Hoffnung steht, vielleicht
klappt es ja doch noch. Die Entzündbarkeit bleibt. Im Tagebuch
finden sich grundsätzliche Bemerkungen über Leben und Liebe:

*Meine Generation hat die verpfuschte Jugend ihrer Eltern vor Au-
gen und will das nicht, will Vergnügen und Freude. Geld dazu ist da.
Die Moral sinkt nicht so beängstigend, dass wir irgendwelcher eiser-
ner Apostel bedürfen.*

Immerhin lässt sich festhalten, dass ich damals – zumindest in-
tellektuell – begann, mich aus meiner Körperangst zu befreien. Ich,
der ich mich eben noch zum Moralapostel aufblies, meinte nun,
man brauche keine Wächter. Wobei der Begriff »eiserne Apostel«
bisher nicht Eingang in die deutsche Sprache gefunden hat. Aber
man ahnt das Gemeinte. Schon einen Tag später wird erneut zu
intellektuellen Ufern abgehoben, die Angebetete fest im Visier:

*Staunen wir doch einmal. Ist es nicht seltsam, dass wir gerade jetzt,
im 20. Jahrhundert, mit der Atombombe, dem Mondflug leben, dass wir*

Deutsche sind, evangelisch, an Gott glauben (wir bilden es uns jedenfalls ein). Wie jung wir jetzt sind! Wie gesund und kräftig! Wer fertig ist, dem ist nichts recht zu machen. Ein Werdender wird immer dankbar sein. Ich hatte nichts und doch genug: der Drang nach Wahrheit und die Lust am Trug. Gib ungebändigt jene Triebe, das tiefe schmerzensvolle Glück, des Hasses Kraft, die Macht der Liebe, gibt meine Jugend mir zurück.

Der Mann ist zu diesem Zeitpunkt 18 Jahre alt und will Jugend zurück. Was ist das denn? Trakl? Dass Susanne ihn wenige Tage vorher abgewatscht hatte, hat ihn in seinem Eifer nicht gebremst. Immer wieder dieses Schwanken zwischem kraftloser Niedergeschlagenheit und kräftigem Selbstbewusstsein. Kurzzeitige Irritation weicht neuem Elan. Resilientes Zucken: Voll Stolz werden die Ämter aufgezählt.

Telefonierte mit Susanne. Bin etwas niedergeschlagen: Sie sagte ohne Ironie, sie finde mein Geschreibe nicht so überragend: gewollte Ironie. Reißt mich etwas aus meinem Hochmut als Leibnizer-König (auf recht sicherem Stuhl) und Jugend-Presseclub-Oberschreiber und »wir Schüler«-Mitglied. Hat sie Recht? Mehr wissen, besser schreiben! Ich stecke schließlich noch in den Anfängen, das Feuer ist in mir entzündet. Brennholz besteht aus Neugierde, schreibe gegen die Müdigkeit, Liebe zur deutschen Sprache. Reicht's?

Wir lernen: Die Fußballbegeisterung hatte viel Lebenszeit eingenommen, nun war sie abgelöst durch die Mädchenbegeisterung. Der Unterschied ist gravierend. Beim Fußball kann man sich nicht vorwerfen, dem Wunsch nach Beteiligung, ob als Spieler oder ob als Zuschauer, nicht zu folgen. Aber wie beteiligt man Mädchen an seiner Sehnsucht? In den Halb- oder Wachträumen werden Lösungen angeboten. So wie in Filmen: Es regnet, die Angebetete kommt unter den Schirm. Oder: Unabsichtlicher Zusammenstoß im Bus, man entschuldigt sich, man lächelt sich an, sie (sic!) gibt dir ihre Telefonnummer.

FRAUENBILD ALS LAST

Das Kuriose ist, dass ich zu jener Zeit ein Frauenbild in mir trug, nach dem – wie in der Tanzstunde bei der Aufforderung zum Ball – der Mann der Aktive ist und nicht die Frau. Die Sehnsucht aber war die nach einer aktiven Frau. Die wenigen Male, bei denen Mädchen unverhohlen ihr Interesse bekundet hatten, fanden aber kein gutes Ende; ich verzog mich irritiert. Und wendete mich wieder der Unerreichbaren zu:

Am Sonntagnachmittag war ich mit Susanne im Wilhelm Busch Museum, wo die Sonderausstellung »typisch deutsch (?)« gezeigt wurde. Der Titel ließ Vati Übles wittern, denn er ist ein Anhänger der Meinung, dass die Deutschen immer ihr eigenes Netz beschmutzen, was furchtbar wäre und beendet werden müsse. Wie alle Ansichten hat auch die(se) Meinung zwei Seiten. Jeder lebt für sich und keiner für den anderen. Wir sind ein Volk von Egoisten, wobei manche sich noch streiten, ob wir überhaupt ein Volk sind. (22. September 1964)

Der Eintrag zeigt: Susanne wird nach wie vor Kultur geboten. Die Voreingenommenheit des Vaters wird abgefangen durch den Hinweis, jede Meinung habe zwei Seiten. Die zweite Seite wird aber nicht benannt, stattdessen wird ein Vorurteil formuliert, dass vermutlich von der väterlichen Ansicht in dieser Sache kein Jota entfernt ist.

Und dann, einige Aktivitäten mit Susanne später, Ausflüge in die Evangelisation eingeschlossen, wo, wie ich an anderer Stelle schildere, einem jungen Mann (nämlich mir) Sünden eingeredet wurden wie einem katholischen Priesteramtsanwärter, kam die klare Ansage der unerreichten Freundin

Bin völlig deprimiert. Ich hätte Susanne haben können, mein Wunsch hätte in Erfüllung gehen können, meine Sehnsucht, das Fühlen eines Jahres, alles hätte ... Sie hat wieder einen Freund. Du bist in deinen Briefen ganz anders. Hast so schön geredet. Es reicht nicht, immer nur zu Vorträgen und in Museen zu gehen. So sagte sie. Sie liebte mich und ich sie und ich hatte Angst vor meinem eigenen Mut. Wo dir der Mut fehlte, warfst du mir Kühlheit vor. Du musst schneller und zielbewusster werden.

Zum Jahreswechsel 64/65 folgt eine Zwischenbilanz. Der Tagebucheintrag bringt Hochhuth, Nacktbaden und Nationalgefühl in einem Absatz zusammen. Am Anfang geht es um Küsse und am Ende auch. Der Schreiber zeigt sich unerschrocken angesichts der zunehmenden Differenzierung der Welt.

Ich weiß, Küsse sind nicht die Welt, ich weiß, ich sollte von Hoch-huth, Camus, von meiner Meinung zu Thomas von Aquin, zur Schul-reform, zum Nacktbaden und zur Hundehaltung schreiben, vom Auschwitzprozess und Chinas Atombombe berichten, von Passier-scheinen in Berlin und Unruhen im Kongo, vom eigenwilligen de Gaulle und den unnachgiebigen Deutschen, die reich sind und kein Nationalgefühl haben oder von den Rentnerbesuchen von drüben, von den armen Schwestern und Brüdern jenseits von Stacheldraht und Mauer, wie es immer so schön heißt. Aber nein, aber nein, für ihn ist seine Welt am wichtigsten, er schreibt von Ria, Ille und Susanne, von Küssen und keinen Küssen. Später wird er gähnen und sagen, das hat er geschrieben? (3. Januar 1965)

Ich mag das Zitat aus dem Tagebuch, weil hier elegant ein-gespielt wird, der Verfasser könnte viel mehr schreiben und viel-leicht auch viel interessanter, aber er will es eben nicht, denn die Mädchen, die Mädchen, die Mädchen sind es, die ihn interessie-ren. Ich will jetzt die Mädchen, die in kurzen Abständen auftau-chen, immer mit der großen Hoffnung verknüpft, diese könnte es sein, hier nicht weiter charakterisieren. Es sind im Tagebuch ermüdende Passagen. Probieren geht über Studieren, heißt es. Er ist diesem Satz gefolgt. Ladehemmung erhöht den Druck und schafft Dynamik.

S. bleibt lange das Mass der Sehnsucht

In den Tagebüchern finde ich 35 Einträge mit, über und gegen Susanne. Eine lange Geschichte ohne Happy End. War dies die richtige Frau zum falschen Zeitpunkt, die falsche Frau zum rich-tigen Zeitpunkt oder die richtige Frau zum richtigen Zeitpunkt? Ich neige zur Option 3. Warum? Die Gesellschaft befand sich im Übergang von der Prüderie der Nachkriegszeit (die zurückkeh-renden Männer wollten die selbstbewusst gewordenen Frauen wieder einnorden, d. h. in die zweite Reihe zurückdrängen) in die wunderbare Zeit der Normbrüche.

DIE NIEDERLAGE SCHÖN REDEN, BIS MAN ES SELBER GLAUBT

Mit dem folgenden Zitat spiele ich mich als Kenner der Frauenwelt auf. Ich habe in der Nachttischschublade meines Vaters ein Aufklärungsbuch gefunden. Aha! Sie wissen möglicherweise weniger als ich. Wenigstens zum Petting kann ich mich kundig äußern. *»Mädchen werden nicht mehr geküsst; sie küssen genauso wie die Jungen«, erkläre ich den Eltern. Mutti und Vati waren der Ansicht, Küssen gehört nicht in die Öffentlichkeit. Ob ein Abend denn nur mit Schmusen gelungen sei? Das läge am Mädchen, sagte ich.*

Noch so ein Zitat des Tagebuchschreibers, der sich nun anmaßt, ein Mädchenkenner geworden zu sei. Und dann argumentiert nach dem Motto: Wenn mich keine will, jedenfalls keine, die ich will, oder ich wollte sie wollen und dann doch nicht, teile ich mit, ich wollte auch gar nicht, da stehe ich drüber. Wenn wir die Mädchen schon nicht ins Bett bekommen (einige Schulkameraden berichten das Gegenteil, einer pries uns, die wir mit dem Fahrrad unterwegs waren, die Nutzung seines Fiat 500 an), dann erklären wir doch, dies sei nun wirklich nicht unser Ziel. Vielleicht glauben wir es uns am Ende selber:

Ich denke, wir haben einen Teil unserer Sturm-und-Drang-Jahre überwunden. Die Zeiten, da wir Nachmittage hinter Mädchen her liefen, um sie am Schluss doch nicht anzusprechen, sind vorbei. Zwischenruf: Heute sprechen wir sie an, wie? Und wir sollten froh darüber sein. Mädchen plus Tanz versetzt uns nicht mehr in den Rausch wie meinetwegen vor einem Jahr. Deswegen habe ich mir gedacht, wir sollten ruhig einige Spiele wagen. So eröffnete ich gestern meine Fete, die lief dann prima ab. Motto: Aktion saubere Feten.

Wie es hinter der Stirn des Tagebuchschreibers tatsächlich aussieht, beschreibt er hier:

Hinter der Stirn? Nicht verstanden nach Marx, ein Schlag Lehrer – Hegel, sogenannte Philosophie, eine Ecke Fußball, oben auf Peter Weiss »Marat«, Büchners »Danton«, Riesmann »Die einsame Masse«, links Susanne, rechts Rosemarie, dazwischen Frauenbeine, Brüste, Haare, dann Nacht, hektische Einsamkeit, viele Phrasen, vor der Stirn eine Zeitung. So, Langbein, wenn das alles ist. Nichts in die Suppe zum Flocken, wohl doch nichts mit mehr? Verkanteter Spießer (3.2.1966).

UND SCHLUSS IST

Freundin Birgit beendet die Freundschaft. Ich weiß nicht, ob ich unter dem Liebesentzug leide oder ob es mich nur schmerzt, dass sie die Beziehung beendet hat und nicht ich. Ich tue großzügig, aber es wurmt mich doch ein bisschen, zumal, weil der Nachfolger schon feststeht. Es ist mein Freund Puck.

Dann beginnt die Zeit mit Franziska.

IM ANGSTFALL RITTERLICH

Franziska stammt aus guter Familie. Meine Eltern und ihre Mutter kennen und schätzen sich und somit ist das Wohlwollen groß und die Abwesenheiten der Oberen werden weidlich ausgenutzt. Unsere Barriere ist ein Versprechen, es nicht zum Äußersten kommen zu lassen. Das kommt meiner Ängstlichkeit entgegen. Ich kann mich ethisch stark fühlen. Und mich mal wieder im Überschwang meiner Worte baden. Lange Briefe, viel Wortgeläut. Einmal bin ich von meinen Gefühlen so überwältigt, dass ich ihr einen Antrag mache. Es gelingt mir, den wieder zurückzunehmen, ohne dass dies schon das Ende der Beziehung wäre. Es hätte so vieles gepasst. Sie ist eine durch und durch charaktervolle Frau. Wir reden viel über Heirat und auch darüber, dass wir enge Freunde bleiben wollen, wenn es mit dem Heiraten dann doch nichts werden sollte.

Irgendwann trennten sich die Wege, nach meiner Erinnerung schmerzfrei. Bald darauf heiratete sie und ich war eingeladen. Enge Freunde sind wir nicht geblieben.

6. LEHRER

IST HEUTE ALLES BESSER?

Frage an Chat GPT: »Hat sich das Lehrerbild in Deutschland in den letzten 50 Jahren verändert?«

Antwort: »Ja, das Lehrerbild in Deutschland hat sich in den letzten 50 Jahren verändert. Früher wurden Lehrer oft als Autoritätspersonen angesehen, die Wissen vermitteln und Disziplin durchsetzen sollten. Heute wird von Lehrern erwartet, dass sie nicht nur Wissen vermitteln, sondern auch als Mentoren und Berater für ihre Schüler fungieren. Lehrer sollen Schüler dabei unterstützen, ihre individuellen Fähigkeiten und Interessen zu entdecken und zu entwickeln. Auch die Rolle der Lehrer in der Gesellschaft hat sich verändert. Lehrer werden heute als wichtige Akteure in der Bildungspolitik angesehen und haben eine größere Verantwortung für die Entwicklung der Schüler und die Gestaltung des Bildungssystems.«

Die Frage an Chat GPT habe ich gestellt, weil mein Abitur mehr als 50 Jahre zurückliegt. Der Text beschreibt, was von Lehrern heute im Vergleich zu damals erwartet wird. Die Sollbeschreibung ist wohl richtig. Aber inwieweit klaffen Soll und Ist auseinander? Und: Wie groß ist der Unterschied zwischen heute und damals?

Ich kann schildern, wie wir seinerzeit die Lehrer gesehen haben und sie vermutlich uns. Und welchen Einfluss sie auf uns hatten. Auf der Basis, meine ich, lässt sich diskutieren.

DREI GRUPPEN VON LEHRERN

Aus der Rückschau gab es in der großen Zahl der Lehrer, die einem im Laufe einer 13-jährigen Schulkarriere begegnen, drei Gruppierungen: die sogenannten Lehrer alter Schule, die sich mindestens in der Unter- und Mittelstufe körperlicher Züchtigung bedienten und bei denen man nicht wusste, ob sie ihren Beruf und damit die Schüler mochten. Der Verdacht, dass es sich um alte Nazis handelte, lag nahe. Beweisen ließ sich nichts, zumal wir nicht nachgefragt geschweige denn recherchiert haben. Vielleicht vertraten sie auch nur eine Pädagogik, die schon damals zum Gestrigen gehörte. Sie waren gefürchtet. Die zweite Gruppe waren die Geschlagenen, im Weltkrieg beschädigten Menschen. Sie konnten uns nicht mehr zügeln, wie sie es wohl gern getan hätten. Wir waren stärker als sie. Sie fürchteten sich vor uns. Auch da wussten wir nur in Ausnahmefällen Näheres. Die dritte Gruppe waren jüngere Lehrer. Unter ihnen waren aber noch nicht die achtundsechziger Jahrgänge, die später nicht nur als Schüler, sondern auch als Lehrer den Schulbetrieb prägten. Sie blieben an meiner Schule merkwürdig blass. Abseits von diesen drei Gruppen gab es einzelne Lehrer, in meinem Fall einen, die einen lebenslang positiv prägten. Leuchttürme. Natürlich ist die Aufteilung in diese Gruppen nur ein hilfsweiser Ordnungsversuch.

Die gefürchteten Lehrer

Durchaus bemerkenswert finde ich, dass im Tagebuch die Provokationen der Lehrer den Schülern gegenüber keine und kaum Erwähnung finden. Man muss kein Psychologe sein, um dieser Generation von Lehrern zu attestieren, dass sie eine große Mühe aufbringen musste, um ausgeglichen und diszipliniert zu erscheinen. Zu viel düstere Vergangenheit erlebter oder ausgelebter Aggressionen waren zu bewältigen. Ausbrüche waren unvermeidlich und wurden nach meiner Erinnerung toleriert: von den anderen Lehrern, den Eltern und, vielleicht als letzte Generation, auch von uns Schülern.

Ein Erdkundelehrer schlug uns mit seinem Schlüssel auf den Kopf. Bei ihm hatten wir das Gefühl, er mag uns nicht – nicht individuell, sondern das Kollektiv Schüler. Seine Schlagtechnik bei Ohrfeigen, links anzutäuschen und dann rechts gegen die Ausweichbewegung des Schülers zu schlagen, oder umgekehrt, fanden wir bemerkenswert und ein bisschen unfair. Warum er uns schlug? Das Gedächtnis verweigert Details. Aber wenn es Lehrern nicht gelingt, die Aufmerksamkeit ihrer Schüler zu gewinnen und zu halten, nehmen sie dies nicht selten nicht sich selber sondern den Schülern übel.

Der allseits gefürchtete Lateinlehrer in der Oberstufe, Dr. Ali M., gab mir eine Strafarbeit auf. Ich setzte auf die mündliche Provokation ein Krönchen, in dem ich, im Ehrgeiz des werdenden Schriftstellers, den aufgegebenen Aufsatz auf einen einzigen, langen Satz beschränkte; Thomas Mann lässt grüßen. Bei der Abgabe meines mehrseitigen Textes beschlich mich bereits ein Gefühl zwischen Stolz und Besorgnis. M. war ein Diktator und die verstehen keinen Spaß, wenn er nicht von ihnen selber kommt (und da kam nichts). Also trog die Vorahnung nicht und dann war das Jammern groß: *Pleite! Scheißdreck! Neulich Strafarbeit bei Ali M. aufbekommen. Pamphlet verfasst in meiner Dummheit, Lehrerspitzen, nicht ernst gemeint, aber ernst genommen, außerdem Wortspielereien von verdammt scharfer, dämlich-wahrer Kritik! Bloß durch Frau Göhrs vor Direx bewahrt worden, meine Fresse, ich Doofkopp, die Doofköppe, Pickel (Tergau) meint, er fühle sich persönlich beleidigt, weiß der Teufel, warum.* (17. Dezember 62)

Übrigens habe ich es tatsächlich noch zum offiziellen Schultadel gebracht, und diese Episode hatte ich aus meinem Langzeitgedächtnis gelöscht. Sie war in der Tat weit weniger ehrenvoll als die Strafarbeit im Langsatzformat: *Nun segelten neulich der arme Wölfi und ich böse rein, als ich versuchte, eine Zeichnung von ihm als meine auszugeben. Blöderweise Plakat, also mit Schrift. Das Ende vom Lied? Maschmeyer (zweiter Direktor) und Volland: Tadel ins Klassenbuch. Schweres Geschütz (ich als Betrüger tituliert, Wölfi als Betrugsvorschubleister) wahrscheinlich – nein sicherlich – bekomme ich dazu noch einen Verweis. Böse Falle.* (27. Sept. 63)

Ich glaube, es gab da Lehrer, die nicht unfroh waren, diesen permanenten Störenfried mal kleinlaut werden zu lassen.

Ein Schulverweis ist wie eine gelbe Karte, man fliegt damit nicht vom Platz bzw. von der Schule. Die Furcht, dass es mich beim nächsten Verweis erwischen könnte, hatte ich nie. Schließlich hatte ich die Taktik geändert: *Früher war ich ein fauler Störer, nun zweifeln sie an meinem Charakter. Der Grund: ich störe, aber gemeinerweise so, dass sie mich nicht erwischen können.* (15. November 63)

Wir haben die Folgen der Beschädigung erlebt, aber ebenso wenig politisch eingeordnet wie die Sonderheiten unserer Eltern, geschweige denn uns prinzipiell dagegen verwahrt. Wir empfanden die Lehrer als schrullig und fanden es ausreichend, dies zu beobachten. Klaus-Werner Auerswald, etwas jünger als ich, berichtet von einer Ausnahme. Bei einem Lehrer hätten nicht wenige Schüler gerufen »Der Homo kommt«. – Damals war Homosexualität ja noch strafbar (offiziell bis 1994) und derartige Ausfälligkeiten zeigen, wie taktlos und erbarmungsfrei Schüler sein können, – feige aus der Menge heraus.

Wir haben über die einen Lehrer gesagt, das ist ein alter Nazi (zum Beispiel von einem Turnlehrer, der uns mit dem Tau auf den Rücken schlug) und von anderen, die hätten wohl kräftig Schaden genommen.

Bei dem Sportlehrer war noch bemerkenswert, dass er Hochsprung gerne über die Reckstange üben ließ und das Maß des Einsatzes benotete, nicht wie üblich das Ergebnis. Wer beispielsweise im Sport eigentlich leistungsschwach war, aber den Mut hatte, sich an der Reckstange das Knie aufzuschlagen oder mit voller Kraft gegen den Kasten zu rennen (anstatt ihn zu überwinden), konnte mit einer guten Note rechnen. Wir fanden diese Form der Gerechtigkeit nicht fragwürdig.

Eines Tages ließ er unseren erstrangigen Raufbold U. R. vortreten. Der hatte einem Schüler aus der Klasse über uns das Nasenbein eingeschlagen. Wir vermuteten, dem U. R. würde nun Ähnliches durch den Sportlehrer geschehen. Nichts da. Er wurde gelobt, weil er sich gegen einen älteren Schüler durchgesetzt habe. Richtig war, dass der Gegner unseren Mann schon so im Schwitzkasten hatte, dass er auf einmal Angst bekam, dem R. könne die Luft weg bleiben. Deswegen ließ er etwas locker, was sich als Fehler erwies. Was der Sportlehrer nicht bedachte, war, dass R. ein Sitzenbleiber war, also mitnichten jünger als sein Gegner.

Ein unwesentlich jüngerer Mitschüler von mir, späterer Schulsprecher, Joachim Freihorst, hat genauere Erinnerungen an zwei Sportlehrer, die in meiner Erinnerung zu einer Person zusammengeschmolzen sind. Vielleicht waren sie ja Brüder im Geiste: »Herr K., immer in einen braunen, wollenen Trainingsanzug gekleidet, ließ uns immer der Größe nach antreten. Herr K. liebte es, zu den Schulfesten im Eilenriedestadion ausgefeilte Choreographien mit den einheitlich weiß-blau gekleideten Schülern aufzuführen, für die vorher wochenlang geübt werden musste. Auch der Sitzfußball war regelmäßiger Bestandteil des Sportunterrichts – meine Mutter schimpfte immer über die durchgescheuerten Hosenböden. Ein anderer Sportlehrer, Herr W. (ein weißhaariger ›Arier‹ mit Schmissen im Gesicht), warf im

Schwimmunterricht im Goseriedebad auch mal Nichtschwimmer ins tiefe Wasser. Wenn im Becken zu sehr getobt wurde, warf er mit seinen Holzpantinen nach den Schülern – ab und zu wurde auch mal einer am Kopf getroffen.«

Auch Klaus-Werner Auerswald erinnert sich an diesen Sportlehrer: »Er strafte häufig/gerne mit einem heftigen Schlag seiner flachen Hand mitten auf den nackten Rücken des Schülers. Der Handabdruck leuchtete noch mindestens bis zum Ende der Sportstunde.«

Kurt Appaz, der sich acht Jahre später erfolglos an der gleichen Schule am Abitur versuchte, schildert den Sportunterricht so: »Die Sportstunden liefen alle nach dem gleichen Schema ab. Zunächst mussten sie 10 Minuten im Kreis hintereinander her durch die Halle rennen, danach wurde Sitz-Fußball gespielt. Appaz fand Sitzfußball von Anfang an einfach nur albern. Er versuchte, möglichst unauffällig auf der einmal eingenommenen Position zu bleiben und darauf zu warten, dass der Ball zufällig in seine Richtung rollte. Aber Zint »erkannte solche ›Drückeberger‹ sofort und benutzte seinen Schlüsselbund, um mit einem gezielten Wurf Appaz und andere ›Weicheier‹ zu mehr sportlicher Leistung anzustacheln.«[31]

Der Sportunterricht war also offenkundig das Fach, in dem sich nicht die besten, sondern die rabiatesten Pädagogen betätigten, ungebremst durch Vorgesetzte, Kollegen oder Eltern, wobei einer der beiden Lehrer uns auch Englisch beibringen wollte. Auch wer kein Englisch konnte, merkte: Dieser Lehrer beherrschte die Sprache nur mäßig.

Ich bekam in der Oberstufe einen neuen Mathelehrer. Doch meine kurzfristige Hoffnung auf Verbesserung erlitt einen herben Rückschlag, als dieser Herr M. einen ernstgemeinten Beitrag von mir mit den Worten quittierte: »Ich danke Ihnen für Ihre blöde Bemerkung.«

Die Lehrer, die sich (vermutlich) vor uns fürchteten

Man könnte das Erlebnis aus der 4. Klasse Volksschule in Hannover – ich war in der 3. Klasse vom Dorf in die Stadt gezogen (worden) – im Nachhinein nicht ganz ernsthaft als einen Beitrag zum gewaltfreien Widerstand kennzeichnen. Das war die Edenschule in der gleichnamigen Straße. Nur Jungen. Unsere Klassenlehrerin, ein Fräulein Janotte, heiratete und wechselte ihren Namen. Sie hieß nun Frau XY. Darüber mussten wir jedes Mal lachen, wenn wir den neuen Namen sagen sollten. Die Lehrerin lachte nicht. Unsere alberne Zeit begann gerade, ihre lag in der Vergangenheit. Wir lachten viel und die Erwachsenen verstanden das nicht.

Wer das Losgelache abstellen wollte, hätte sich diesen Versuch besser erspart. So wie die besagte Lehrerin, die mir eine knallte, weil ich etwas Witziges gesagt hatte, ich nehme an, es ging mal wieder um ihren neuen Namen. Darüber musste ein Mitschüler lachen. Auch er bekam eine geknallt. Das versetzte mich umgehend in größte Heiterkeit. Also kriegte ich wieder eine. Ich weiß nicht mehr, wie oft es hin und her ging. Ich weiß nur, dass wir am Ende immer noch guter Laune waren und die Lehrerin dem Anschein nach an ihrem Beruf zweifelte. Die Lachzeit überstand übrigens die Unterstufe und ragte in die Mittelstufe hinein.

Beim früheren Fräulein Janotte hatten wir keine Kriegsbeschädigung festgestellt. Bei unserem Musiklehrer im Gymnasium aber schon. Von ihm hieß es, er sei im Bombenhagel in Danzig mehrere Tage verschüttet gewesen. Er gehörte nicht zu den Schlägern und doch hat er in einem Fall ein aus heutiger Sicht kritikwürdiges Vorgehen gegenüber einem freilich besonders obstinaten Mitschüler gewählt, indem er ihn gepackt und in einen stabilen Papierkorb versenkt hat, so richtig mit Nachdrücken. Bemerkenswert auch, dass eben dieser Musiklehrer uns auf dem Klavier Melodien vorspielte und dabei die Deutschland-Hymne einflocht. Wenn die erklang, mussten wir aufspringen. Ich bin einige Male zu früh gestartet. Der Fehler wurde geringer bewertet als im falschen Moment sitzen zu bleiben. Wiederum: Nachgefragt, was das soll, haben wir nicht.

Und dann der Religionslehrer, der viel schwitzte und zwischendurch immer wieder Pillen zu sich nahm. Er war ein spürbar schwacher Mensch und wir haben dies nur sehr begrenzt ausgenutzt. Ich zum Beispiel fand es ungerecht, in Religion keine 1 zu haben. Das habe ich dem Lehrer gesagt und dabei geschluchzt. Da hat er mir eine 1 gegeben und ich habe mich meiner Methode geschämt.

Dieser Lehrer, nennen wir ihn Herrn K., hat uns eine Geschichte erzählt. Sie spielte in den letzten Kriegstagen. Herr K. hatte eine Gruppe zu führen, vielleicht war er Offizier. Sie waren auf der Seite eines Flusses und die Brücke lag unter Beschuss. Sie mussten die andere Seite erreichen, und Herr K. als Verantwortlicher wusste, dass diese Überquerung Tote und Verwundete in seiner Gruppe fordern würde. Andererseits würden sie in russische Gefangenschaft kommen, wenn dies nicht gewagt würde. Er hat uns das Dilemma dieser Entscheidung vor Augen führen wollen. Wir haben gespürt, dass diese Situation Herrn K. als einem religiösen Menschen sehr nachgegangen ist. Offenbar fühlte er sich verantwortlich für die Menschen, die dieses von ihm befohlene Manöver nicht überlebt haben. Er hat uns diese dramatische Brückengeschichte wieder und wieder geschildert. Als wollte er von uns, den Schülern, die vom Krieg nichts mitbekommen hatten, zumal die Väter und Mütter weitgehend schwiegen, Absolution erhalten. Eines Tages hörten wir, Herr K. sei gestorben. Er kann nicht sehr alt geworden sein. Verwunderlich fanden wir, dass einer der gefürchteten Lehrer der Schule, der schon genannte Dr. Ali M., wie sich nun herausstellte, sein engster Freund war und die Trauerrede hielt.

Harmlos waren die Klassenlehrer der Unter- und Mittelstufe. Nach der vierten Klasse kam ich nach einer Aufnahmeprüfung auf die Leibnizschule. Wir waren 42 Kinder und unser erster Klassenlehrer hieß Herr K.. Wir zählten seine »Ä's« mit und kamen in einer Unterrichtsstunde auf mehr als 100. Wir zählten halblaut und ahnten, dass wir ihn verletzten.

In der Mittelstufe unterrichtete uns unser neuer Klassenlehrer in Mathematik, Herr V. Der rauchte Pfeife und ließ uns im Landschulheim qualmen. »Was ist das denn für ein Rauch da vorn?« fragte er bei einer der obligaten Waldwanderungen in gespielter Harmlosigkeit. Das mochten wir. Aber natürlich hatten wir auch in der Mittelstufe unseren Spaß. Beim gleichen Lehrer hatten wir auch Physik. Ein Versuch bei meinem Vordermann klappte nicht. Der Lehrer wurde gerufen. Er mühte sich und war ratlos. Es dauerte lange bis er merkte, dass jemand den Stecker aus der Dose gezogen hatte. Der Lehrer schaute lange in meine Richtung; der Schuldige wurde nicht gefunden.

Meine Lust auf Schule war insbesondere in der Mittelstufe alles andere als vorhanden. Ich notierte am Schluss der Ferien etwas theatralisch: *Tage voller Freiheit, Schönheit liegen hinter mir. Jetzt beginnt die Schule wieder voll, hart und grausam.* (24. April 62)

Wenige Jahre später verändert sich die Sicht auf die Schule: *Einige Tage und wir toben wieder zur guten, alten, verfluchten Schule, die ich gleichermaßen liebe und hasse.*

Schule bedeutet nicht immer freundliche Koexistenz zwischen Lehrern und Schülern. Schüler spüren die Macht ihrer Lehrer. Das mag den Lehrern Freude machen. Das gilt aber auch umgekehrt, wenn Lehrer die Macht der Schüler spüren. Wohl auch noch in der Mittelstufe fand die »P«-Geschichte statt: Wir hatten eine Zeit lang nach dem Tod des K. einen aus unserer Sicht ältlichen Religionslehrer. Er war aus der DDR gekommen und musste wohl wegen fehlender Altersversorgung weiter unterrichten, so hieß es jedenfalls. Er verstand unter Religionsunterricht die Einübung in den Glauben und war immer wieder entsetzt und empört über die respektlosen Heiden, mit denen er es zu tun hatte. Wer in der DDR Christ war, wollte es sein, auch schon als Schüler gegen alle Repressalien des Staates. Wer in der Bundesrepublik im gleichen Alter Christ war, sollte es sein. Zum Ende des Unterrichts wurde das gemeinsame Vaterunser, natürlich im Stehen, gebetet. Dirk T., direkt neben mir, murmelte das Gebet mit, und zwar alles auf »P«: »Pater Punser per pu pist pim ...« Beim nächsten Wort musste ich laut lachen, während Freund Dirk stur vor sich hin guckte. Mir tat der hilflos zornige Religionslehrer, der mich böse anging, irgendwie leid.

Wenn er zu Hause seiner Frau von seinen schrecklichen Unterrichtsstunden erzählte, dann sicher auch, wie Dieter S. seine Frage, durch was Luther die Reformation ausgelöst habe, beantwortet hatte. Es war ein sonniger Tag und Dieter, der ganz hinten saß, war im Tiefschlaf, als er aufgerufen wurde. Wir flüsterten ihm die Antwort zu und er übernahm sie eins zu eins: Die 95 Prothesen. Die Klassen-Witzbolde, bei denen ich eine führende Stellung einnahm, hatten mal wieder Grund zu hämischem Gelächter.

Joachim Freihorst hatte offensichtlich den gleichen Lehrer und erinnert sich an Folgendes: »Ein älterer Deutsch-, Geschichts- und Religionslehrer, Herr H., brachte uns die Lyrik von

Walter Flex (1887–1917) näher, noch heute sind mir die Zeilen unvergessen:

»Herr, lass' mich hungern dann und wann,
Sattsein macht stumpf und träge,
und schick' mir Feinde, Mann um Mann,
Kampf hält die Kräfte rege.«

Mit dieser Geschichte schwindet mein Mitgefühl für jenen Lehrer sowohl aus pädagogischer als auch aus protestantischer Sicht.

Im vorletzten Jahr in der Mittelstufe hatten wir den kleingewachsenen Lehrer T. in Latein und noch nicht den gefürchteten Dr. Ali M. Jener T. hatte es nicht leicht mit uns, zumal wir ihm mittlerweile deutlich über den Kopf gewachsen waren. Als er einmal mitten im Kreis seiner Schüler stand, tippte ihm einer von hinten auf die Glatze. Er drehte sich um und suchte empört den Schuldigen. Er blickte in grinsende, dreiste Schülergesichter. Die Suche war aussichtslos.

Ich habe ihn einmal konsequent erlebt, da hatten wir eine Lateinarbeit zu übersetzen, die ein Mitschüler mit »deshalb« begann. Die Übersetzung war tadellos, für diesen Schüler verdächtig tadellos. Das »deshalb« hat ihn überführt. Denn der Originaltext begann mit »itaque« und der dusslige Täuscher hatte übersehen, dass im uns vorgelegten Text dieses Anschlusswort natürlich weggelassen worden war.

Ein Biologielehrer, auch ein Herr T., ein hagerer, alter Mensch, Typ Junggeselle, wohnte zwischen den ausgestopften Tieren und einem Menschen-Skelett, so schien es uns jedenfalls. Sein Enthusiasmus für sein Fach steckte uns nicht an, aber imponierte. T. war in der Schülerzeitung übrigens mit einer zweiteiligen Serie »Blaue Ameisen« über einen damals noch seltenen Chinabesuch vertreten.

Von seinem sehr viel lascheren Biologie-Kollegen G. habe ich mir einen einzigen Satz gemerkt: »Wenn ihr pupsen müsst, dann pupst.« Alles andere sei ungesund. Diesen Satz haben wir mit Freude gehört und ihn in der Praxis oft angewendet. Allerdings wurden wir den Verdacht nicht los, dass dieser Lehrer ein Opportunist war; zu viel Verständnis für Schüler weckt immer deren Verdacht.

Andererseits ein Beispiel für die Ungerechtigkeit des Lebens: Von dem einen Biologielehrer, der sich Mühe gab, ist nichts in

Erinnerung, außer dass er sich Mühe gab. Von dem anderen Biologielehrer gibt es den einen Satz und der macht ihn für seine Schüler unsterblich.

Vertretungslehrer waren die beliebtesten Opfer. Einer versuchte uns für den Bienentanz zu interessieren. Ein Mitschüler meldete sich und bot sich an, den Bienentanz zu zeichnen. Der arglose Lehrer freute sich. Jockel H. ging an die Tafel und malte diverse Kringel und behauptete, dies sei der Bienentanz. Der Vertretungslehrer merkte, dass er gefoppt wurde und errötete. Er hatte verloren.

Mitschüler Dirk T. erinnert sich an den Namen des Lehrers und seine Vorstellung: Er heiße Soundso, aber wir sollten ihn mit Herr Doktor ansprechen. Wer sich so bei einer fidelen Klasse einführt, muss sich nicht wundern, wenn er auf den Prüfstand kommt.

Vielleicht war es sogar der gleiche Vertretungslehrer, der beim anschwellenden Bocksgesang der Schüler in seiner Panik rief »Wir sind doch hier nicht in der Judenschule«, worauf sich ein Mitschüler namens Friedberg erhob und mitteilte, er fühle sich persönlich als jüdischer Mitbürger beleidigt. Wir erlebten einen Lehrer völlig am Boden. Wir hatten bis dahin nichts vom Jüdischsein unseres Mitschülers gewusst, dessen Spur sich später gen Israel verlor.

Ideal war die Kombi: Klassenstreber Lehrern auszuliefern, die nicht durchblickten. So gab es zwei Mitschüler, die immer ganz vorn saßen und eifrig waren. Der eine war dick und hatte eine dicke Brille, der andere war spindelig. Auf Kommando schoben wir anderen unsere Knie unter die Klassenbänke, hoben diese an und setzten behutsam rückwärts. Die Klassenstreber merkten nichts von unserem Manöver, wohl aber der Lehrer, der die beiden anfauchte, sie sollten ihm nicht so auf den Leib rücken. Was für eine johlende Freude im Schülerherzen! Und wie ungerecht. Aus heutiger Sicht würde ich mich gern bei ihnen beiden entschuldigen, aber es ist zu spät. Eigentlich waren sie keine Streber, sie gaben sich nur Mühe. Beide verstarben früh.

DER LEUCHTTURM

Innerhalb der Lehrerschaft gibt es eine Ausnahme, die mich auch heute noch trotz der Widersprüchlichkeit von Person und

Mission überzeugt, das ist mein Klassenlehrer in der Oberstufe, Dr. Ernst Hagemann. Wenn einer Fragezeichen in das eherne Gehäuse meiner Erziehung, geschmiedet durch Eltern und Lehrer, gesetzt hat, dann er. Hagemann[32], der in der Oberstufe Deutsch und Gemeinschaftskunde unterrichtete, hatte eine Silberplatte im Kopf. Die muss ihm starke Schmerzen verursacht haben. Manchmal bekamen wir das mit. Mitleid hatten wir nicht, welche Schüler haben das schon. Wir wollten uns in der Klassenhierarchie behaupten (besser: aufsteigen) und dazu waren uns viele Mittel recht. Unsere Aufsässigkeit war punktuell, unpolitisch, vergnügungsgetrieben. Wir waren die Vorboten der Achtundsechziger. Erst die Generationen nach uns agierten politisch und wohl auch unbarmherziger. Hagemann wurde einige Zeit nach unserem Abitur vorzeitig pensioniert. Er soll seine Schüler nicht mehr verstanden haben und sie ihn auch nicht.

Ernst H a g e m a n n , Jahrgang 1913

Studium: Geschichte, Kunstgeschichte, Archäologie, Philosophie, Religionswissenschaft, Germanistik
Abschluß: Promotion und Staatsexamina

Publikationen: Von Berenhorst zu Clausewitz, Studien z. Entwicklungsgeschichte d. dt. Kriegstheorie, 1940
Der Nationalsozialismus, Didaktik, 1965
Zur Ikonographie des Ronnenberger „Bonifatius Portals", 1972
Annuntiatio- und Transitus-Darstellungen der Landesgalerie Hannover in ihrem ikonographischen Zusammenhang, 1973
Zur Ikonographie des gekreuzigten Christus in der gegürteten Tunika, 1974
Die Laurentiuskirche in Schwarmstedt und ihre Chorfresken; zur Ikonographie der Recapitulatio-Darstellungen, 1975

WORÜBER LIESSEN DIE LEHRER DENN NACHDENKEN?

Haben einen Aufsatz geschrieben. Die drei Themen: Erstens: Bei den Rathauswahlen bedienten sich die drei führenden Parteien folgender Wahlparolen: SPD vorn, FDP stärker, Aufruf zur Liebe – CDU. Was denkst du als angehender Jungwähler über diese Parolen. Zweitens: Die Verbraucherzeitschrift DM führte eine Umfrage durch, welche Dinge bevorzugt getestet werden sollten, wobei sich die überragende Anzahl für Küchengeräte aussprach. Wie ist das wirtschaftlich-soziologisch zu erklären? Drittens: Kein deutsches Bundesland, kein deutscher Volksstamm ist so oft Zielscheibe der Karikatur und des Spottes wie die Bayern. Wie kommt das?

Tscha, da musste sich entschieden werden. Der Tagebuchschreiber schildert seine Überlegungen:

Zum ersten Thema sagte ich mir, das ist gefährlich, weil politisch. In Niedersachsen gibt es verdammt viele SPD Anhänger. Außerdem hatte ich zu diesem Thema zu wenig, wie Dr. Hagemann immer sagt, in die Suppe zu plocken. Das zweite Thema erfordert Wissen. Nun habe ich aber leider Vance Packards Buch »Die geheimen Verführer« noch nicht gelesen und das andere, obwohl von Dr. Hagemann als auch von Dr. M. unabhängig voneinander empfohlene Vance Packard Buch »Die große Verschwendung« auch noch nicht. Beides sind Wirtschaftsbücher, das eine befasst sich mit den Werbemethoden in den USA, das zweite Buch weist auf die ungeheure Verschwendung hin, die in unserem kapitalistischen Wirtschaftssystem zu beobachten sei.

Somit kam das zweite Thema als zu anspruchsvoll auch nicht infrage, blieb das dritte Thema. Leider erfahren wir nicht, was mir dazu damals eingefallen ist und wie der Aufsatz benotet wurde. Aber wenn man sich die Themen vor Augen führt, kann man nicht sagen, dass sie leichte Kost waren.

Ich mochte meinen Deutsch- und Gemeinschaftskundelehrer mit Eintritt in die Oberstufe, aber umgekehrt ließ die Anerkennung auf sich warten. Es wäre dem klugen Mann zuzutrauen, dass er zwar meine Begabung erkannte, aber auch meine Neigung zu gefühligem Geschwafel, das bei der bisherigen Deutschlehrerin so gut angekommen war. Da konnte eine Abmahnung nicht schaden: Ich wurde für kurze Zeit in eine Gruppe von Schülern versetzt, die besondere Deutschförderung erhielten, weil sie die nötig hatten. Eine Herabsetzung sondergleichen!

In Klasse 5–10 hatten wir Frau G., immer in Deutsch, mit einem Jahr Ausnahme auch in Englisch und zeitweise in Geschichte. Sie prägte mich stark. Sie gab mir Selbstbewusstsein im Deutschen und setzte wache Kritik in mich hinein. Sie lehrte uns, nicht in den Tag hinein zu leben, sondern zu denken. Nein, eigentlich mehr zu fühlen.

Bei ihr lernte ich fühlen, etwas, das mir von Natur aus mehr liegt als das, was mein jetziger Klassenlehrer, Dr. Hagemann, mir einbläuen will (und nicht nur mir): strenge, klare, logische Gedanken fassen, sauber im richtigen Zusammenhang einander zuordnen und zu einem Ganzen formen. Der mittelgroße Mann mit dem scharfen Gesicht, den wenigen Haaren, den zu langen Hosen und dem schlapsenden Gang, der nuscheligen Stimme und den glibbrigen Händen bringt mir mehr

bei als bisher irgend ein anderer. Es fängt bei den Äußerlichkeiten an:
erstens Sauberkeit, zweitens »bzw.« vermeiden, drittens »usw.« ver-
meiden, viertens »modern« ist eine Steigerungsform, »modernst«
ist Unsinn, fünftens die Definition und Auslegung des Themas nach
Möglichkeit jedem Aufsatz voranstellen, sechstens das Wort »prak-
tisch« vermeiden, siebtens die Wörter »negativ« und »positiv« vermei-
den achtens mit dem Wort »exakt« äußerst vorsichtig operieren.
Das Kapitel Hagemann ist noch nicht abgeschlossen. Er verfolgt
mich. Er fordert meinen Ehrgeiz heraus. Sein Rotstift machte meine
hochfliegenden Deutschpläne zunichte, jedenfalls für einige Zeit;
jetzt denke ich da schon wieder anders. Oh Ernesto, erinnerst du
dich »an das beschissene Saeculum, in dem wir leben mit der hoch-
stehenden Technik und der Neandertalermoral deiner Zeitgenossen,
ihrem Fußballfanatismus und ihrer Schützenplatzliebe«, denen du
mit all deiner Weisheit fassungslos gegenüber stehst? (29. September 1964)

Interessant, auch im Nachhinein, dass dieser so besondere
Lehrer bei Themen, zu denen er eine klare, ablehnende Meinung
hatte, Vulgärsprache einsetzte. Das hat sich eingeprägt. Zum
Beispiel bei der Klassenfahrt in der Unterprima nach Bayern auf
den Spuren der Gebrüder Asam, wir mit langärmeligen weißen
Hemden und dünnen Schlipsen: *Denkwürdig Dr. Hagemann am*
schließlich gefundenen römischen Limes. Wir sind also auf histori-
schem Boden über spitze Steine mit hochmodernen dünnen Segel-
tuchschuhen bis zu den Resten eines Wachturms gelaufen und ließen
uns dort vom viel geliebten und sehr hochweisen Dr. Hagemann dar-
legen, dass jene römischen Soldaten an der Teufelsmauer wahrlich
am Arsch der Welt waren und ein solch starres Verteidigungssystem
überhaupt und zu aller Zeit auf eine beschissene Machtstellung seines
Erbauers schließen lässt.

Was für eine kluge Bemerkung, auch in Bezug auf die Berliner
Mauer; dieser naheliegende Querverweis fehlt erstaunlicherwei-
se in der Aufzeichnung.

Je näher das Abitur kam, desto unschärfer wurde die bisherige
Sicht auf politische und kulturelle Sachverhalte. Nicht eigentlich
fragwürdig, aber doch befragt.

Adolf Hitler wurde von Hagemann tief gehasst. Adolf Hitlers
Ausspruch, er sei mit Anfang 20 zu seinen Überzeugungen ge-

langt und habe diese nie mehr korrigieren müssen, sei eine abartige und gefährliche Lebenseinstellung. Auch dieser Hinweis, dargeboten mit der bei dieser Gelegenheit gebotenen vulgären Deutlichkeit, fand Eingang in meine gesammelten Lebensweisheiten.

Ideologische Verhärtung war in der Tat nicht mein Problem. Zwischen den Polen Starrsinn und Beliebigkeit lag ich immer näher zum zweiten. Die Eltern hofften lange auf mehr Beständigkeit ihres Sohnes. Allein der mehrfache Wechsel von Hobbies und Vereinen war ihnen verdächtig. Eltern macht es nervös, wenn Kinder probieren und das lange: Hobbies, Freundschaften, Berufe, Ansichten, Liebesbeziehungen, Orte. »Hier stehe ich, ich kann auch anders«, das sollte nicht der Leitspruch sein. Offenheit ohne festen Kern, das war ihre Befürchtung.

RECHTS, HALBRECHTS, MITTE, HALBLINKS – WAS DENN NUN?

Auch ein junger Geschichtslehrer brachte leichte Risse in das, was ich im Tagebuch *rechtsorientierte, konservative Adelserziehung* nenne. Dann folgt ein Argument, das auch nicht auf dem eigenen Mist gewachsen sein dürfte. Schon immer jammern Konservative, ihr Standpunkt werde nicht hinreichend beachtet: So auch ich: *Ist man rechts, so zeigt man es nicht, ist man links, so ist man modern, aufgeschlossen usw.* So wiederholt der selbsterklärte Jungkonservative die Überzeugung seiner Altvorderen, es gehe mit Linksdrall bergab. Es gibt nicht wenige, die die Gegenüberzeugung haben: Es geht mit Rechtsdrall bergab. Jede Seite behauptet, der Staat, insbesondere die Justiz, sei auf einem Auge blind. Die einen können die Ausbreitung des Kommunismus 1917 in Russland und Anrainerstaaten und nach 1945 in weiteren Anrainern anführen, die anderen den Nationalsozialismus oder den Faschismus. Es wäre die Aufgabe von Schule, Hochschule und Politik, die Besorgnisse an den Rändern, die sich zu Gegenmacht, ebenfalls antidemokratisch, aufschaukeln können, zu dämpfen und am Machtmonopol des Staates keinen Zweifel aufkommen zu lassen.

Dr. G., betriebsamer, junger Geschichts- und Gemeinschaftskundelehrer, gibt uns dauernd Aufgaben wie »Was ist Kapitalismus?«

oder über die Pressefreiheit auf, sehr interessant, aber schwierige Themen, bei denen ich oft mit meiner ererbten Rechtsstellung contra gehen muss.

Die folgende Passage ist eine der raren Ausnahmen in meinem Tagebuch: ein Aufsatzthema. Das Beispiel zeigt, dass Hagemann Aktuelles aufgriff und eine differenzierte Antwort wünschte. Mit Geschwafel kam man nicht durch.

Gruppenaufsatz bei Hagemann, Thema: »Am 23. *Februar 1966 hat sich der ehemalige Bremer Senatspräsident Kaisen, nachdem er den Freiherr vom Stein Preis empfangen hatte, in einer Dankansprache an die Hamburger Universität, in welcher er das kommunistische System analysierte, geäußert, dieses System werde immer weniger doktrinär. Diesem Abbau des Kommunismus müsse im Westen auch ein Abbau des Antikommunismus folgen, denn die Mauer des Misstrauens zwischen den Blöcken sei bedeutsamer als die Berliner Mauer. Versuche den Gedankengang Kaisens nachzuvollziehen und überlege, ob du seine Schlussfolgerungen mit nachhaltigen Gründen übernehmen oder diesen widersprechen möchtest.*« (25. März 1966)

An ein weiteres Aufsatzthema erinnere ich mich deswegen, weil ich mich hinterher geärgert habe, zu zaghaft und opportunistisch argumentiert zu haben. Hagemann wollte wissen, was von Bauernregeln, Sinnsprüchen und Ähnlichem zu halten ist. Ich kam beim Nachdenken darauf, dass es widersprüchliche Aussagen gibt, von denen dann je nach Nützlichkeit eine zitiert wird. Beispiel: »Gleich und gleich gesellt sich gern« und »Gegensätze ziehen sich an«. Die konsequente Schlussfolgerung, dass derlei Sprüche nicht wirklich weise sind und eigentlich entbehrlich, mochte ich aber nicht ziehen.

Die folgende Tagebuchnotiz aus 1966 könnte lebenslang an der Wand hängen. Als Menetekel. Oder lese ich den fatalen, klammheimlichen Wunsch nach großer Krise aus den Worten heraus? Immer wieder diese Sehnsucht nach Reinigung durch die ganz große Krise, sie ist offenbar unausrottbar verankert: *Unser Wirtschaftswunder steht zur Debatte an. Alles wird teurer. Das kann nicht gut gehen. Das muss mal schief gehen. Das wird noch ganz schön krachen.* (16. Januar 1966)

Und die neuen Lehrer?

Auch diese kommen bei Appaz nicht gut weg »Sie [die Schüler]
merkten schnell, dass die scheinbare Lockerheit ihrer neuen Lehrer kaum etwas zu bedeuten hatte. Nur die Vorzeichen hatten
sich verändert, auch die neuen waren ihren Schülern nicht gerade zugewandt und ließen ihnen kaum mehr Freiraum, eine eigene Meinung zu entwickeln oder zu äußern, als das Regime offener
Unterdrückung, das die älteren Lehrer aufrecht erhalten hatten.
Von Sympathie den Schülern gegenüber war auch bei den jungen
Lehrern nur wenig zu spüren, ihr Verhalten war geprägt von Unsicherheit und Beliebigkeit – und damit kaum einzuschätzen.«[33]

Fazit

Wollte man meine Einstellung zur Schule in Schulnoten ausdrü-
cken, dann wären die anderthalb Restjahre auf der Grundschule
mit »gut«, die ersten Jahre auf dem Gymnasium irgendwo zwischen »befriedigend« und »ausreichend« zu bewerten, sackten
in der Mittelstufe auf »ausreichend« bis »mangelhaft« ab und
würden dann am Schluss fast bis zu einem »gut« aufsteigen.
Ziemlich parallel zur Schule würde die Benotung des Elternhauses ausfallen. Diese Parallelität ist kein Zufall: Vorpubertät, Pubertät, Nachpubertät.

Ich bin mit der Vermutung in den Text gestartet, ich würde
aus einem konservativen Elternhaus stammen und sei in einer
liberalen Schule gewesen. Die Vermutung »konservative Eltern,
liberale Lehrer« hat sich beim Schreiben als falsch erwiesen.
Richtig ist, dass Eltern und Lehrer, beide geschüttelt durch das
knappe Überleben im Zweiten Weltkrieg, Autorität reklamierten
und bei Widerspruch autoritär versuchten, ihre Macht zu bewahren unter dem Vorwand, dies sei das Beste für uns Kinder be-
ziehungsweise Schüler. Dabei trugen sie doch die Brüche in sich.
Mitleid mit sich selber konnten sie sich nicht zugestehen.

Der Respekt vor Amtspersonen war in der Bevölkerung und
also auch bei meinen Eltern ausgeprägt, und Lehrer waren Amtspersonen. Dahinter steckte auch Autoritätsgläubigkeit. Lehrer
waren Autoritäten. Wer an ihnen zweifelte, sägte am Bestand
der Ordnung. So wie Schule damals praktiziert wurde, ist der Abstand zum Elternhaus geringer als ich mir dies einreden wollte.

Wenn die Eltern beim Elternsprechtag die Lehrer getroffen hatten, kamen sie zurück und hatten jede Menge Stoff, der ihnen zur Erziehung gerade recht kam. Das Merkwürdige war, dass in der Zeit danach der Stoff nicht weniger wurde, sondern ständig wuchs. Heutzutage ist eine derartige Beziehung zwischen Eltern und Lehrern nur noch der Wunschtraum der Lehrer.

Allerdings: Je näher das Abitur kam, desto mehr verfestigte sich – auch unter dem Einfluss von Lehrern, eine (leicht) unterschiedliche Sicht auf politische und kulturelle Sachverhalte. Ob es das Ergebnis des Einwirkens von Lehrern und Eltern war oder der Peergroup geschuldet oder Ergebnis eigener Denkbemühungen, sei dahingestellt.

Meine Erinnerung unterscheidet sich mindestens graduell (und dieser Unterschied ist wichtig) von der von Kurt Appaz: »Jeder Schultag war geprägt von der Angst, irgendetwas falsch zu machen, unbeabsichtigt gegen eines der zahllosen Ordnungsgebote zu verstoßen oder auch nur durch ›unpassendes Verhalten‹ wie zu lautes Lachen, zu schnelles Rennen oder zu freches Gucken die Aufmerksamkeit eines Lehrers auf sich zu ziehen.«[34] Später, beim Übergang in die Oberstufe, seien die Zeiten der körperlichen Strafen zwar vorbei gewesen, »aber die Angst vor der Willkür der Lehrer blieb. Bis auf wenige Ausnahmen waren ihre Lehrer immer noch alte Herren, für die Zucht und Ordnung nach wie vor unverrückbare Ideale waren.«[35]

Richtig ist, dass die körperlichen Übergriffe aufhörten. Wir waren ja nun auch groß genug, um uns zu wehren. Ich entsinne mich eines Falls, wo ein Schüler einen übergriffigen Lehrer mit körperlicher Deutlichkeit abwehrte. Der Lehrer traute sich nicht, den Vorfall zu melden.

Wie kann man erklären, dass der gleiche Schulalltag unterschiedlich bewertet wird? Ich sehe zwei Hauptfaktoren. Zum einen ist entscheidend, ob der Schüler ein sonniges Gemüt hat oder ein ausgeprägtes Gefühl für Unrecht – insbesondere ihm selbst gegenüber. Zum anderen, welches Bild die Lehrer vom Schüler haben. Hier kann sich ein positiver oder negativer Kreislauf entwickeln, die Noten sind gut und deswegen ist das Bild positiv oder das Bild ist positiv und deshalb die Noten gut. Analog dann der negative Kreislauf.

September 1966: Die 13d hat das Abitur geschafft.

Den Lehrern standen Methoden zur Verfügung, die ihnen heute nicht erlaubt sind. Nur noch eine Minderheit würde heute systematische körperliche Züchtigung gutheißen. Aber ist die völlige Verbannung samt Auffahren sämtlicher Entrüstungs- und Verurteilungsinstanzen notwendig, wenn ein Pädagoge mal die Beherrschung verliert? Ich habe es erlebt, dass an einem Mädchengymnasium die Eltern zusammengerufen wurden, um darüber zu befinden, wie mit einer Deutschlehrerin, einer anspruchsvollen Pädagogin, umgegangen werden solle, die eine Schülerin, die zum wiederholten Mal nicht aufgepasst hatte, mit einem Stück Kreide beworfen hatte. Mein Verständnis hatte die Frau, aber die Eltern hielten sich lange mit ihrer Meinung bedeckt und der Klassenlehrer lavierte herum.

Eine weitere Vermutung ist – auf dem Hintergrund der Nazizeit und ihrer Verarbeitung durch die Sieger (»Entnazifizierung«) – dass die Generationsverbundenheit in der Lehrer- und Elterngeneration stärker war als in den nachfolgenden Generationen, die weniger gemeinsam erlebt hatten und in denen die Individualität ein bestimmendes Merkmal war. Die überaus geschlossene und in der Form auch harsche Zurückweisung der Vorwürfe

Klassentreffen 2023: Einige konnten oder wollten nicht, andere sind verstorben.

und Fragen der 68er Generation deutet darauf hin. Es war die Solidarität der Generation der Verlierer. Die Sieger hatten ihnen verdeutlicht, dass sie militärisch verloren und moralisch allen Grund hätten, sich kollektiv zu schämen.

In den sechziger Jahren hatte sich das Land aus den Trümmern und der Hungerzeit herausgearbeitet. Doch die Hoffnung, hinterm Gartenzaun des Reihenhäuschens in Ruhe das Erreichte genießen zu können, erwies sich bald als Illusion. Zwar hatten die Siegermächte diesseits des »Eisernen Vorhangs« die Besiegten wieder in ihre Reihen aufgenommen, weil sie gebraucht wurden, aber nun rumorte es im Inneren. Etwas braute sich zusammen. Meine Generation war als Schüler die Vorhut, als Studenten nannte man sie später die »Achtundsechziger«.

Die Zeit unmittelbar vor unserem Abitur war eine große. Man traute sich zu, die Welt ein kleines bisschen aus den Angeln zu heben. Nur mal so zum Spaß. Eine genialische Zeit.

In der Schule weiter am Denken. Kant: Was ist Aufklärung? beackert. Ganz interessant, aber so idealistisch. Den Menschen aus seiner selbst gewählten Unmündigkeit befreien, das haut auch in 2000 Jahren noch nicht hin. Aber wie recht diese Leute haben, merke ich an mir: Wenn ich einen Artikel geschrieben habe, fühle ich mich, als ob ich Denkmauern durchstoßen hätte in die Freiheit. Oder wie eine geistige Dusche. Ich habe einen großen Lehrer: Dr. Hagemann, nur brauche ich später auch welche. Denn wie sagt der alte Lessing: »Genies müssen durch andere geweckt werden.« Das dürfte auch ein paar Etagen tiefer gelten.

Durch die Mauer gestoßen und schon in der Dusche gelandet, das soll erst einmal einer nachmachen.

AUF EINMAL: GERN NOCH WAS SCHULE

Hier habe ich ein Zitat gefunden, mit dem sich dieser Abschnitt gut beenden lässt. Es ist der Wunsch, die Schule würde weitergehen. Der Rest des Lebens würde später kommen. Ein Wunsch übrigens, den auch meine Mutter äußerte, das Ende des Lernens qua Schule, an der sie Anteil nahm, vor Augen.

Ich hatte mich ja schon vor ungefähr vier Jahren für den Beruf des Journalisten entschieden. Davor der Bund. Freiwillig oder nicht freiwillig? Und wo? Und was studieren? Und wo studieren? Werde ich danach überhaupt landen? Jetzt beginnt das große Zagen; ich stecke den Kopf aus der Schultür, aber draußen pfeift der Wind. Flugs ziehe ich den Kopf wieder ein, verriegele die Tür und sage »Gute alte Schule. Gerade, wo's gemütlich wird … . Immer, wenn's am schönsten ist, dann muss man gehen.«

7. Reisen

Immer wieder Priwall und die Erinnerung daran
Wohl jeder Mensch fragt sich in ruhigen Momenten seines Lebens, was ihn geformt hat. Wie kam es zu Vorlieben, Entscheidungen, Unterlassungen? Nehmen wir Reisen zum Beispiel. Ich beschränke mich auf wenige Erinnerungen.

Wer in seiner Kindheit mit den Eltern im Winter in den Bergen war zum Skilaufen, wird davon nicht ablassen. Gleiches gilt für die See: Die Lust auf weite Blicke, das Rauschen des Meeres, die Sonnenuntergänge, die Bewegung im Wasser, das alles ist eingepflanzt.

Familie Vieregge tobt in den hohen Norden Deutschlands, an die nasskalte Ostsee, auf den Priwall, wisst ihr, wo die Vopos nahe sitzen und Travemünde mit seinen Kasino- und Hotellichtern fleischliche Gelüste weckt. Dort fahren wir hin. (30. Juni 1964)

Ich kann nicht mehr feststellen, ob dieses und das folgende Zitat im gleichen Jahr geschrieben wurden oder ob es sich um zwei verschiedene Jahre handelt. Es ist auch nicht wichtig, denn die Wiederholung ist Teil der Vergnügung.

Endlich Ferien! Heute Morgen ging's los in Richtung – na, wohin soll's wohl gehen – Priwall natürlich. Wie gehabt und seit sechs Jahren. Hier kennen wir Frau Adam, die Lakritze verkauft, sehen die Zonengrenze, die uns so bekannt ist und gleichgültig wie das Gesicht der netten Toilettenfrau. Mit Argusaugen wird festgestellt, was sich seit dem letzten Jahr verändert hat. Vati unterhält sich in der ihm eigenen leutseligen Art mit den Zöllnern und wacht über die Sicherheit und sucht die Grenze nach verborgenen Vopos ab. Jeder Leutnantsstern, Händewink oder Bauer wird sorgsam registriert und ausgewertet. (2. Juli 1964)

Für heutige hastige Verhältnisse, die Urlaub einschließen, sind drei Wochen Urlaub purer Luxus. Damals hieß es, Erholung fängt erst in der dritten Woche an.

In den Anfangsjahren fuhren wir mit einem Fiat 500, dann jahrelang mit einem 2CV. In beiden Fällen reichte der Kofferraum nicht. Der Platz zwischen den Kindern wurde genutzt. Socken, Unterwäsche und Handtücher wurden unter die Sitze gestopft. Wir fanden unseren Citroën großräumig und genossen es, wenn sich der Wagen in Kurven zur Seite neigte. In Holstein noch wenig ver-

Die Eltern reisten viel. Hier irgendwo im Süden, in der Mitte Fritz Mencke, zusammen mit Muttis Cousine Inge häufige Reisegenossen.

treten, trauten Fußgänger dem Auto nicht und sprangen vom Bürgersteig zurück an die Hauswand, wenn wir um die Ecke bogen.

Der Urlaub auf dem Priwall war erwachsenenlastig. Die Eltern bestimmten weitgehend den Tagestakt, angefangen vom morgendlichen Schwimmen in der zumeist zu kalten See, flacher Beginn, langer Ausstieg, manchmal auch mit Feuerquallen. Weiter wurden Spaziergänge auf die Agenda gesetzt und Fahrten durch Holstein, immer zu den Großeltern, öfter zu anderen Verwandten und Bekannten.

Jugendgerecht wurde es mit einer Uta, derentwegen ich zur heiteren Kommentierung der Eltern freiwillig und lange in die Ostsee eintauchte, unter Wasser gab es dann vorsichtige Zärtlichkeiten. Uta erzählte von ihrem Bruder, der es mit seiner Freundin arg triebe. Ich teilte ihre Entrüstung und erst später fiel mir auf, dass ich den Wink nicht verstanden hatte.

Dann gab es noch eine weitere Fast-Freundin, vermutlich auch in der Vor-Tagebuch Zeit, deren Namen ich vergessen habe, ihren Kernsatz, der unwiderruflich Abstand produzierte, aber nicht. Er lautete: »Mein letzter Wille, ein Mann mit Brille.« Ich starrte sie an, sie mich. »Du bist nicht gemeint«, sagte sie flach, aber gesagt war gesagt.

Walburg pflegte eine Freundschaft mit einem Udo aus dem Häuschen nebenan und hat im Gegensatz zu mir in späterer Zeit daran anknüpfen können. Udo meldete sich aus Finkenwerder.

Eines der wenigen Male, bei dem ich einen Streit der Eltern mitbekam, war auf dem Priwall. Denn in einem Einraumferienhaus mit zwei doppelstöckigen Betten ohne Toilette und Badezimmer ist man dicht dran, wenn es zwischen den Eltern grummelt. Es war in der Nacht, die Eltern kamen aus Travemünde zurück und dachten, die Kinder schlafen. Ich tat auch so. Und war umso interessierter, zu hören, dass die Mutter enttäuscht von dem Ausflug war und ihren Mann dafür verantwortlich machte. Für ein Kind, das bösen Streit zwischen den Eltern nie erlebt hatte, war das immerhin bemerkenswert.

Bei Bernd Schmid, einem Therapeuten, der mich als Erwachsenen geprägt hat, finde ich folgendes Zitat, das mich an den jährlichen Familien-Urlaub auf dem Priwall, gegenüber von Travemünde gelegen, erinnert. »Wenn die offenen Fragen weniger bedrängen, wenn man sich versöhnt und trotz aller Widrigkeiten auch heiter fühlt, wenn man etwas zurücktreten und sich den Glücksmomenten des Lebens mehr öffnen und die vielen, meist kleinen Freuden genießen kann, hat man sich im Wesentlichen gefunden.«[36]

ENGLAND AUF FRANZÖSISCH

Nun waren oder sind die Engländer, insbesondere an der Frankreich zugewandten Küste, junge Leute gewohnt, die rüber schwappen, um die Sprache zu lernen. Es gab Privatquartiere und viel zu viele deutsche Jugendliche zur gleichen Zeit, in meinem Fall beim Aufenthalt in Deal noch dazu gleich viele Franzosen. Immerhin lernten wir in unseren Privatquartieren etwas Englisch.

Deal, 164 Middle Deal Road by Mrs B.O. Cowie. In Deal standen wir am Anfang rum wie verkauft und nicht abgeholt, doch nach und

> **Deal** ist eine Küstenstadt im Dover Distrikt der englischen Grafschaft Kent mit rund 20.800 Einwohnern (2011). Julius Caesar soll, als er zum ersten Mal England betrat, hier gelandet sein.

nach trudelten sie ein, unsere Eltern auf Zeit. Meine kamen bald und eine zwar nicht sehr hübsche, welche Engländerin ist hübsch? aber sehr sympathische Frau mittleren Alters, mittelgroß, Brille, gute Augen, grell geschminkter Mund. Engländer sind entsetzlich gründlich oder faul beim Schminken. Sie rief meinen Namen, worauf sich ein langer Schlacks, verlegen grinsend, erhob und auf sie zu schwankte. Ich armer Tropf ergriff einigermaßen erfreut die dargebotene Hand, wurde dem Mister Cowie vorgestellt, der mit großer Uniform wie ein General ausschaute.

Dass der junge Mann, der diese Zeilen schrieb und noch nie in England gewesen war, solch profunde Kenntniss über die Schminkgewohnheiten der dortigen Damenwelt hatte, mag verwundern.

An den Unterricht erinnere ich mich nicht. Und dann waren da noch die Französinnen. Die Kussphase in meinem Leben begann. Es war ein Durchbruch, die Freude war groß. Aber erst musste noch etwas gelitten werden. Die Beatles spornten an. Was für ein Sound!

Ich wollte, ich wäre älter oder sähe danach aus. X und Rud. schmusen. Nicht zum Aushalten. Dann zum Divitor. Dort mehr Mist gemacht als der Anstand erlaubt. So richtig blöde. International blöde.

Dann war ich im Youth Club. Komisch, habe ich mich irgendwo eingelebt, falle ich in Depression. Suche Mädchen, Freundin. Aber gestern fand ich in der Kuppelbar Deals, dem Divitor, eine Französin namens Eliane. Hoffe. Will sie heute treffen. Gott gebe, dass ich Glück habe. Wirklich. Bitte.

Später: Catherine, weg, away. Nicht weiter tragisch. Am Tag als der Schwede kam. Monique, Gaumen wundgeküsst, sie küsste ohne Erbarmen.

Also, sortieren wir mal: Mit einer Französin klappt es nicht, mit der anderen nur kurzzeitig und die dritte küsste, aber das war dann auch nicht so ganz recht. Es lag, wohlgemerkt, nicht daran, dass das Mädchen nicht mehr zuließ, das stand zu diesem Zeitpunkt gar nicht zur Diskussion. Allein, dass sie sich küssen ließ und küsste, weckte Argwohn. Ich kam aus meiner Haut nicht raus: Die Sehnsucht war groß, die Furcht, ihr nachzugeben, aber auch.

8. Seine Helmzeit: 1941-43/45

Ein überraschender Fund

Der überraschende Fund des Kriegstagebuchs und eines dazugehörigen Fotoalbums haben dazu geführt, dass ich nachfolgend mich ausführlicher mit meinem Vater Konrad im Krieg beschäftige, als ich es ursprünglich geplant hatte. Und dies unter mindestens drei Gesichtspunkten. Erstens lerne ich durch das Kriegstagebuch, was ich mit zwei Jahren Bundeswehr nicht lernen konnte, nämlich was Krieg bedeutet. Der Begriff »moderner Krieg« suggeriert, dass Krieg heutzutage etwas ganz anderes sei als im Mittelalter, wo es Mann gegen Mann ging. Richtig ist, dass sich die Waffen geändert haben, aber nicht unbedingt der Abstand zwischen den Kämpfenden und die Grausamkeit eines Krieges. Dies wirft zweitens die Frage auf, ob und wenn ja, wie die Weltkriegsteilnehmer aus dem Grauen herausgefunden haben. Als Sieger kann man sich mit Siegesparaden, Ehrungen, Beifall und Wertschätzung trösten. Man hat auf der richtigen Seite gestanden. Das Gute hat gegen das Böse gekämpft.

Bei einem USA-Besuch haben wir dazu ein Beispiel erlebt: Wir saßen in einem Bus. Ein älterer schwarzer Mann mit einer Vietnam-Veteranenkappe auf dem Kopf bestieg den Bus. Darauf sagte eine (weiße) Frau zu ihm: »Danke für ihren Dienst«. Er quittierte es mit einem Lächeln.

Die Bösen sind die Generation meines Vaters.

Mein Vater hatte von diesem Kriegstagebuch gesprochen. Ich erinnere mich an eine Bemerkung, der zufolge er mit Formulierungen aus diesem Tagebuch nicht mehr einverstanden sei. Sie seien aus der damaligen Zeit zu verstehen. Ich war davon ausgegangen, dass Konrad dieses Tagebuch vernichtet hat. Andererseits hatte es seine Mutter 1945 mit auf den Treck genommen. Der Querverweis in seinen Erinnerungen brachte mich 2022 dazu, meine Schwester nach diesem Kriegstagebuch zu fragen. Sie fand es zu ihrer eigenen Überraschung in einem Stapel ererbter Papiere.

Außerdem drängt sich drittens die Frage auf, wie heutzutage bei der Bundeswehr mit der Tradition des Militärischen umgegangen wird. Ich habe zwei Jahre unter dem Zeichen des Springenden Reiters bei den Panzeraufklärern in Lüneburg »gedient«, wie man so sagt. Also genau unter dem Zeichen, unter dem mein Vater zwischen 1941 und 45, speziell zwischen Anfang 41 bis Ende 43, dem Zeitpunkt seiner Verwundung in Russland, gekämpft hat. Hätten wir während unserer Lüneburger Zeit davon etwas erfahren sollen? Wie kann sich eine Tradition fortsetzen, die nicht mit Leben erfüllt wird? Oder ist dies die Absicht: Die Hülle ist geduldet, der Inhalt unerwünscht?

Ausbildung in Lüneburg beim Springenden Reiter

Konrad hat nach dem Abitur 1939 zunächst eine landwirtschaftliche Lehre in Schleswig-Holstein absolviert. Das war auch mit Blick auf das in Aussicht stehende Erbe Steinhausen eine gute Entscheidung. Unmittelbar nach seiner Abschlussprüfung als Landwirtschaftslehrling mit dem Gesamtergebnis »gut« bekam mein Vater einen Gestellungsbefehl zu einer Fliegerabwehreinheit in Kassel für den 5. Februar 1941. Wie man sich denken kann, hat das den Vätern (Randow, Brandenstein und Vieregge), die beiden Erstgenannten im Ersten Weltkrieg Parchimer Dragoner, nicht gefallen. Wurde Konrad eigentlich gefragt, als es den Vätern, wie er berichtet, durch Beziehungen gelang, den Sohn und Adoptivsohn zur Kavallerie-Ersatz-Abteilung 13 nach Lüneburg zu schicken? Hätte er bei der Flugabwehreinheit bessere Überlebenschancen gehabt?

Auch ich habe nicht darüber nachgedacht, als ich 25 Jahre später zu den Panzer-Aufklärern nach Lüneburg ging. Im Eingang der Kaserne sah ich den mir schon bekannten Springenden Reiter. Wir gehörten, so sagte man uns, zur Elite. Das heiße, dass der überwiegende Teil von uns am ersten Tag des Krieges gefallen oder verwundet sein werde. Ich fand dies einen gewöhnungsbedürftigen Elite-Begriff. Ich habe mich aber auch nicht gewehrt. Im Gegenteil: Als man mich nach der Grundausbildung in eine Funkereinheit nach Clausthal-Zellerfeld im Harz steckte, habe ich alles unternommen, am Schluss erfolgreich, um zu den Panzeraufklärern zurückzukehren.

Aber ich greife vor.

Mein Vater hat von seiner Lüneburger Zeit erzählt. Die eine Geschichte steht auch in den Lebenserinnerungen. Dass er sich gemeldet habe auf die Frage eines Vorgesetzten, wer einen Führerschein habe. Und daraufhin die Häckselmaschine am Sonntag bedienen musste. Er habe sich danach vorgenommen, sich nicht mehr leichtfertig zu melden. Nicht aufgeschrieben aber erzählt hat er, dass er als Neffe eines früheren Regimentskommandeurs (Heinz von Randow) zwei Pferde putzen musste, seines und das des Kommandeurs. Die Vorgesetzten hätten gemeint, dies sei er seiner Verwandtschaft schuldig.

Konrads Fazit aus der Lüneburger Ausbildungszeit: *Aber dies alles hatte auch den Vorteil, dass es sehr widerstandsfähig machte und den Körper stählte. Ich bin überzeugt, dass ich nur durch diese harte Schule die späteren ungeheuren Strapazen in Russland überstehen konnte.*

RUSSLAND: »DU GLAUBST GAR NICHT, WIE HÄSSLICH DIESER KRIEG IST«

Von Lüneburg aus ging es zur Division. Konrads Beginn des Soldatenlebens im Kampf und der Beginn des Krieges gegen die Sowjetunion fielen zusammen. *Besonders erschüttert haben mich die Kinder, die Essensreste aus Mülltonnen der Wehrmacht wühlten.* Dies im Juni 41, als er allein auf dem Weg zur Front war und eine Zwischenstation in Warschau hatte (*Ich besah mir etwas die Stadt*) und zum ersten Mal eine Stadt erlebte, *die kriegsmäßig nach Bombardierung besetzt war. Sehr viele Häuser sind vollkommen zerstört und fast kein Haus ist ohne Gewehreinschläge.*

Ich hätte meinen Vater fragen wollen, was er sonst noch in Warschau gesehen und gehört hat. Das Ghetto war doch schon da. Es wurde Mitte 1940 im Stadtzentrum Warschaus eingerichtet. Es diente schließlich hauptsächlich als Sammellager für die Deportationen in das Vernichtungslager Treblinka der SS und war Teil der organisierten Massenvernichtung, der sogenannten »Endlösung der Judenfrage« (der Shoah). Das Warschauer Ghetto war 1943 der Ort der größten jüdischen Widerstandsaktion gegen den Völkermord, die vom 19. April bis mindestens zum 16. Mai 1943 dauerte.

Im ersten Jahr des Russland-Feldzugs erreichte die Truppe nach ca. 1800 km die Stadt Gomel. Sie war vom 19. August 1941 bis 26. November 1943 unter deutscher Herrschaft. In ihr lebten vor dem

Einmarsch der Wehrmacht fast 40.000 Juden, 44% der Bevölkerung. Haben die siegreichen Soldaten nur den Bahnhof gesehen? Konrad hat 1992 seine Briefe aus dem Felde nochmals abgeschrieben, damit sie leserlich blieben. Auch diese Sätze: *Dabei gingen meine Gedanken zurück, wie wenig begeistert und ängstlich ich damals dem am 22.6.1941 beginnenden Russland Feldzug entgegensah und mit welchen Sorgen und Ängsten die Eltern meine Briefe immer empfingen, vor allem, dass sie dann schon 2–3 Wochen alt waren. Heute erscheint alles unvorstellbar!*

Am ersten Tag des Angriffs auf Russland sieht der Neuling *die ersten gefallenen Russen, es berührte mich stark.* Und dann ein Erlebnis, das mein Vater erzählt hat. Gleich am ersten Tag. Die ersten eigenen Toten und Verwundeten: *Die Russen hatten uns fast eingekesselt. Einen auf Horchposten stehenden Kameraden nahmen sie gefangen, schnitten ihm ein Ohr ab und schickten ihn zurück mit dem Bemerken, so würde es uns allen ergehen. Diesen ersten Kriegstag werde ich nie vergessen.* War es ein Ohr oder die Augen, die ausgestochen wurden? Ich hatte die Augen in Erinnerung, aber vielleicht war das ein anderes Kriegsereignis. Mein Vater hatte zu dieser Geschichte mündlich hinzugefügt: *An diesem Tag haben wir keine Gefangenen gemacht.*

Ausführlich beschreibt er die Strapazen beim Vormarsch: *Wir haben in diesen 8 Tagen nur einmal nachts geschlafen. Meistens 16–18 Stunden im Sattel, so sind wir hinter dem Russen her und können ihn trotzdem nicht zu fassen bekommen.* Und an anderer Stelle: *Die Panzer stoßen durch und wir hinterher. Nur so ist es zu erklären, dass wir solche Strapazen durchstehen können.*

Auf Sonderbefehl der Division wurden Kommissare, trotz gegenteiligem Führerbefehl, nicht erschossen, sondern als Gefangene behandelt. *Lt. Sonderbefehl unseres Schwadron-Chefs Michael, waren gefangene russische Soldaten, insbesondere Überläufer, freundlich zu behandeln.*

Ich hätte meinen Vater fragen sollen, wie weit man von Führerbefehlen abweichen konnte. Oder überhaupt Eigenständigkeit im Denken und Handeln eines Soldaten. Im ersten Jahr des Russlandkrieges, so notiert Konrad, *glaubten wir naiver Weise unserer Propaganda, dass der Russe schwach sei, schlechte Waffen habe und wir in vier Wochen Moskau erobert hätten.* In einem Brief nach

Hause heißt es: *Wir denken alle, dass der Krieg hier nun bald vorüber ist und freuen uns auf den Augenblick.* Im Juli 41 drückt er die Hoffnung aus: *Nun ist der Krieg wohl in drei Wochen vorbei. Hier hat man nichts als Anstrengung, Staub, Durst, aber es kommen ja auch wieder andere Zeiten.* Er hatte es anfangs nicht einfach in seiner Schwadron, obschon er kameradschaftlich handelte. *Oft konnte ich den Kameraden, die körperlich völlig am Ende waren, das Gewehr und den Munitionskasten abnehmen und zusätzlich tragen.* Sein Gruppenführer, ein Unteroffizier, habe ihn, der als erster sein Pferd eingebüßt habe, angeschrien, er werde ihn so einsetzen, dass er ihn bald loswerden würde. Folgerichtig bekam er den Auftrag, als Späher vor den Spähtrupps zu laufen oder nachts 30–50 m vor der Linie auf Horchposten zu liegen. *Ich habe mich oft geängstigt.* Dann, bei einem Angriff in einem Kornfeld, seien sie unter Feuer geraten und eben jener Unteroffizier blieb verletzt liegen. *Ich nahm ihn auf die Schulter und brachte ihn, vor den Augen der Schwadron, die mit Maschinengewehrfeuer die Russen niederhielt, in Sicherheit.* Konrad bestreitet Tapferkeit als sein Motiv, warum eigentlich? *Dies habe ich nicht aus Tapferkeit getan – wie man meinte – sondern einfach, weil ich den verwundeten Mann nicht den Russen überlassen wollte.* Er wurde wegen Tapferkeit vor dem Feind zum Gefreiten befördert und erhielt das allgemeine Sturmabzeichen als Auszeichnung. Lapidar vermerkt er: *Mindestens drei Nahkämpfe war die Bedingung.*

Sie hatten es mit Gegnern zu tun, die, *von Kommissaren angetrieben, ohne Waffen angriffen.* Wie fühlt man sich, wenn Scharen von Soldaten, jeder Dritte ohne Waffe, auf einen zu laufen? Nach einem Gefecht mit schweren eigenen Verlusten gibt es Lob: *Das Regiment und insbesondere meine Schwadron werden jetzt in den Himmel gelobt.* Sie gehörten zu den besten Truppen, versicherte man ihnen von oben. *Sehr erfreut haben wir gehört, dass wir nun Korpsreserve sind und hoffentlich das Schlimmste hinter uns haben.* Bei einem zufälligen Treffen irgendwo hinter der Front im August 41 mit einem Onkel, einem Cousin und seinem Bruder haben sie sich *ordentlich was erzählt, jeder hatte schon seinen Teil Krieg in Russland mitgemacht und hatte wenig weiter Lust.*

Er konnte nicht wissen, dass die Hoffnung auf ein rasches, natürlich erfolgreiches Ende des Krieges eine Illusion war. Vor ihm lag ein weiteres Jahr Russland und dann das dritte, bei dem die Fügung, die ihn seiner Auffassung nach vor dem Schlimmsten schützen würde, ihn nicht vor einer schweren Verwundung bewahrt haben würde. Und nach seiner Verwundung Ende 1943 ging der Krieg noch anderthalb Jahre weiter, schlimmer denn je. Im oben zitierten Brief heißt es: *Die Gräueltaten und sonstigen Dinge aus den Zeitungen können wir nur bestätigen, da wir sie teilweise selbst gesehen oder von Augenzeugen darüber gehört haben. Du glaubst gar nicht, wie hässlich dieser Krieg ist und alle alten (Soldaten), die Polen, Frankreich usw. mitgemacht haben, sagen, dass sie so etwas noch nicht gesehen haben.* Ich hätte meinen Vater fragen sollen, was er genau meint mit diesen Zeilen.

Am nächsten Tag griff er uns wieder mit Massen und zwei Panzern an – die Panzer gingen in Flammen auf und den Russen schoss die Artillerie zusammen, von der wir endlich mal genug zur Unterstützung hatten. Hitler soll ja Krach geschlagen haben ... Heute Morgen war ich mit auf Spähtrupp, um zu sehen, wo der Russe wäre. Er war aber ausgekniffen, hatte alles stehen und liegen lassen, dazu Hunderte von Gefallenen. Auf einer Fläche, so groß wie unser Hof, lagen alleine 100 Mann. Es war grausig anzusehen.

Keine Nacherzählung, aber Fragen

Es geht hier nicht um eine exakte Nacherzählung der Kriegserlebnisse meines Vaters, sondern darum, was ich ihn dazu hätte fragen sollen. Und was ihn geformt hat, seiner Meinung nach. Ob die Bilder der Toten ihm in Träumen begegneten. Ob er mit Margot, seiner Frau, später über seine Erlebnisse gesprochen hat? (Da hätte ich auch sie fragen können, habe ich aber auch nicht.)

Das Bild, das Konrad von Russland und seinen Soldaten hat, ist zumindest im ersten Jahr des Krieges von etwas Mitleid und viel Überlegenheitsgefühl geprägt. Dazu Heimweh und immer wieder im ersten Jahr des Russlandkrieges die Hoffnung auf ein rasches Ende.

Heute Morgen kamen hier 1000 Stück vorbei. Wie gern würde man mit einem tauschen! Konrad spricht von russischen Kriegsgefangenen. Die Bemerkung zeigt, dass er sich nicht vorstellen konnte oder wollte, wie viele von diesen Kriegsgefangenen in Deutschland umkamen geschweige denn bei Rückkehr in die

Sowjetunion in den stalinistischen Terror gerieten und in Straflager verbracht wurden: Zwischen 1941 und 1945 kamen weit über 5 Millionen sowjetische Soldaten in deutsche Kriegsgefangenschaft. 3,3 Millionen kamen um, darunter 80.000 jüdische Kriegsgefangene, die ermordet wurden. 1.836.000 sowjetische Kriegsgefangene kehrten in die Sowjetunion zurück. Jeder Dritte der Überlebenden kam in ein Strafbataillon oder in einen Gulag. Auch die nicht bestraften Rückkehrer hatten Schwierigkeiten bei der Arbeitsplatzsuche und wurden aus der kommunistischen Partei ausgeschlossen. Im gleichen Zeitraum gerieten 3,6 Millionen Soldaten der Wehrmacht in sowjetische Kriegsgefangenschaft, 1,11 Millionen kamen ums Leben.

»EIN DREIFACHES FREUDIGES HOCH AUF DIE ALTE SECHSTE«

Konrad ist stolz auf seine Truppe. Der Stolz bezieht sich auf die Division, auf das Bataillon, auf die Schwadron. *Alle drei Einheiten werden gleichzeitig von Ritterkreuzträgern geführt.* Der Führer seiner Schwadron, später des Bataillons, ist Georg Michael. Er ist der Held der Division. Das Buch über die 24. Panzerdivision[37], verfasst von F. M. von Senger-Etterlin jr., Offizier in der Division und nach dem Krieg Bundeswehrgeneral, ist ihm gewidmet, der nach oftmaliger Verwundung schließlich im Januar 1944 fiel, übrigens wenige Tage nach der Verwundung meines Vaters, der seinen Abteilungschef, dem Einkesselung drohte, unbedingt aus der brenzligen Situation befreien wollte. Das Buch ist 1962 erschienen. In ihm sind Passagen aus dem Kriegstagebuch meines Vaters zitiert, ohne namentliche Ausweisung. So zum Einsatz in Norditalien (S. 156f) im Zusammenhang mit dem Sturz

Konrad (mit Margot 44), nach seiner Verwundung Ende 43 und 42 bei einer Ordensverleihung, darüber das erwähnte Buch zur Division und rechts der Springende Reiter.

Konrads Vorgesetzter, Georg Michael

Mussolinis im August 1943 sowie die Kämpfe um den Brückenkopf Nikopol Ende 1943, bei denen er verwundet wurde (S. 180–182).

Michael verkörperte für Konrad (und offenbar nicht nur für ihn) die Besonderheit der 24. Panzerdivision, vormals 1. Kavallerie Division: durch sein persönliches Vorbild an Kampf-entschlossenheit, Ritterlichkeit (gegenüber der Zivilbevölke-rung), Kameradschaftlichkeit, Fürsorge und Humor.

Zwei Beispiele für seine Für-sorge: Im Dezember 43, wenige Tage vor seinem Tod, schreibt er »an die Angehörigen unserer ge-fallenen Kameraden« mit der Bitte: »Wendet euch mit allen Sor-gen und Nöten an uns. Es ist unsere selbstverständliche Pflicht, den Angehörigen unserer gefallenen Kameraden in jeder Hin-sicht behilflich zu sein. Macht uns die Freude und gebt uns Ge-legenheit, euch helfen zu können.«

Das zweite Beispiel bezieht sich auf einen Schwadronsbefehl vom 21.5.1942, der 15 verschiedene Punkte umfasst. Bei Punkt zwei fordert er jeden Angehörigen der Schwadron auf, zur Ver-hütung von Zahnausfall täglich Rohkost in irgendeiner Form wie Zwiebel, Obst, Kohl und Wurzeln zu essen. Im gleichen Befehl findet sich unter dem letzten Punkt ein Beispiel für seinen Hu-mor: »Ich erinnere an das Verbot, Kartoffelkäfer, Wanzen, Läuse pp. per Post nach Hause zu schicken.« In den Unterlagen meines Vaters befinden sich eine mehrseitige Beschreibung des Todes-kampfes von Georg Michael und drei Nachrufe.

Michael ruft uns abends zu sich. Sagt uns, dass die Parole ‚Es wird Skat gespielt' durchgekommen ist und der Angriff nun endgültig los-gehen soll. Wir alle stimmen ein in ein dreifaches freudiges Hoch auf die alte Sechste und sind schon jetzt davon fast überzeugt, dass wir auch diesen Angriff schaffen werden. (27.6.1942)

ZWEITER RUSSLAND-EINSATZ. »DESHALB KANNST DU DIR UNSERE WUT VORSTELLEN«

Ende Mai 42 geht es für ihn, nach dem Ende der Kavallerie und der Neuaufstellung der Division – dies geschah in Frankreich – wieder nach Russland, in die heutige Ukraine. Das Ziel ist zunächst Kiew, und Konrad sieht die Rollbahn und findet, sie sei wie unsere Autobahnen. *Frostaufbrüche werden aber von riesigen Scharen von Juden wieder gut gemacht, sogar über Pfingsten. Zu ihrer Bewachung hat man Russen mit Gewehren bewaffnet.* Hat er dies mit eigenen Augen gesehen? *Gestern Morgen sahen wir russische Kriegsgefangene exerzieren – die wurden kommandiert von einem russischen Offizier, unterstützt von einem deutschen Gefreiten, der die nötigen Daumenbewegungen einwarf!* Das klingt, mit Verlaub, ein bisschen nach Herrenmenschen-Denken. Der Gefreite als Vorgesetzter eines russischen Offiziers. An anderer Stelle ist zu lesen: *Es waren alles Kirgisen und Tataren, große Feinde der Russen, welche als Gefangenenwärter ausgebildet wurden. Man sieht sie hier schon sehr oft als Wärter. Es sieht komisch aus, wenn zwischen all den Russen einer mit dem Gewehr steht.* Welche Art Wachmannschaft war das? SS? War ihm bewusst, dass auch die Ukrainer eine eigene Geschichte haben, die sich von der russischen unterscheidet? *Das Volk ist äußerst freundlich und gut gesonnen und warf uns unterwegs sogar Blumen und Kuchen zu. Und wieder die Hoffnung auf ein baldiges Ende des Krieges. Gerade eben kommt die Sondermeldung von Charkow, die Erfolge sind ja fabelhaft. Geben die Russen noch nicht bald nach? Glauben müsste man es doch bald!*

Wie wir wissen, taten sie es nicht.

Im Frühjahr 1933 war Charkiw eines der Gebiete, die besonders stark vom Holodomor, einer maßgeblich durch das stalinistische Regime verursachten Hungersnot, betroffen waren. In der Stadt verhungerten innerhalb weniger Monate über 45.000 Menschen. 1934 wurde die Hauptstadt der ukrainischen Sowjetrepublik nach Kiew verlegt, die Stadt blieb aber ein wichtiges politisches, wirtschaftliches und kulturelles Zentrum.

In einem NKWD-Gefängnis (NKDW = Innenministerium der Sowjetunion) in Charkiw wurden im März 1940 über 3000 polnische Staatsbürger im Zusammenhang mit dem Massaker von

Katyn ermordet und in einem Waldstück bei der Siedlung Pjatychatky im heutigen Stadtrajon Kiew verscharrt. Ende der 1990er Jahre wurden die sterblichen Überreste auf den Friedhof für die Opfer des Totalitarismus umgebettet.

Im Zweiten Weltkrieg war Charkiw wegen seiner Verkehrsknoten und der entwickelten Rüstungsindustrie von großer strategischer Bedeutung. Hier wurde z. B. in der Lokomotivfabrik Komintern der Panzer T-34 entwickelt und produziert.

Im Oktober 1941 eroberten Truppen der deutschen 6. Armee im Rahmen der Ersten Schlacht bei Charkiw die damals viertgrößte Stadt der Sowjetunion. Nach den Erfahrungen während der Stalinschen Säuberungen begrüßten zahlreiche Einwohner der Stadt die einrückenden Einheiten der Wehrmacht mit Brot und Salz. Kurz danach begann der Terror gegen die Zivilbevölkerung. Die meisten in der Stadt gebliebenen Juden wurden beim Massaker von Drobyzkyj Jar ermordet. Zahlreiche Bewohner von Charkiw wurden nach Deutschland als Zwangsarbeiter verschleppt. Im Mai 1942 scheiterte ein sowjetischer Rückeroberungsversuch (Zweite Schlacht bei Charkiw).

Im Februar 1943 zog sich die Wehrmacht zurück, um einer Einkesselung zu entgehen. Im März 1943 fiel die Stadt nach schweren Gefechten (Dritte Schlacht bei Charkiw) wieder an die Deutschen. Dabei wurden große Teile der Stadt durch die Kämpfe zerstört. Bis zum Ende der deutschen Besatzung fielen mindestens 30.000 Einwohner der Stadt dem von der NS-Führung zwecks Abschöpfung der Lebensmittel für Wehrmacht und Deutsches Reich geschaffenen Hungerplan zum Opfer.

Nach der Schlacht bei Kursk wurde die Stadt am 23. August 1943 endgültig durch die Rote Armee eingenommen. Insgesamt sind in der Oblast Charkiw 270.000 Menschen der deutschen Besatzung zum Opfer gefallen.

Im Frühjahr 2022 fand eine weitere Schlacht um Charkiw statt, dieses Mal zwischen den ukrainischen Streitkräften und den Streitkräften Russlands. Die Schlacht endete mit einem Sieg der Ukraine nach Rückzug der russischen Streitkräfte.

Fast genau 80 Jahre zuvor, am 7. Juli 1942, spricht Konrad von den *drei schwersten Kriegstagen meines bisherigen Lebens.*

Es war vor Woronesch. Woronesch belegt unter den größten Städten Russlands mit über 1 Million Einwohner Platz 14 und ist das wichtigste Zentrum im südlichen Zentralrussland. Im Zweiten Weltkrieg war die Stadt 1942 bis 1943 nach der Woronesch-Woroschilowgrader Operation 212 Tage lang von der Wehrmacht besetzt und erlitt große Schäden. Etwa 30.000 der 350.000 Einwohner der Stadt kamen in dieser Zeit ums Leben oder wurden zur Zwangsarbeit nach Deutschland verschleppt

Das Schlachtfeld, das wir übergaben, sah schaurig aus – die toten Russen lagen teilweise mit dem Kopf auf der Böschung unserer Löcher. Man rechnet, dass unsere Abteilung ein Bataillon toter Russen auf dem Gewissen hat. Dafür haben wir auch genug Verluste, die Abteilung hatte mit drei Schwadronen 35 Gefallene. Deshalb kannst du dir unsere Wut vorstellen und wohl verstehen, dass es keine Gefangenen gab. Was meint Konrad mit der Formulierung »auf dem Gewissen«? *So tierisch wie in diesen Tagen und so kaputt mit den Nerven sind wir wohl noch nie gewesen. Und dann wieder der Stolz: Es sind fabelhafte Heldentaten vollbracht worden und Hitler soll dem Divisionskommandeur schon gratuliert haben. Ende Juli nochmals schwere Kämpfe Es kam wieder zu wilden Zusammenstößen und Nahkämpfen – mein Zug hatte 100 Tote Russen vor sich liegen!* Dann meldet er voller Stolz: *Am 2. August wurde ich dann von Georg Michael vor den Augen der Russen zum Unteroffizier gemacht. Das habe ihm dann fünf Spähtrupps hintereinander eingetragen.* Zwei Gefangene, Ukrainer, habe er in seiner Gruppe als Hiwis und im Gefecht als Munitionsträger. *Es sind prima Bengels die für uns durchs Feuer gehen – einer machte sogar drei Gefangene. Der andere rasiert dafür.*

Mehrfach ist Konrad in akuter Lebensgefahr: *Die Nebelwerfer haben gute Arbeit geleistet.* Und kurz darauf: *Als ich einen russischen MG Schützen entwaffne, sehe ich, wie dieser eine Handgranate abreißt und sich in die Uniformjacke steckt. Gerade im richtigen Moment kann ich mich noch hinwerfen, um nicht selbst mit in die Luft zu gehen.* Woher weiß Konrad, dass bei den Kämpfen am 4. Juli 1942 auf der Gegenseite sibirische Scharfschützen sind? *Es gibt viele Kopfschüsse,* notiert er, und berichtet von einem Ereignis, das wohl unter Kriegsverbrechen laufen würde, wäre man nicht in Russland, wo sich beide Seiten weitgehend frei von der Genfer Konventionen verhalten. Davon gibt es mehrere: 1864 die erste, 1929 eine weitere, 1949 die dritte und zuletzt, 2005, die aktuelle mit Zusatzabkommen. Hierzu gilt die Feststellung von Helmut Schmidt: »Niemand hat die Truppe damals über die Genfer Konventionen belehrt. Nach heutigen Begriffen hätte ich wohl ein Dutzend Mal vor ein Kriegsgericht gestellt werden müssen.«

Eine Sandkuhle wird im Sturm genommen und da schon gefangene Russen einen Offiziersanwärter von uns mit dem Taschenmesser abstechen, werden alle 60 Gefangenen umgelegt.

Unmittelbar nach dieser Beschreibung gibt es eine Passage, die mein Vater durchgestrichen hat, die aber doch lesbar ist. Wenn zumeist nicht ganz klar ist, wer direkt geschossen und getötet hat, so ist diese Textstelle eindeutig: Konrad beobachtet, wie sich ein Russe nähert und denkt, da müssen noch mehr kommen. Er wartet. *Mit einem Schuss kann ich nun den ersten umlegen. Inzwischen ist Leutnant Keller zu mir gesprungen und fragt mich, was hier los ist. Ich reiße ihm seine Maschinenpistole aus der Hand und halte ein Magazin zwischen die restlichen Russen, es entkommt nur einer.* Handschriftlich hat Konrad das Wort »umlegen« durch »verwundet« ersetzt und am Rand hat er geschrieben »alle verwundet«. Was ist wahr? Und warum hat er diese Passage gestrichen, hat sie ihn zu sehr belastet? Die Geschichte von den 60 erschossenen Gefangenen hat er so stehen lassen. Die Kämpfe sind hart, die eigenen Verluste hoch. Von den 220 Soldaten der Schwadron noch 60 geblieben. Etwa 50 waren gefallen, der Rest verwundet. Dem Vorgesetzten, Regimentskommandeur Oberst von Edelsheim[38], *laufen, während er die traurigen Reste der Abteilung an sich vorbeiziehen lässt, die Tränen die Backen herunter.*

Die Division auf dem Weg nach Stalingrad

Am 16. August liest ein Offizier bei einer Schwadrons-Belehrung einen Befehl von Stalin vor, indem er seine Leute auffordert, um jeden Stein Stalingrads bis zum letzten Blutstropfen zu kämpfen. Bisher habe Russland mit seinen fast unerschöpflichen Reserven sich den Rückzug und den Verlust immer weiterer Gebietsteile leisten können, jetzt sei es aber an der Grenze angelangt und es dürfe kein Hektar weiteren Geländes mehr verloren gehen. *Leutnant Köhler macht uns darauf aufmerksam, dass unsere bisher bestandenen Kämpfe nur Kleinigkeiten sein werden gegen das, was uns noch bevorsteht.* Da ist auf einmal nicht mehr die Rede davon, dass der Krieg in wenigen Wochen gewonnen wird.

Im Gegenteil: Die Division ging in Stalingrad unter. Konrad wurde 40 Kilometer vor Stalingrad herausgenommen und zum Offizierslehrgang abkommandiert. Oberleutnant und Schwadronschef Michael schreibt in der Begründung, er halte den Unteroffizier von Vieregge für würdig, charakterlich gefestigt und entsprechend seiner militärischen Leistungen, zum EK 1 vorgeschlagen zu werden. *Ich wurde mit dem Eisernen Kreuz erster und zweiter Klasse ausgezeichnet und wegen Tapferkeit vor dem Feind zum Unteroffizier befördert.* Dass ihm die Abkommandierung vermutlich das Leben rettete, konnte er nicht ahnen.

Offizierslehrgang: »Wir standen ihm zugewandt«

Beim Lehrgang wurde viel verlangt, aber als einziger Träger des EK1 hatte ich es etwas leichter. Erst wurde er Wachtmeister, dann ab Dezember 42 Leutnant der Reserve.

Ende 42 wurden 300 neue Offiziersanwärter in Berlin zu Leutnants befördert und Viktor Lutze[39], Nachfolger des 1934 ermordeten SA Führers Ernst Röhm, hatte zur Feier der Beförderung nach Hause eingeladen. Es wurden sieben Leutnants eingeladen, Konrad war einer davon. Er lag mit dem Sohn Lutze auf der gleichen Stube. Die Tochter Lutze hatte sieben Freundinnen eingeladen.

Das Ehepaar schmückte sich mit Ilse Werner[40] und Ferdinand Porsche[41]. *Nach einem einfachen, guten Essen und reichlich Alkohol wurde bis in die späte Nacht getanzt. Und, möchte man fragen? Alles ohne Politik?* Am nächsten Tag ging es mit etwa 2000 frisch

Feier der Leutnantsbeförderung. Mein Vater ist der Dritte von rechts

beförderten Offizieren in den Sportpalast. Redner war Hermann Göring: *Ich konnte von meinem Sitzplatz in der Nähe des Eingangs den Auftritt Görings gut beobachten. Wir standen ihm zugewandt, in strammer Haltung und mit ausgestrecktem Arm.* Göring habe seine Zuhörer in der Rede eindringlich aufgefordert, *dass wir, die wir jetzt an die Front kämen, nicht so feige sein sollten wie die Offiziere, die jetzt dort wären.* Konrad schreibt dies mit Empörung.

Hermann Wilhelm Göring (* 12. Januar 1893 in Rosenheim; † 15. Oktober 1946 in Nürnberg) war ein führender deutscher nationalsozialistischer Politiker und Kriegsverbrecher. Ab Mai 1935 war er Oberbefehlshaber der Luftwaffe. Ab 1936/1937 übernahm er die Führung der deutschen Wirtschaft und des Reichswirtschaftsministeriums. Er organisierte systematisch Wirtschaftsmaßnahmen gegen Juden und erließ am 12. November 1938 die Verordnung zur Ausschaltung der Juden aus dem deutschen Wirtschaftsleben. Im Juli 1940 – nach dem schnellen Ende des Westfeldzuges – ernannte Hitler Göring zum Reichsmarschall.

Göring war einer der 24 Angeklagten im Nürnberger Prozess gegen die Hauptkriegsverbrecher vor dem Internationalen Militärgerichtshof. Er wurde am 1. Oktober 1946 in allen vier Anklagepunkten (Verschwörung gegen den Weltfrieden; Planung, Entfesselung und Durchführung eines Angriffskrieges; Verbrechen gegen das Kriegsrecht; Verbrechen gegen die Menschlichkeit) schuldig gesprochen und zum Tod durch den Strang verurteilt. Durch Suizid am Vorabend der Hinrichtung entzog er sich der Vollstreckung des Urteils.

Zur gleichen Zeit sei doch in Stalingrad eine ganze Armee unter-gegangen, nicht zuletzt durch Görings Schuld. *Aber schweigend musste man dieses über sich ergehen lassen. Eine Äußerung hätte ge-nügt, man wäre als Volksfeind angeprangert mit schrecklichen Fol-gen. Auch ich schwieg.*

FRANKREICH: »MEINE FAMILIE SCHÄTZTE SEINE REDLICH-KEIT SEHR«

Danach ging es nach Frankreich. Die Division sollte aus Ver-wundeten und sonstigen Überlebenden der in Stalingrad unter-gegangenen Division plus neu Gezogenen neu aufgestellt wer-den. Konrad übernahm nun als Schwadronschef just die Truppe (jedenfalls, was davon übrig geblieben war), in die er zwei Jahre zuvor als einfacher Soldat eingetreten war.

In Frankreich 1942 und nochmals 43 fühlte sich mein Vater wohl. *Ich freute mich, dass ich etwas Französisch sprechen konnte.* Und dann als Leutnant in Vorgesetzten-Funktion: *Ich machte der Gräfin, deren Mann als Flieger gegen uns gefallen war, eine Antritts-visite. Einen abgeschossenen britischen Flieger haben wir auf dem Dorffriedhof im Beisein des Bürgermeisters und des Gemeinderats mit militärischen Ehren beigesetzt.*

Es waren ohne Zweifel die vier glücklichsten Monate von Kon-rad in der gesamten Kriegszeit. Er konnte sich so zivil benehmen, wie er es von zu Hause aus gewohnt war. Sehr beeindruckt hat ihn ein ehemaliger französischer Minister, in dessen Haus »Le Mano-ir de Port Vendeuvre« er untergebracht war. *Als ich mein Quartier aufsuchte, traf ich ihn rosenschneidend mit Baskenmütze an in einem sehr großzügig angelegten Garten. Als ich mich dem vornehmen alten Herrn vorstellte, sah er mich sehr erstaunt an. Solche Manieren war er von unseren Vorgängern nicht gewohnt.* Kein Wunder, denn es han-delte sich um SS Truppen, die in den benachbarten Schlössern Jort und Vendeuvre, wie Konrad schreibt, *alle Möbel entfernt, die Wände weiß angestrichen und mit großen Sprüchen verziert hatten.* In den Räumen standen nun Doppelbetten und Kasernenmöbel. Bei der Bevölkerung hatten sie sich sehr unbeliebt gemacht.

Es war ein Satz des Franzosen, der meinen Vater in besonde-rer Weise beeindruckt hat: *Monsieur, ich bin ein Feind der Deut-schen. Deswegen braucht aber unter den einzelnen Menschen, wenn sie sich gegenseitig achten, keine Feindschaft zu herrschen.*

Die glückliche Zeit in Frankreich hatte einen Namen: Janine, die 20-jährige Enkelin des Ministers. *Wir waren beide jung und es entwickelte sich bald zwischen uns eine tiefe Freundschaft, aber bei gegenseitiger Absprache keine Liebelei mit körperlicher Berührung. Wir waren nur in der Wohnung zusammen und nie draußen im Freien, um Janine bei den Franzosen nicht zu gefährden. Janine und mir fiel es schwer, Abstand zu halten, aber wir hielten ihn ein.* Die beiden jungen Leute haben sich oft getroffen, sie mit ihrem Schuldeutsch, er mit seinem Schulfranzösisch.

Diese Liebelei hatte übrigens eine Fortsetzung. Madame Janine Villard-Melinette schrieb aus Genf im Februar 1966 an Claus v. Amsberg, der damals kurz vor seiner Hochzeit mit Beatrix bereits in Holland lebte, und fragte ihn höflich, ob er mit Herrn Konrad von Vieregge verwandt sei. Sie habe ihn vor langer Zeit kennengelernt: »Es war im Jahre 1943, ich war in Frankreich in der Normandie (ich bin Französin). Ich wohnte mit meinen Großeltern in einem Haus, das nur während der Ferien benutzt wurde, denn wir lebten in Paris. In diesem Haus waren fortwährend deutsche Offiziere einquartiert. Unser Verhältnis zu ihnen richtete sich jeweils nach ihrem Benehmen uns gegenüber: nur sehr korrekt mit einigen, wenige Berührungspunkte mit anderen. Im April zog Leutnant von Vieregge bei uns ein, er ist vier Monate geblieben. Meine Familie schätzte seine Redlichkeit und seine vollendete Erziehung sehr (das änderte unsere Einstellung, denn mit den voraufgegangenen Eroberern hatten wir viel Verdruss)... Glauben Sie bitte nicht, dass es sich um eine einfache Episode für mich handelt. Es ist viel mehr als das. Durch seine ritterliche Art mir gegenüber, trotz dieser Zeit, in der vor allem das Misstrauen herrschte, habe ich etwas gelernt, was ich ohne ihn erst wesentlich später erfahren hätte: Ich habe gelernt, den menschlichen Wert eines jeden Individuums zu achten, ohne sich von den Zeitumständen beeindrucken zu lassen.«

Zwischen 1966 und 68 entspann sich dann ein Briefwechsel, in dem sich beide aus ihrem Leben seit damals erzählten. Es stellte sich heraus, dass sie ihm noch nach Italien verschiedentlich geschrieben hatte; diese Briefe erreichten ihn nicht. Er wies darauf hin, dass er nach dem Krieg nicht habe schreiben mögen, um sie nicht in Schwierigkeiten zu bringen. Es war offensichtlich, dass beide sehr oft an die gemeinsame Zeit gedacht hatten.[42]

Nach 68 brach der Briefwechsel ab, sie antwortete nicht mehr. Konrad, der später diesen Briefwechsel geordnet und mit Übersetzungen versehen hat, ordnet unter der Überschrift *Als Besatzer in der Normandie und wer ist Janine Melinette, geborene Villard* auf zweieinhalb Schreibmaschinenseiten die damaligen Erlebnisse und speziell sein Verhalten so ein: *Ich habe dies mal so etwas ausführlicher beschrieben für interessierte Nachkommen, weil heute so oft von den Medien das Gegenteil behauptet wird und wir Deutschen als Eroberer und als Besatzer die Menschen nur drangsaliert haben sollen. Wer einigermaßen erzogen war, der benahm sich auch in solchen Zeiten menschlich und wusste auch auf seine Untergebenen entsprechend einzuwirken.*

Wieder so ein Absatz, über den ich gerne mit ihm gesprochen hätte. Er zeigt, dass es in Konrad rumort. Der Text stammt von 1991, konnte also keine Reaktion auf die erste Wehrmachtsausstellung sein, denn die wurde erst 1995 eröffnet.

Konrad setzt sein Verhalten im besiegten Frankreich gegen das Verhalten der Wehrmacht im Osten, im Krieg gegen Russland. Aber, so hätte ich meinen Vater gerne gefragt, war nicht auch der auf Frankreich folgende Einsatz in Italien für ihn eine ethische Herausforderung?

Das Ende des Aufenthalts in Frankreich kam überraschend: *Am 6. August machte mir Janine bittere Vorwürfe, warum ich nicht gesagt hätte, dass wir Vendeuvre in den nächsten Tagen verlassen würden, um wieder in Russland eingesetzt zu werden.* Konrad schloss daraus, dass die Resistance mehr wusste als die deutschen Soldaten.

Als **Wehrmachtsausstellung** werden zwei Wanderausstellungen des Hamburger Instituts für Sozialforschung bezeichnet, die von 1995 bis 1999 und von 2001 bis 2004 zu sehen waren. Die erste hatte den Titel Vernichtungskrieg. Verbrechen der Wehrmacht 1941 bis 1944, die zweite Verbrechen der Wehrmacht. Dimensionen des Vernichtungskrieges 1941–1944. Beide machten die Verbrechen der Wehrmacht in der Zeit des Nationalsozialismus, vor allem im Krieg gegen die Sowjetunion, einer breiten Öffentlichkeit bekannt und lösten Kontroversen dazu aus.

Nach der Kritik an der ersten Ausstellung setzte die zweite andere Akzente, bekräftigte aber die Grundaussage von der Beteiligung der Wehrmacht am Vernichtungskrieg des NS-Regimes gegen die Sowjetunion, am Holocaust sowie am Porajmos, den Völkermord an den europäischen Roma in der Zeit des Nationalsozialismus.

ITALIEN: »MEIN SCHRECKLICHER POSTEN«

Es ging allerdings entgegen dem, was die Resistance meinte zu wissen, nicht gleich nach Russland, sondern erst nach Italien. Dorthin kamen die Truppen als Verbündete, aber Ende August zeichnete sich mit einem Geheimbefehl ab, dass die angenehmen Tage der deutschen Truppen bald Vergangenheit sein würden: *Wir sollen von nun an spionieren, alles was nur von Interesse bei einem baldigen Krieg mit dem Italiener sein kann.* Dies schien auch den Italienern nicht entgangen zu sein: Sie wurden *immer unfreundlicher, was uns bewegt, nachts die Wachen zu verstärken.*

Am 8. September 1943 sitzt Konrad in einer Gastwirtschaft und trinkt ein Glas Wein. *Plötzlich setzt die Musik im Radio aus und eine Proklamation wird verlesen. Alle anwesenden Italiener springen auf, lachen, weinen, fallen sich um den Hals.* Nun sind also tatsächlich aus Verbündeten Feinde geworden. An diesem Abend überraschte der alliierte Oberkommandierende General Eisenhower die Weltöffentlichkeit mit einer Rundfunkansprache: »Die italienische Regierung hat mit ihren Streitkräften bedingungslos kapituliert. Als Oberbefehlshaber der alliierten Streitkräfte habe ich einen Waffenstillstand gewährt. Er ist von meinem Vertreter und von einem Repräsentanten Marschall Badoglios unterzeichnet worden und tritt sofort in Kraft.«

Die Alliierten waren in Sizilien gelandet und brachen aber den Versuch Rom zu besetzen ab. Deswegen musste die Regierung unter Marschall und Regierungschef Pietro Badoglio aus Rom fliehen und die verstärkten deutschen Truppen konnten ihr »Unternehmen Alarich«, nämlich die Entwaffnung des bisherigen Verbündeten, zum Erfolg führen.

In den ersten drei Wochen nach dem Schwenk der italienischen Faschisten sichert Konrad

Ab Juli 1944 wurden auf Wunsch Mussolinis die **Internierten** in zivile Arbeitsverhältnisse übernommen, durften aber weiterhin Deutschland nicht verlassen und unterlagen weiter der Kontrolle der Reichsbehörden. Unternehmen und Betriebe, in denen die italienischen Gefangenen arbeiten mussten, konnten nun den Lohn an die Arbeitsleistung koppeln und hatten dadurch größeren Einfluss auf die Leistung der Zwangsarbeiter als vorher. Nach dem Krieg erhielten Militärinternierte keine Wiedergutmachung. Von den ca. 600.000 nach Deutschland zwischen 1943 und 45 verschickten italienischen Soldaten kamen 45.000 ums Leben, das sind 7,5 Prozent und damit anteilsmäßig deutlich mehr als bei den anderen Nationen, ausgenommen Kriegsgefangene aus Russland und Südosteuropa.

zunächst ein Gefangenenlager mit 6.000 Engländern, um dann in Venedig insgesamt 29.000 Italiener, die mit Schiffen aus Kriegsgebieten als bisherige Verbündete eintreffen, darunter 8.000 Offiziere, weiter nach Deutschland zu schicken, wenn sie sich nicht als Freiwillige meldeten, um weiter an der Seite Deutschlands zu kämpfen.

Konrad spricht von einem *schrecklichen Posten der Gefangenenverladung* und davon, welche Verantwortung man ihm aufbürdete. Zum einen *berührt ihn doch sehr, wenn man ehemalige Verbündete mit deutschen Auszeichnungen plötzlich als Gegner behandeln muss.* Zum anderen steht er mehrfach vor der Frage,

Tagebuch, Briefe, Unterlagen, geordnet und durchnummeriert: das Kriegstagebuch von Konrad. Darunter ein Fotobuch, so wie es damals erworben werden konnte. Der Stahlhelm ragt aus dem Umschlag heraus.

wie er auf Disziplinlosigkeit, Fluchtversuche und Fluchthilfe reagieren soll. *Plötzlich sah ich, wie Menschen die Riegel der Waggons öffneten und einzelne Gefangene heraussprangen und in der Menge wegliefen. Sollte ich den MGs Feuer frei geben? Eine sehr schwere Entscheidung. Aber ich habe es nicht getan und weiß auch nicht, wie viele in Deutschland angekommen sind. Aber es hätte auch schlimme Folgen für mich haben können.* Oder hat er es doch getan?

In einem Brief an einen Soldatenfreund schreibt er: *Ich selbst wurde Stadtkommandant und Verladungsoffizier für italienische Gefangene in Venedig! Dort kamen die Gefangenen (mit Schiffen) vom Balkan (direkt von der Front, die sie uns Deutschen ordnungsgemäß übergeben hatten) und ich musste sie in die Bahn stopfen (50 Mann pro Waggon). Es war ein tolles Geschäft, bei dem ich bald graue Haare bekam, denn das Volk ist einfach zu undiszipliniert, wollte immer ausreißen. Das Zivilvolk wollte den Bahnhof stürmen, sodass ich mir nur durch scharfen Schuss helfen konnte und es manchen Toten gab.* Welche Version ist die richtige? Wahrscheinlich stimmen beide.

Er hat nur die zweite Geschichte im Tagebuch unerwähnt gelassen. Sie ist in seiner Klage über die aufgebürdete Verantwortung enthalten.

Am nächsten Morgen ließ er die Sperrposten der Polizei antreten, erläuterte sein Missfallen, *ließ sie zu zehn abzählen, entwaffnete jeden Zehnten und steckte sie als Gefangene in den nächsten Zug nach Deutschland. Diese Lösung meinte ich eher verantworten zu können, als wenn es am Vortage ein Blutbad unter Zivilisten gegeben hätte.*

Was meint er mit dem Satz: »Es hätte auch schlimme Folgen für mich haben können?« Das hätte ich meinen Vater gerne gefragt. Ein Blutbad wäre aus Sicht der Vorgesetzten offenbar in Ordnung gewesen, kein Blutbad hingegen wäre dann für Konrad ein Problem geworden, wenn das Chaos an der Verladestation nicht hätte gestoppt werden können. Gegenwehr sollte nach einer Anweisung des Oberkommandos der Wehrmacht brutal unterdrückt werden: »Offiziere sind zu erschießen, Unteroffiziere und Mannschaften nach dem Osten zum Arbeitseinsatz zu bringen!«

Mindestens 11.000 gefangene Soldaten wurden von den Deutschen ermordet. Die Wehrmacht besetzte Nord- und Mittelitalien, beträchtliche Waffenbestände der italienischen Armee gerieten in deutsche Hände. Auf diese Anweisung haben sich beispielsweise die Verantwortlichen des Massakers von Kefalonia berufen. Italienische Soldaten, die sich im Gegensatz zu ihrem Befehlshaber nicht kampflos ergeben wollten, wurden durch Gebirgsjäger besiegt. Nach der Kapitulation erschossen die Gebirgsjäger 5200 Mann, einschließlich aller Offiziere.

Bei einem Fußmarsch mit 1.000 Gefangenen einige Tage zuvor morgens um sieben durch Bologna versuchten Gefangene, so berichtet mein Vater, *sich durch einen Satz in die Volksmenge zu retten. Als wir (je)doch rücksichtslos nachschießen, unterbleibt dieses.*

Dabei kann Konrad die Soldaten verstehen. Denn sie wollen, was er sich doch insgeheim auch für sich wünscht, nichts weiter als endlich in Frieden nach Hause. Stattdessen wurden sie nach Deutschland geschickt, immer 50 Personen in einem Waggon, *was bei der Hitze sehr unangenehm ist. Aber ich kann es ja leider nicht ändern.*

In Deutschland werden sie nicht als Kriegsgefangene behandelt, sondern laut Führerbefehl als Militärinternierte, auf die die Genfer Konventionen nicht angewendet wurden. Es handelte sich um etwa 600.000 Mann. Die italienischen Militärinternierten wurden durch Ausbeutung ihrer Arbeitskraft, Nahrungsmittelentzug und fehlende medizinische Betreuung teilweise sogar schlechter behandelt als die sowjetischen Gefangenen. Ungefähr 180.000 Mann der Militärinternierten wechselten unter diesem Druck die Seiten und traten als Kampf-, Hilfs- oder Arbeitswillige in deutsche Dienste oder wurden Soldaten für Mussolinis Republik von Salo.

Einerseits genoss Konrad die Tage in Italien, andererseits fand er sich überfordert oder falsch gefordert: *Was man zu der Zeit von einem 22-jährigen jungen Menschen verlangte. welche Verantwortung man ihm aufbürdete, soll der Leser im Einzelnen im Kriegstagebuch lesen*, schreibt er in seinen Erinnerungen. Gefangene Italiener, eben noch Verbündete, durch den Waffenstillstand mit den Alliierten zu Feinden geworden, vor die Wahl zu stellen, weiter mit den Deutschen zu kämpfen oder als Fremdarbeiter nach Deutschland verschickt zu werden, das ist, so spürte es Konrad wohl, eine unsoldatische Aufgabe, die den ethischen Rahmen, den er im Leben einhalten wollte, sprengt. Also auch in Italien, nicht nur in Russland.

Im Fotobuch meines Vaters mit dem Titel Kriegserinnerungen, geschmückt mit einem Stahlhelm mit Adler und Hakenkreuz, nimmt die Venedig-Zeit großen Raum ein. Konrad in Truppenuniform, d. h. mit kurzen Hosen, er findet sich reichlich jugendlich. Zwei Fotos mit erbeuteten Geschützen und dann vier Seiten mit insgesamt 20 Schwarz-Weiß-Fotos von Venedig, unbeschriftet. Aber mit allen bekannten Sehenswürdigkeiten. Anders als bei den üblichen Bildern sind keine Personen zu sehen.

RUSSLAND: »ES IST EBEN ALLES ZUSAMMENGESTOPPELT WORDEN.«
Schon die Fahrt an die Front war 1943 zu einem gefährlichen Abenteuer geworden, weil es *durch ein dolles Partisanengebiet geht und alles sitzt schussbereit hinter den Fenstern.* Ein Einschuss durch das Zugfenster richtet deswegen keinen Schaden an, weil Konrad auf der Bank schläft. Ziel ist Winniza, auch Winnyzja, 300 km südwestlich von Kiew gelegen.

Winniza hat aus mehreren Gründen traurige Berühmtheit erlangt. 1937/38 ermordete der sowjetische Geheimdienst des NKWD 10.000 »Klassenfeinde«. Die Massengräber wurden 1943 entdeckt und propagandistisch von NS Deutschland genutzt. Im September 41 ermordeten zwei deutsche Polizeibataillone insgesamt etwa 20.000 Juden. Winniza ist auch deswegen bekannt, weil hier ab 42 ein Führerhauptquartier namens Werwolf errichtet wurde. Hitler soll selten dort gewesen sein.

Alle drei Vorkommnisse finden bei meinem Vater keine Erwähnung. Erwähnt wird ein Besuch im Stadttheater, bei dem Madame Butterfly gegeben wurde, gespielt von ukrainischen Akteuren in russischer Sprache. Das Programm hat mein Vater aufgehoben.

Intendant und ausgewiesen als Sonderführer (Z) war Franz Antel (1913 bis 2007), Regisseur von mehr als 100 Spielfilmen. Die Kriegsjahre verbrachte er als Soldat. Zwischendurch wurde er immer wieder für Filme und die Truppenbetreuung freigestellt. Im Jahr 1945 kehrte er aus sowjetischer Kriegsgefangenschaft zurück. Mit der Heranziehung als Sonderführer sollten die zivilen Spezialkenntnisse von Soldaten genutzt werden, die keine oder nur eine ungenügende militärische Ausbildung hatten. Dieser Personenkreis wurde in den Offiziers- oder Unteroffiziersdienstrang übernommen. Z stand für Leutnant oder Oberleutnant.

Bis Anfang Dezember 1942 liegt Konrad im dortigen Lazarett mit Verdacht auf Malaria, der sich aber nicht bewahrheitet. Also an die Front, es ist ein Brückenkopf. Es herrscht ein Durcheinander, die Ankommenden werden hin und her geschoben. Konrad erfährt: *Fast alle meine Jahrgangskameraden sind gefallen oder verwundet.* Kommen ihm Zweifel an der Sinnhaftigkeit des Ganzen? Wie verarbeitet er, dass er wieder auf ukrainischem Boden ist und es nach Stalingrad nun nicht mehr vorwärts geht und der ersehnte Friedensschluss in weite Ferne gerückt ist?

Eine Woche vor seiner lebensgefährlichen Verwundung berichtet Konrad über einen Gottesdienst: *Der Pfarrer hatte einen Baum und Lichter mitgebracht und wir haben Weihnachtslieder gesungen – es war richtig hübsch gemacht. Es wurde einem zum ersten Mal etwas weihnachtlich, aber auch etwas weich zumute. Hoffentlich bleibt der Russe auch übers Fest ruhig.*

Das war am 16. Dezember, am 21. Dezember berichtet Konrad nach Hause von einem Großangriff des Feindes. Er wird mit Soldaten zu leeren Schützenpanzern gefahren und sie sollen mit ihnen angreifen. *Es ist heller Wahnsinn, denn weder unsere Leute noch wir kennen uns richtig mit diesen Dingern aus... Aber Befehl ist Befehl und wir fahren vor.* Der Angriff misslingt, wie befürchtet. Dann ein neuer Befehl, Konrad soll eine Schwadron (Kompanie) übernehmen, in der er keinen kennt und die Leute untereinander sich auch nicht. *Es ist eben alles zusammengestoppelt worden.* In diesem Gefecht steht ihm ein Russe mit Bajonett gegenüber und Konrads Maschinenpistole versagt. *Ich konnte sie gerade noch umdrehen und ihn niederschlagen, wobei der Kolben sofort abbrach. Er war 13–14 Jahre alt und als einziger bei seinem Geschütz geblieben.* Kurz darauf erhält mein Vater die Verwundung, die sein weiteres Leben prägt: einen Lungensteckschuss und der Verlust von drei Fingern der linken Hand. Das war in der Nacht vom 21. auf 22.12.1943.

Eine Episode davor, die uns mein Vater erzählte, finde ich in seinem Kriegstagebuch nicht. Sie betrifft General Ferdinand Schörner, Kommandant des Brückenkopfes Nikopol. Er habe die neu eingetroffenen Offiziere begrüßt, in die Lage eingewiesen und ihnen mitgeteilt, dass er nicht erwartet, sie nach dem Angriff unversehrt (oder sagte er lebend?) wieder zu sehen. Diese Geschichte passt zu Schörner. Die ihm unterstellten Truppen führte Schörner mit äußerster Härte, und er verlangte bedingungslosen Gehorsam. Seine menschenverachtende Einstellung kam in zahllosen Todesurteilen gegen Wehrmachtssoldaten ebenso zum Ausdruck wie in seinem Ausspruch, der Soldat müsse »mehr Angst im Rücken, als von vorne« haben. Der »blutige Ferdinand« galt als der brutalste von Hitlers Feldmarschällen. Am 17. Februar 1944 erhielt Schörner das Eichenlaub zum Ritterkreuz für die erfolgreiche Räumung des Brückenkopfes bei Nikopol.

In den Briefen nach Hause tröstet Konrad seine Anverwandten, alles sei nicht so schlimm, auch wenn er wohl ein Jahr Genesung brauche. Uns hat er erzählt, dass er im Lazarett unmittelbar hinter der Front von seinen Kameraden besucht worden sei und dabei den Eindruck hatte, sie wollten sich von ihm verabschieden, zumal er allein in einen gekachelten Raum geschoben wor-

Nikopol ist eine Großstadt in der Oblast Dnipropetrowsk im Süden der Ukraine. Nikopol hat etwa 120.000 Einwohner (2012). Die Hafenstadt ist seit dem 19. Jahrhundert ein Zentrum der Mangan-förderung und -Verhüttung. Im Zweiten Weltkrieg wurde Nikopol am 17. August 1941 nach dem Überfall auf die Sowjet-union von der deutschen Wehrmacht besetzt. Die zuvor von der Roten Armee bei ihrem Rückzug zerstörten Man-gangruben und -hüttenwerke wurden, soweit möglich, repariert und wieder in Gang gesetzt. 1942 wurde so eine Manganerzförderung erreicht, die bei 120.000 Tonnen pro Monat lag und da-mit höher als zu Sowjetzeiten. Auch die Manganhütten wurden reaktiviert und erzeugten während der deutschen Besetzung rund 1.800 Tonnen reines Mangan. 1942/43 war die deutsche Rüstungs- und Stahlproduktion zu neunzig Prozent von den Lieferungen aus Nikopol abhängig. Wegen der Be-deutung des Ortes wurde er während der sowjetischen Sommeroffensive 1943 besonders intensiv von den deutschen Truppen verteidigt. Als die Einkesselung drohte, musste General Schörner den verbliebenen Brückenkopf schließlich am 16. Februar 1944 räumen.

den war. Da habe er beschlossen, jetzt und dort nicht sterben zu wollen.

Die verbleibende Kriegszeit verbrachte mein Vater im Laza-rett (es gab mehrfache Rückfälle) und als Lehrer an Kriegsschulen.

In einer zusammenfassenden Bewertung, ein halbes Jahrhun-dert nach den Ereignissen aufge-schrieben, kommt mein Vater zu dem Schluss: *Heute hört man so viele Behauptungen von Gräuelta-ten, die die deutschen Soldaten in Russland verübt haben sollen. Zu unserer Division kann ich nur über korrektes Verhalten gegenüber der Zivilbevölkerung berichten.* In die-ser Aussage stecken Einschrän-kungen, zu denen ich mich gerne kundig gemacht hätte. Konrad hat Wert darauf gelegt, dass sie die Zivilbevölkerung nie bestoh-len hätten, sondern alles was sie beschlagnahmt haben, auch be-zahlten.

Diese Einordnung des Verhaltens findet sich übrigens nicht nur bei meinem Vater. Ein Beispiel: Unter der Überschrift »Tap-fer und gütig« berichtet die Celler Zeitung 1962 vom zehnten Kameradschaftstreffen der Springenden Reiter, das wiederum in Celle stattfand. Dabei habe der ehemalige katholische Divisions-pfarrer Lüpschen aus eigener Kenntnis, wie es heißt, in seiner Rede ausgesagt, dass diese Division niemals denen ein Leid zuge-fügt habe, die am Rande des Krieges leben mussten, den Frauen und Kindern im Kampfgebiet und ihrem Hab und Gut.

Aber wie ist es mit dem Umgang mit den feindlichen Soldaten? *Da ich meinen Karabiner nicht in der Hand habe, beschließe ich, ihm im Notfall mit dem Spaten zu Leibe zu gehen* (30.6.1942 Russland) Am 11.8.1942 ist zu lesen: *Wir gehen nun sofort vor, finden aber nur noch eine Masse Tote und Verwundete, die wir von ihrem Leiden erlösen.* Solche Passagen erschrecken nicht nur des Inhalts wegen, sondern auch wegen ihrer Wortwahl. Aber die hatte mein Vater in späteren Jahren ja selber bedauert. Und vielleicht ist es wie bei den Ärzten: Ironie und Zynismus schützen vor zu viel Anteilnahme. In Ernst Jüngers Beschreibung seiner Soldatenzeit im Ersten Weltkrieg (»In Stahlgewittern«) finden sich ähnliche Sätze.

Ein Fotoband: »Iwan kaut Zucker.«

Ähnlich ist die Tonalität in den Bildunterschriften des erwähnten Fotobandes »Kriegserinnerungen«. Wer die Fotos gemacht hat, ist unklar. Unter dem Foto von drei Russen, davon einem barfüßig, ist zu lesen: *Versprengte Russen lungern an der Rollbahn herum.* Unter einem Foto zerstörter Fahrzeuge ist zu lesen: *Das Werk unserer Panzer.* Ansonsten Fotos, die vor allem Soldaten in der Rast zeigen, oft mit Bezeichnung der Personen. Die Fotos sind schwarz-weiß und klein mit weißem, gezacktem Rand, für heutigen Maßstab wenig attraktiv. Auf einem Foto einer Gruppe von ca. 15 Soldaten hat mein Vater mit Kugelschreiber den längsten Soldaten markiert und KvV daran geschrieben. Unter dem Foto einer Gruppe in weißer Tracht gekleideter Mädchen steht *Ukrainer begrüßen unseren Einzug.* Eine Gruppe von vier Russinnen und einem Russen in Uniform trägt die Unterschrift *Flintenweiber.* Ein älterer Mann, dem ein deutscher Soldat an der Schulter zieht und ein weiterer Soldat dahinter mit Zigarette im Mund wachsam herüberschaut, hat die Bildunterschrift:

Ein Fotoband: »Iwan kaut Zucker.«

Madga hat Einquartierung.

Aufsitzen - ohne Fahrzeuge!

Wie kommt der Opa zum Gewehr? Ich hätte meinen Vater gerne gefragt, ob er sich erinnert. Wer hat ihm das Foto gegeben? Wer sind die Soldaten? Was ist mit dem Gefangenen geschehen? War er nach Konrads Wissen ein Partisan? Wurden die gleich erschossen?

Man sieht Fotos von Panjewagen, Flussübergängen und Soldaten, die offenbar gerade eine Kriegsauszeichnung erhalten haben. Dann ein Soldat, wohl ein Kriegsgefangener, der etwas zwischen den Lippen hat, Unterschrift *Iwan kaut Zucker.* Nochmals die Unterschrift *Flintenweib*, das Foto zeigt einen Mann und eine uniformierte Frau.

Eine Gruppe von Soldaten in Formation ist auf einem anderen Foto zu sehen. *Gefangene des zweiten Zuges – von 25 Mann 350 Gefangene gemacht.* Drei Fotos zeigen eine ältere Frau, bei der sich Soldaten einquartiert haben. *Madga hat Einquartierung, Madga kocht, Madga ruht* (auf einem Brett, ein Schaf darunter). Eher komisch ein Foto, aufgenommen in Ohrdruf in Thüringen im Anschluss an den Einsatz in Russland, als nach dem ersten Jahr Russland die Pferde Vergangenheit waren und die neuen Fahrzeuge noch nicht da sind. Man sieht fünf Soldaten im Schnee sitzen wie in einem Fahrzeug: *Aufsitzen – ohne Fahrzeuge!*

Versuch eines persönlichen Fazits

In einem Brief an die erwähnte französische Freundin Janine schreibt Konrad im August 1966: *Was war der ganze Krieg doch nur für ein Irrsinn. Als junge Menschen – trotz Stalingrad – glaubten wir seinerzeit, wie ich bei Ihnen war, noch an die Notwendigkeit, den Krieg mit unserem Siege zu Ende zu führen. Ihr Großvater war anderer Meinung und vertrat diese Meinung auch offen vor mir. Das flößte mir damals viel Respekt ein. Bei Kriegsschluss haben wir Deutschen dann zu Recht viel von den Siegern zu hören bekommen und sehr viel lernen müssen. Aber hat die Welt aus dem letzten Kriege mit seinem Grauen gelernt? Ich glaube es nicht.*

Hat sich das Bild, das ich von meinem Vater hatte, beim Lesen des Kriegstagebuchs verändert? Die Antwort lautet: zu Teilen ja. Ich lerne ihn als einen Menschen mit herausragender Kondition kennen, offenbar einen ausgezeichneten Reiter und Schützen. Gesund und jung. Aus Sicht eines Jungen im Schüleralter sind die Eltern alte Leute, egal wie alt sie tatsächlich sind. In meinem Fall kam hinzu, dass ich es mit einem Vater zu tun hatte, der lebenslang mit Krankheiten zu tun hatte – und wir mit ihm.

In vielen brenzligen Situationen hatte er im Krieg seine Fähigkeit zu umsichtiger Führung und außerordentlichem Mut, ja Draufgängertum bewiesen. Das belegen auch seine Auszeichnungen. Kein Zweifel habe ich daran, dass die Tradition der Kavallerie und persönliche Vorbilder anspornend wirkten. Eines dieser Vorbilder war Georg Michael. Jener Georg Michael erinnert vom Typus her an einen Leutnant Brecht, den Ernst Jünger so beschreibt: »Er war einer der wenigen, die sogar in diesem Materialkrieg ein besonderer Schimmer umwob und die man für unverletzlich hielt. Leute wie ihn erkannte man immer aus der Masse der anderen heraus – sie lachten, wenn wieder einmal der Befehl zum Angriff kam.«[43]

Michael hat in einem Tagesbefehl vom 15. Oktober 43 sein Denken und Handeln so in Worte gefasst: »Den glorreichen Taten unserer Division, der Regimenter und Schwadronen müssen wir uns wieder verpflichten. Unsere zweite Abteilung (die Michael, vom Schwadronskommandeur aufgestiegen, inzwischen führte) war stets die kühnste und tapferste im Angriff und verbissen und zäh in der Abwehr. Wir werden den Sowjets erneut zeigen, was sie inzwischen zur Genüge erfahren haben, nämlich: was wir können. Die alte Losung heißt wieder: vorwärts denken, vorwärts stürmen, vorwärts siegen!« In seinem Buch über die 24. Panzerdivision stellt der Autor, F. M. v. Senger u. Etterlin jr. folgenden Wahlspruch voran »Treu dem Wahlspruch: Zaudert nie! Reiten zwei voran! So ritten, kämpften, starben sie, Helden Mann für Mann!«

Gefördert wurde das Wissen umeinander. Aus Briefen meines Vaters an einen Kriegskameraden wird deutlich, dass diese Fürsorge nicht nur von oben nach unten, sondern in alle Richtungen gelebt wurde. Es gibt keinen Brief, in dem nicht vom Schicksal von Kameraden aller Dienstränge berichtet wird. Der Zusammenhang zwischen Leistungswillen und Gemeinschaftsverständnis wurde »oben« gesehen, wie die Neuaufstellung der Division nach Stalingrad mit ca. 30 Prozent »Altbestand« zeigt. Auffällig ist, dass NS-Jargon in den vorliegenden Texten allenfalls auf Ebene des Divisionskommandeurs zu finden ist. Man darf daraus folgern, dass für die besondere Rolle, die die Division für sich in Anspruch nahm, die Ausrichtung auf nationalsozialistische Ideologie keine Rolle spielte. Allerdings wurde zitiert, auch von meinem Vater, wenn der Führer sich lobend zur Division geäußert hatte.

Arthur Koestler, der viele Kriege kennengelernt hatte, meint, dass jene, die den Krieg führen, dies nicht tun, weil sie Zielen des »Überbaus« folgen: »Sie singen, grölen und träumen von ihren Lieblingsspeisen, masturbieren und zählen ihre Läuse. Sie sind hart und sentimental, vergnügt und melancholisch, selbstsüchtig und uneigennützig, alles nach demselben schäbigen, vorgefertigten Muster. Alle Armeen sind Brutstätten regelrechter Seuchen des Infantilismus. Im Krieg ist es nicht der Aspekt des Tötens, der das gesamte Militär, unabhängig vom Anlass der Kämpfe, in eine unreife, deprimierende Erscheinung verwandelt. Vielmehr ist es die unvermeidliche Erniedrigung, die erzwungene Reduzierung der intellektuellen Reife, die so etwas hervorbringt.«[44]

Artem Tschech, ein ukrainischer Intellektueller, fasst seine Kriegserlebnisse 2014/15 an der Donbass-Front ähnlich drastisch zusammen und weckt damit Verständnis für Kriegsfolgen in der Psyche von Soldaten: »Wir sehen den Krieg, wie er ist. Und wir sehen uns selbst so, wie wir sind. Schnapsdurchtränkt, vom Winde verweht, verbrannt, verroht, meist apathisch mit entzündeten Augen, entzündeten Zahnfleisch, gut geräuchert, mit langsamen Bewegungen, scharfem Blick und extremen Ansichten. Durcheinander und durchgedreht.«[45]

Dr. F. M. v. Senger u. Etterlin jr.

Die 24. Panzer-Division

vormals

1. Kavallerie-Division

1939-1945

Mit 22 Kartenskizzen
und 92 Abbildungen

*Berichte von Konrad v. Vieregg geb. 11.1.1921
06-08.1943 Schreiber und Zuggruppenführer † 16.06.2003
in der 6. Schwadron Panzer Grenadier Regiment 26
eigene Beiträge in diesem (6. Pz. Gren. Regt 26)
siehe Seite 97 - 99 Bnd*

„ 102 - 104
„ 105 - 106
„ 156 - 157 als Leutnant in Italien Zugführer
„ 180 - 184 als Leutnant u. Schadronführer
in Rußland

NECKARGEMÜND 1962

KURT VOWINCKEL VERLAG

*Nenning: S. 344, 320
Befelle S. 380-384 nach Stalingrad vor Vernichtung
in Frankreich gerettet und nach Hause geschickt.*

Die Handschrift meines Vaters auf der Titelseites des Buches der Division. Er notiert, wo aus seinem Kriegstagebuch anonym zitiert wurde und vermerkt die wichtigsten Daten seiner soldatischen Laufbahn.

Warum hat Konrad so viele Briefe geschrieben, oft unter widrigsten Umständen? Warum hatte er sich entschlossen, nach seiner Verwundung aus Unterlagen und Erinnerung ein Kriegstagebuch zu schreiben? Warum hat er später im Leben sich den Text nochmals vorgenommen und beigefügte Briefe, die für uns Nachkommen schwer lesbar waren, in Schreibmaschinenschrift

Konrad in englischer Kriegsgefangenschaft, gegen die Vorschrift mit Orden

übertragen, sicher auch mit Margots Hilfe? Ging es ihm darum, auf diesem Weg die Erlebnisse zu verarbeiten und Distanz zu gewinnen oder wollte er berichten, um falsche Akzentsetzungen über die Wehrmacht an seinem Beispiel zu widerlegen?

Nicht neu war mir Konrads Entschlossenheit, am Leben festzuhalten solange es geht und die Herausforderungen mit Demut zu ertragen. Dazu gehört auch ein Lebensoptimismus, gepaart mit einem schier unverwüstlichen Gottvertrauen. Wieso der Herrgott gerade einen wie ihn schützen sollte, war weder im Krieg noch im Frieden zu verstehen. Konrad aber war davon überzeugt. Als es darum ging, ob er seinen Siegelring als Zeichen seiner familiären Tradition für die Kriegszeit ablegen sollte, hat er sich dagegen entschieden. Begründung: Er würde überleben. Dass dieser Ring ihm einen Finger gerettet hat, ist eine Ironie des Schicksals.

Im späteren Leben, gebeutelt durch die Verwundung, die nur teilweise geglückte OP mit dem Ziel, den Splitter aus der Lunge zu bekommen, und weiterer Schwächung durch die OP (Herz) und Krankheiten, hat seine Entschlusskraft nachgelassen. Ich habe ihn als jemanden kennengelernt, der in aller Regel Beschlüsse im Einvernehmen mit seiner Frau Margot gefasst hat.

Diese hat sich mitunter darüber beschwert, dass sie sich eigentlich an ihn anlehnen wollte, so auch erzogen worden sei, es nun aber andersherum sei. Andererseits hat sie ihm Halt und Lebenssinn geben.

Und ich? Warum habe ich meinen Vater nicht, als ich so alt war wie er im Krieg, also zwischen 20 und 24, gefragt, wie es ihm in jenen Jahren wirklich ergangen ist? Ich als gestählter Achtundsechziger, nicht stramm links, aber studentenpolitisch wohltrainiert, wollte nur von meinem Vater wissen, was alle zu jener Zeit von ihren Vätern wissen wollten: Was hast du damals gesehen, du musst doch etwas gesehen haben?! Es ging um den Holocaust. Als wir neulich in einem Zoom mit meinen Klassenkameraden aus Hannover und später auch in einem anderen Zoom mit Bonner Kreislern uns über diesen Themenkomplex unterhielten, gab es keinen, der gesagt hätte: Wir haben uns, mein Vater und ich, intensiv ausgetauscht. Es gibt, auch in der Literatur, den Hinweis, die Vätergeneration habe geschwiegen. Dabei schwingt die Unterstellung mit, der Vater habe wohl etwas zu verbergen.

Seine Generation war in einen Krieg gezogen (worden), vor dem sich ihre Eltern, die den Ersten Weltkrieg erlebt hatten, immer gefürchtet haben. Das nationalsozialistische Regime hat diesen Krieg provoziert und mit dem Angriff auf Russland unermesslich ausgedehnt. Den Soldaten wurde durch die Propaganda eingetrichtert, dass im Osten – der Rassismus-Ideologie des Regimes folgend – andere Regeln gelten als im Westen. Aus diesen Jahrgängen (bei meinem Vater 1921) ist praktisch niemand unbeschädigt aus dem Krieg zurückgekommen, die Mehrzahl der Kameraden war gefallen. Der Krieg war ein Verbrechen.

Die Nationalsozialisten haben mit der systematischen Ausrottung von Minderheiten, insbesondere von Juden, Sinti und Roma, diesen Soldaten und ihren Angehörigen zusätzlich Last auf die Schultern gelegt. Krieg und Verbrechen flossen ineinander, an der Front und hinter der Front war, je länger der Krieg dauerte, beides immer schwerer auseinander zu halten. Da meine Generation vom Krieg nichts wusste und auch nichts wissen wollte, blieben die Väter mit ihrer Horror-Zeit alleine.[46] Ich bin nicht der Einzige, der seinen Vater mit seinen Kriegstraumata allein ließ. Ein Beispiel: Till, der Sohn von Werner Lindemann, einem DDR-Schriftsteller, wirft seinem Vater vor, keinen Widerstand gegen die Nazis geleistet zu haben. Darauf schreibt der Vater: »Ich habe in den vergangenen Tagen wiederholt nachdenken müssen über den Vorwurf, dass ich nichts gegen die Nazis und den Krieg getan habe. Beim Essen versuche ich, über meine Kindheit zu sprechen: Ungedämpfter Diensteifer beim ›Jungvolk‹, Begeisterung für den ›Führer‹, zielstrebige Bemühungen um den Nachweis, dass meine Vorfahren Arier waren... Mein Sohn hört ein Weilchen zu, steht auf, gähnt und geht aus dem Zimmer. Beleidigt laufe ich bis zum Wildbirnbaum und zurück. Dabei dämmert in mir die Erkenntnis: Wenn die Erde gefroren ist, lässt sich kein Weizen säen.«[47]

Selbstverständlich war und ist dies bei den Siegernationen anders. Was den hiesigen Soldaten blieb, waren Kriegertreffen. Ich müsste meinen Vater fragen, wie oft er daran teilgenommen hat, ich erinnere mich nur an einmal, als er mich mitgenommen hat. Auch kein Ruhmesblatt für den Sohn aus heutiger Sicht. Er machte sich im Nachhinein lustig über die alten Männer, die wild aufeinander einredend ihre Erinnerungen austauschten. Er hörte Wortfetzen wie »der Russe« und »der Hügel«. Auch das wertschätzende Verhalten der Anwesenden einem, wie er heute weiß, Max Reichsfreiherr v. Edelsheim, General der Panzertruppe und Ritterkreuzträger gegenüber, mochte er nicht teilen. Der alte Herr hatte hängende Socken. Jung mokiert sich über alt – wann in der Menschheitsgeschichte nicht? Es ist nur die Frage, ob der Comment gilt, dass sich die Jüngeren, unabhängig von ihrem Denken und Fühlen, den Älteren gegenüber respektvoll verhalten. Respekt schwindet bei denen, die sich moralisch für überlegen halten. Es ist wohl beides: Die Generation der 68er ist eine Generation der geschichtsvergessenen Spätgeborenen und rächte sich im Kollektivbewusstsein gegen individuelle Kränkungen, die sie durch die Generation ihrer autoritären Väter und sonstigen Erzieher erfahren hatten.

Bundeswehr: allein zu Haus?
Hat sich die Situation gegenüber 1968ff. verändert? Mein Eindruck ist, dass an die Stelle kritischer Nachfrage zur Rolle der

Reichswehr im 2. Weltkrieg eine massive Bausch und Bogen-Verurteilung in Politik und Gesellschaft getreten ist, gepaart mit Gleichgültigkeit gegenüber der Bundeswehr. Die Gnade der späten Geburt wird nicht mehr gewürdigt. Zur nachträglichen Verurteilung reichen wenige problematische Zitate oder einfach nur die Tatsache, in den NS-Jahren in einer auch nur halbwegs herausgehobenen Position gewesen zu sein. Ein besonders krudes Beispiel lieferte Ursula von der Leyen, von 2013–2019 Bundesministerin der Verteidigung: Helmut Schmidt in der Uniform eines Leutnants in der Kaserne? Abhängen! So lautete ein Ukas der jetzigen EU-Generalsekretärin.

> **Helmut Schmidt** (* 23. Dezember 1918 in Hamburg-Barmbek; † 10. November 2015 in Hamburg-Langenhorn) war 1974 bis 1982 Regierungschef einer sozialliberalen Koalition nach dem Rücktritt Willy Brandts und somit der fünfte Bundeskanzler der Bundesrepublik Deutschland. Die Vorbehalte gegen ihn als Befürworter der Bundeswehr kannte er aus seiner eigenen Partei.
> Nach Gründung der Bundeswehr wurde Schmidt im März 1958 zum Hauptmann der Reserve befördert. Im Oktober/November 1958 nahm er an einer Wehrübung in der damaligen Iserbrook-Kaserne in Hamburg-Iserbrook teil; noch während der Übung wurde er mit der Begründung, er sei ein Militarist, aus dem Vorstand der SPD-Bundestagsfraktion abgewählt

Traditionspflege oder Traditionsbruch?

Zwei Jahre war ich in Lüneburg Soldat unter dem Zeichen der 24. Panzerdivision in der Tradition der Kavallerie, dem Springenden Reiter. Mein Vater, der nicht darauf bestanden hatte, dass ich mich als Soldat in Lüneburg einfinden sollte, so wie er es 25 Jahre vorher getan hatte, war dann aber doch erfreut, dass es geschah und ich mich in Lüneburg wohlfühlte und Freunde fürs Leben fand. Aber auch die Koinzidenz »Lüneburg, Springender Reiter« setzte kein gründliches Gespräch über seine Kriegszeit in Gang. Wir Soldaten erfuhren von unseren Vorgesetzten nichts von der Traditionslinie »Springender Reiter«. Wäre es denn schlimm gewesen, wenn wir uns vergewissert hätten, dass wir in einer Truppengattung dienten, die sich immer als soldatische Elite verstanden hat?

Ob die Beibehaltung des Springenden Reiters nicht schon einen Verstoß gegen den Traditionserlass von 2018 darstellt, könnte gefragt werden. Tradition bedeutet demnach: »Der innere Zusammenhalt der Bundeswehr beruht auf gemeinsamen Werten und überlieferten Vorbildern, die durch Tradition symbolisiert und bewahrt werden. Tradition dient so der Selbstvergewisserung. Sie schafft und stärkt Identifikation, unterstützt eine verantwortungsvolle Auftragserfüllung und erhöht Einsatzwert und Kampfkraft.« Und wie steht die Bundeswehr zum Militär während des Nationalsozialismus? »Wegen des folgenschweren Missbrauchs militärischer Macht, insbesondere während der nationalsozialistischen Gewaltherrschaft, gibt es keine geradlinige deutsche Militärtradition. Die Bundeswehr ist sich des widersprüchlichen Erbes der deutschen (Militär-) Geschichte mit ihren Höhen, aber auch ihren Abgründen bewusst. Tradition und Identität der Bundeswehr nehmen daher die gesamte deutsche (Militär-)Geschichte in den Blick. Sie schließen aber jene Teile aus, die unvereinbar mit den Werten unserer freiheitlichen demokratischen Grundordnung sind.«

Die goldgelbe Farbe auf den Spiegeln schaffte zwar Gegenwartsstolz, aber wir waren nicht geerdet. Was wäre die Folge gewesen, wenn die Kaserne zum Beispiel »Georg-Michael-Kaserne« geheißen hätte? Georg Michael wäre ein Diskussionsfall. Messlatte sind die Traditionserlasse von 2018, 1982, 1965: »Die Bundeswehr ist freiheitlichen und demokratischen Zielsetzungen verpflichtet.« [Anm: Im Juli 2024 gab es »ergänzende Hinweise«, in denen – mit Hinweis auf die Kriegstüchtigkeit – in der Traditionspflege der Spielraum erweitert werden sollte: Augenmerk auf militärische Exzellenz. Nach negativem Presseecho hob der Generalinspekteur vier Wochen später den Erlass auf.]

Vergleicht man die Erlasse, stellt man ein immer stärkeres Abrücken vom Vorgänger fest. Jetzt heißt es über die Bundeswehr: »Für sie kann nur ein soldatisches Selbstverständnis mit Wertebindung, das sich nicht allein auf professionelles Können im Gefecht reduziert, sinn- und traditionsstiftend sein.« Wie ist der dann folgende Satz zu lesen? »Die Bundeswehr pflegt keine Tradition von Personen, Truppenverbänden und militärischen Institutionen der deutschen (Militär-)Geschichte, die nach heutigem Verständnis verbrecherisch, rassistisch oder menschenverachtend gehandelt haben«. Schließt man damit die Michaels aus, auch wenn sie mehr als »professionelles Können im Gefecht« zu bieten hatten? Die Formulierung »nach heutigem Verständnis« ist einleuchtend, denn um das Militär heute geht es, andererseits könnte die Formulierung als Einladung zu ahistorischer Betrachtungsweise verstanden werden. Auch kann man aus Soldaten keine Zivilisten machen.

Mit Wolfgang Schneiderhan (ehemaliger Generalinspekteur (2002–2009)) ist festzuhalten, dass zum Soldatensein das Kämpfen gehört und dass Soldaten dabei ihr Leben riskieren. Und natürlich auch töten. Soldaten sind Teil der wehrhaften Demokratie.

Das politische System der Bundesrepublik Deutschland wird vom Bundesverfassungsgericht als streitbare, wehrhafte Demokratie bezeichnet. In ihr wird die freiheitliche demokratische Grundordnung (fdGO) geschützt. Sie kann nicht auf legalem Weg oder durch Mehrheitsbeschlüsse aufgehoben werden. Gegen verfassungsfeindliche Einzelpersonen und Personenzusammenschlüsse (Parteien, Vereine und Organisationen) kann präventiv vorgegangen werden, bevor sie gegen die fdGO vorgehen können.

Wolfgang Schneiderhan (* 26. Juli 1946 in Riedlingen, Württemberg) ist ein General a. D. der Bundeswehr. Er war vom 27. Juni 2002 bis zum 31. Dezember 2009 der 14. Generalinspekteur der Bundeswehr und damit der ranghöchste Offizier in der Spitzengliederung der Bundeswehr. Seit 2017 ist er Präsident des Volksbundes Deutsche Kriegsgräberfürsorge e. V.

Wann ist eine Armee wehrhaft? Da geht es um Ausrüstung und Ausbildung, aber ein weiterer entscheidender Faktor ist das, was man im Zivilen den Teamgeist nennt. An den Tagen vor Konrads Verwundung und in diesen Kampfstunden selber klagt er, dass er niemanden kennt und ihn, den befehlsgebenden Leutnant, von »seinen« Soldaten auch niemand kennt. Nur an dieser Stelle berichtet er am Beispiel eines Feldwebels von mangelndem Kampfwillen bis an den Rand der Befehlsverweigerung. Konrad ist fassungslos.

Ich notierte, dazu passend, im Tagebuch über ein Lesestück eines Offizierskollegen meines Vaters, der von »tiefer Kameradschaft« schreibt:

Las heute von Reinhard Hauschild, von dem ich hoffe, dass er mein zukünftiger Kommandeur wird, dessen Kriegsbuch »Plus-Minus-Null«[48]. *Hauschild, in Vatis Division Oberleutnant, schildert die Kämpfe in Kurland und Ostpreußen, grausam zwar, wohl auch sinnlos, aber er (der Krieg) ließ uns reifen. Weiß ich, fragt der Autor, ob das, was ich bin, ich ohne die fürchterlichen Kampferlebnisse, aber auch ohne die beglückenden Augenblicke tiefer Kameradschaft überhaupt geworden wäre? Dennoch sollte auch weiter Wolfgang Borcherts*[49] *pathetischer Aufruf »Nie wieder Krieg« gelten. Augenverkleisterei, wie Dr. Hagemann es nennt, gibt es ja zur Genüge. Der Vietnamkrieg, den Amerika, das steht fest, militärisch nicht verlieren, aber politisch auch nicht gewinnen kann, gehört dazu. Ebenso wie die Deutschland-Frage. (19. Mai 1966)*

In unserer Bundeswehrzeit (bei mir 1966–68) galt die Abschreckungsdoktrin. Solange der Feind glaubt, es mit einem schlagkräftigen Gegner zu tun zu haben, wird er nicht angreifen. Also leben wir im Frieden und gut so. Wir haben uns über diese Vorstellung lustig gemacht. Es ist den Russen streng verboten, am Wochenende anzugreifen. Denn da sind wir nicht in den Kasernen und können nicht abschrecken. Oder: Zwar ist ein größerer Teil unserer Panzer nicht einsatzfähig, aber alle Gummiteile aller Fahrzeuge werden wöchentlich talkumiert. Auch das wird seine Wirkung nicht verfehlen: Der Russe wird beschämt seinen Vormarsch stoppen und erst mal seine Panzer putzen.

Heute, durch die Auslandseinsätze, hat sich die Situation verändert. Der Schrecken des Krieges ist mir durch das Kriegstagebuch meines Vaters nachhaltig vor Augen geführt worden: Auch im modernen Krieg ist das Töten weitestgehend nicht anonym.

Ich habe Konrad als jemanden erlebt, der um die Sinnlosigkeit des Opfers seiner Jugend wusste, andererseits aber doch darum rang, ihm wenigstens den Sinn der Pflichterfüllung zu geben. Pflichterfüllung für ein verbrecherisches Regime? fragte ich mit der Arroganz der Jugend. Dann schwankte er und Margot intervenierte spätestens hier. Sein Gesundheitszustand, er soll sich nicht aufregen, Junge, nun lass doch das. Eine Passage in Ernst Jüngers Buch über seine Erlebnisse im 1. Weltkrieg hätte uns vielleicht geholfen: »Der Staat, der uns die Verantwortung abnimmt, kann uns nicht von der Trauer befreien; wir müssen sie austragen. Sie reicht tief in die Träume hinein«.[50]

9. Meine Helmzeit : 1966–68

»Noch soundso viele Schlappe und der Rest von heute« – der Anfang vom Abschied von der Bundeswehr
Die Tür ins richtige Leben, die ich nicht öffnen wollte, ging von selber auf. Die Bundeswehr hatte sich gemeldet. Die Frage einer Verweigerung beschäftigte mich ernsthafter erst später, während der Bundeswehrzeit. Also ging es jetzt lediglich um die Frage: 18 Monate oder Zeitsoldat für zwei Jahre, Z2 abgekürzt? Ich wählte Variante zwei, weil sie finanziell attraktiv war und ich mir sagte, auf ein halbes Jahr kommt es dann auch nicht mehr an. Dann ist vielleicht die Bundeswehrzeit insgesamt eine weniger unnütze Zeit im Leben.

Nach dem Abitur – von Reife möchte ich nicht sprechen, sie geht mir ab, worüber ich glücklich bin, denn reife Menschen planen alles vor, sind folglich fantasielos – gehe ich für zwei Jahre zur Bundeswehr. Freiwillig. Sie hätten mich ohnehin genommen, deswegen will ich dann auch kassieren. Danach möchte ich studieren, vielleicht Jura oder etwas anderes Schreckliches. Manchmal würde ich gern Philosophie, Literaturwissenschaft und auch ein bisschen Theologie, Psychologie oder Soziologie studieren, aber wie gesagt, als braver Sohn braver Eltern ist das weniger wahrscheinlich.

Und dann: Wohin mit Helm? Auf der Suche nach mehr Sinn bei der Bundeswehr stieß ich auf die PSK, die psychologische Kampfführung mit Sitz in Koblenz. Reinhard Hauschild, den ich im Text zu meinem Vater erwähnt habe – er war in der gleichen Division – war nun 1966 Kommandeur der PSK in Koblenz. Das wäre es doch: Journalismus, einmal anders. Da wollte ich also hin.

Ich aber kam zur Grundausbildung nach Lüneburg zu den Panzeraufklärern und stand also in der Tradition meines Vaters und Großonkels (Randow). Dann verschlug es mich zu den Fernmeldern nach Clausthal-Zellerfeld und von dort kam die Erlösung zurück nach Lüneburg. Da bin ich dann, mit Ausnahme eines Lehrgangs in Munster, geblieben und habe es bis zum Fähnrich gebracht. Nach dem Ausscheiden dann zum Leutnant der Reserve. So viel als Überblick. Übrigens war ich unter meinen Z2-Kameraden einer der wenigen, wenn nicht der einzige, der sich nicht nach Lüneburg beworben hat. Bei mir muss ein Sachbearbeiter beim Bund aufgrund meines Namens geschaltet haben: Adel und Doppelnamen gehören zu den Aufklärern. Meine Körpergröße, die Panzernormgröße übertreffend, hat auch nicht gestört.

Eben hatte ich noch für den Abschlussball der Leibnizschule einen Text geschrieben, den, das zeigte die Aufführung, die Zuhörer weniger witzig fanden als der Verfasser. Ich zitiere aus einem siebenstrophigen Werk die ersten vier Zeilen

Leibnizschule, Leibnizschule
du wirst niemals untergehn
denn bei dir, da ist es dufte
denn bei dir, da ist es schön.

Dann folgte Katzenjammer: *Ich sitze auf dem Bett, Schuhe aus, sonst noch angetan im dunklen Anzug, Pfeife im Mund, Nelke im Knopfloch, insgesamt ein Trauerlappen.* »*Immer auf und ab*« *sagt Vati,* »*das Leben geht immer auf und ab*«. *Na, dann gute Talfahrt.*

HORRIDO, ICH BIN ANGEKOMMEN

Wenige Wochen später – wir sind noch bei den Sprüchen – notiere ich nicht ohne Stolz: *Gerd Konitzki zieht Erkältung durch die Nase hoch und lacht in sich hinein. Er liest* »*Horrido*«, *eine Zugzeitung für Zug eins der Ausbildungskompanie 7/3, Chefschreiber: Vieregge.*

Ich schreibe, also bin ich. Im Tagebuch eingeklebt ist eine Berufsbeschreibung des Journalisten, immer noch mein Wunschberuf: *Da, wo seine Begabung liegt, da liegt auch seine Begrenzung: im Wort. Er spart sich seine besten Einfälle fürs Papier und nicht fürs Leben auf.* Diese Zeilen habe ich unterstrichen. Absichtlicher Abstand verhindert Einswerden und Resignation. Beispiele liefern Viktor Klemperer als Jude in Dresden, der nicht nur akribisch Tagebuch führt (»Ich will Zeugnis ablegen bis zum Letzten«), sondern auch noch die NS-Sprache erforscht, und Sándor Márai, der den russischen Einmarsch nicht nur als Opfer, sondern bewusst als Beobachter begleitet. (»Land, Land. – Erinnerungen.«)

Im »Horrido« finden sich die Redensarten, wie sie damals den Sprachgebrauch bestimmten, vermutlich ererbt, vermutlich vererbt:

Der Lolli zu dem Lefti spricht:
»Ich glaub, es bricht«.
Und wenn Herrn Borstelmann die Unlust packt,
so sagt er laut » Ich glaub, es hackt«.
Übern Formalplatz des Gefreiten Müllers Stimme schallt:
»Ich glaub, ich steh im Wald.«
Und wenn einer dann Erschöpfung mimt,
so stöhnt er leis: »ich glaub, mein Muli priemt.«
Ein anderes Wort die 7/3 umgreift:
»Ich glaube gar, mein Schweinchen pfeift.«
So gibt es ohne Frage
den rechten Spruch für jede Lage.

Den speziellen soldatischen Jargon bekommen die neuen Soldaten schon beim erstmaligen Betreten der Kaserne zu hören. »36 schlappe und der Rest von heute«, »72 schlappe und der Rest von heute«, rufen ihnen entgegenkommende Soldaten zu. Zu lernen ist, es handelt sich um die restlichen Tage der Dienstzeit dieser Herren und es besteht das dringende Bedürfnis, dies den Neuen, die für 18 Monate mitzuwirken haben, (in meinem Fall für 24 Monate) mitzuteilen.

DIE BUNDESWEHR ALS PÄDAGOGISCHE ANSTALT

Theoretisch möchte die Schule das, was am Schüler zu fördern ist, fördern und die problematischen Seiten zurückdrängen. In der Bundeswehr, wie vermutlich in jeder Armee der Welt, herrscht die Ansicht vor, dass aus der wilden Mischung der Individuen, die da durchs Kasernentor kommen, eine Einheit zu schmieden ist. Ein Trainingsplatz ist die Stube, ein zweiter der Kasernenhof und dann geht es mit Gesang hinaus zum Schießplatz oder ohne Gesang in der Nacht in die Natur, bei Lüneburg eigentlich nicht ohne Reiz, als Gelände bezeichnet aber eher anstrengend. Ein Gefreiter ist ein Halbgott, das lernten wir schnell.

Es heißt (wenn ein Vorgesetzter die Stube betritt) *»Achtung«* *brüllen, einer nur, und der soll sich finden, der muss Männchen bau-* *en, während die anderen die sogenannte Grundstellung beziehen, d.* *h. Füße im 90° Winkel, Hacken zusammen, Hände zu Fäusten geballt* *an der Hosennaht, leicht angehoben und angewinkelt, der ganze Kör-*

per ein wenig vorgebeugt, das fünf-Mark-Stück schön mit der Kimme festhalten, Knie durchdrücken, Kameraden.

Zu den Quälereien auf Stube gehörte der Schrankappell. *Die Hemden liegen, obwohl auf DIN A gefaltet und mit 2 cm hohen Pappstreifen versehen, die in die Vorderfront eingezogen wurden, immer noch nicht kastenförmig übereinander.*

Beliebt war der Scherz des Vorgesetzten, mit dem Finger einen Staubrest im oder auf dem Schrank ausfindig zu machen und dann so zu tun, als ob man den Staub vom Finger bläst, begleitet von der Formulierung »Sehen Sie mich noch?« Das Dümmste, was einem dann passieren konnte, war eine flotte Antwort. Etwa: »Bestens, und wie ist es bei Ihnen?« Denn die hatte mit Sicherheit zur Folge, dass der Halbgott entschied, man brauche sicher noch den Freitagabend, noch schlimmer den Samstagvormittag, um das Problem (den Hemdenaufbau, die Staubbeseitigung usw.) zu beheben. Falsch ist es auch, sich zu entschuldigen. Der Halbgott mit Gebrüll: »Ein Soldat entschuldigt sich nicht!« Es wäre auch grundfalsch, sich für diese Belehrung zu bedanken. »Ein Soldat bedankt sich nicht!« Warum sich ein Soldat weder bedankt noch entschuldigt, wurde nicht erklärt. Eine Nachfrage wäre wiederum nicht empfehlenswert gewesen.

Weitere Möglichkeiten, sich den pünktlichen Start ins Wochenende zu vermasseln, bestehen darin, die Knöpfe der Uniform nicht geschlossen zu halten, die Schuhe nicht hinreichend geputzt zu haben oder die Utensilien, die täglich vorzuzeigen sind, nicht parat zu haben. Kamm, Schreibzeug, Bleistift, Taschentuch, Spindschlüssel, Truppenausweis sind pro Tag mindestens zweimal vorzuzeigen. Damit sind aber noch nicht alle Möglichkeiten, das Wochenende zu riskieren, erschöpft. Wenn man sich, wie mir geschehen, eine Blutblase läuft, die einen »M&S befreit« (Marsch und Sport), ist der Zeitraum zwischen Montag und Donnerstag ein erwünschter Rahmen, aber dann wird es brenzlig, weil du eventuell nicht rechtzeitig gesundgeschrieben wirst.

Offiziell wird die **Innere Führung** so beschrieben: »Die Innere Führung vermittelt diese Werte: Dazu zählen Menschenwürde, Freiheit, Frieden, Gerechtigkeit, Gleichheit, Solidarität und Demokratie. Sie sind stets fester Bestandteil in der Aus- und Weiterbildung der Soldaten, setzen die Soldaten doch im äußersten Fall für diese Werte ihr Leben aufs Spiel.«

Ist das Konzept der Inneren Führung vor Ort angekommen? könnte man sich als kritischer Zeitgenosse fragen.

So wie ich die Innere Führung verstehe, passt der Anspruch zum Soldat sein in der Demokratie ebenso wie zur veränderten Anforderung an den einzelnen Soldaten. Krieg hat sich individualisiert. Der einzelne Soldat ist als autonomer Kämpfer ausgerüstet. Die Möglichkeit, sich beim Handeln auf Befehl von oben zu beziehen, ist eingeschränkter als noch im ersten oder zweiten Weltkrieg.

So argumentiert wäre in der »Schule der Nation« (Kurt-Georg Kiesinger 1969) ein ziemlich umfassender Austausch des Lehrkollegiums wünschenswert. So jedenfalls meine Erfahrung beim Militär, die freilich einige Jahrzehnte zurück liegt und deswegen vielleicht heute überholt ist. Individuelle Förderung, sorgfältige Bearbeitung von Widerspruch und Kritik von unten wären notwendig. Einfacher aber sind die alten Methoden, auch wenn sie sich nicht bewährt haben. Kollektivgehorsam erreicht man durch Angstverbreitung und Konditionierung. Es gab dagegen nicht viel Wehren.

In der Ausbildungskompanie wurde einmal aufgemuckt, typischerweise gegen einen Zivilisten, der in Bundeswehrdiensten gebrauchte Wäsche annahm. Er wollte sie nur sauber gefaltet empfangen, um sie dann auf einen großen Haufen zu werfen. Da wurde dann doch gefragt, wozu das gut sein soll. Ansonsten passte man sich weitgehend an. Nicht so mein Freund Wolter. Als sein Vorgesetzter die Wirkungsweise einer Maschine falsch erklärt, fragt Wolter nach und erhält den Bescheid, wenn ein Vorgesetzter etwas erklärt habe, dann sei es so. Seine naseweise Art hat ihn dann vermutlich einen Lehrgang gekostet, er kam aus Munster beim zweiten Mal mit einer ausdrücklichen Belobigung zurück, was in Lüneburg auf Unfreude stieß. Ich wusste schon, dass er ein Vorzeige-Soldat ist. Denn nächtens, bei Alarm, stand er schon geschniegelt und abmarschbereit auf dem Flur, während ich noch auf dem sogenannten Alarmstuhl, auf den man am Abend zuvor zum schnellen Anziehen bereit, die Klamotten auszubreiten hatte, herumkramte. Er schloss dann meine Jackenknöpfe und erinnerte mich daran, dass auch die Mitnahme eines Gewehrs durchaus erwünscht sei. Mein Dank wird ihn ewig verfolgen.

Da wir gerade bei Alarm sind: Es ist ja nicht so, dass die Vorgesetzten humorlos wären. Zum Beispiel streuen sie gerne im Wald bei einem fingierten Infanterieangriff neben Befehlen wie »Feind von links« oder »Maschinengewehr von rechts« gerne mal ein »U-Boot von vorn« ein. Wer sich dann in Deckung wirft, hat nicht aufgepasst.

Generell gilt: In der Kaserne erzählt man die ganze Woche vom Wochenende und das ganze Wochenende von der Kaserne. Wenn dann aber das Wochenende vorbei war und der Soldat bis 22:00 Uhr das Kasernentor passiert haben musste, gab es halsbrecherische Rückfahrtmanöver. Gleiches galt während der Woche. Man kann im Nachhinein die Zeit zwischen 21:30 Uhr und 22:00 Uhr als die gefährlichste Soldatenzeit überhaupt bezeichnen.

Wofür ist die Bundeswehr denn da?

Aus Sicht der Vorgesetzten, die nachreden, was ihre Vorgesetzten ihnen eingeredet haben, scheint der Kollektivgedanke sich am besten dadurch in die Köpfe der Soldaten einzuträufeln, indem man sie marschieren lässt. Links 2-3-4. Kompanie Halt! Die Augen links! Augen geradeaus! Rührt Euch!

Und immer die Angst, das Wochenende ist futsch. Angst, dass Nachappell. Angst, dass man dich bloßstellt. Immer angespannt sein und doch nichts leisten außer Nutzlosigkeiten.

Ich bin Abiturient, Freiwilliger, da werden besondere Leistungen gefordert. Gewehr zusammenbauen nach Zeiten. Im Gleichschritt Marsch. Ich könnte weinen, sind die Leute denn verrückt? Verteidigen der Freiheit, die keiner genau kennt, die keiner klauen will.

Hier wird es also grundsätzlich. Wofür ist die Bundeswehr denn da?

Und wenn wir schon die Bundeswehr haben, dann muss sie auch was leisten. Da müssen wir was leisten. Wir müssen uns auf den Frieden konzentrieren, nicht auf den Krieg. Es gibt Leute in der Bundesrepublik, die sagen, man könne gegen einen Krieg nichts machen. Die sagen, man müsse sich für den Ernstfall rüsten. Nein! Keiner in der Welt will Krieg. Macht keinen Gegner zum Objekt. Mensch bleibe Mensch.

Im Angesicht des Kriegs von Russland gegen die Ukraine (ab 2014/15, mit Wucht ab 2022) klingen Sätze wie diese naiv. Damals klangen sie realistisch. Es gab allerdings auch schon damals ein Problem. Wenn man glaubhaft abschrecken will, muss man glaubhaft wehrhaft sein. Wenn man nicht abschreckend ist, wächst die Kriegsgefahr. Wie kann man abschreckend sein, aber nicht wirklich kampfbereit?

Ich zitiere zustimmend Carl Friedrich von Weizsäcker, der das Dilemma der Abschreckung so benennt: »Die großen Bomben erfüllen ihren Zweck, den Frieden und die Freiheit zu sichern, nur, wenn sie nie fallen. Sie erfüllen ihren Zweck aber auch nicht, wenn jedermann weiß, dass sie nie fallen werden. Deshalb besteht die Gefahr, dass sie eines Tages wirklich fallen werden.«

Die deutsche Armee hat zu keinem Zeitpunkt ihres Bestehens nicht der Macht gedient, auf die sie vereidigt war. Unser Kompaniechef, ein lispelnder Hauptmann, hatte die Vorstellung einer politikneutralen Bundeswehr auf seine Weise verstanden: »Tsie mütsen hier ihre Pflicht tun, egal ob in der Demokratie oder in der Diktatur.«

Zu den ersten drei Monaten Bundeswehr ziehe ich im Tagebuch folgendes Fazit: *Ich hatte Blasen, bekam Einblick in die Einzelteile des G3 und der militärischen Sprache. Ich schoss auf Pappkameraden, stand in langer Reihe vor der Essensausgabe, war so müde zu Hause und verzweifelt beim Abschied. Ich lernte kennen, wie viel ein Elternhaus wert ist.*

Als ich das schrieb, ahnte ich nicht, dass mir ein Stück Bundeswehr bevorstand, das wahrscheinlich typischer war für die Dienstzeit von Soldaten, jedenfalls damals, als das, was ich bis dato erlebt und mokant beklagt hatte.

Silvester

Ich war nach Clausthal-Zellerfeld zu den Funkern versetzt worden, genauer: Barackenstube 11a in der dritten Kompanie des Fernmeldeverbindungsbataillons. Ich blieb nicht in Lüneburg, weil ich mich, wie schon mitgeteilt, zur psychologischen Kampfführung nach Andernach angemeldet und dies aus irgendwelchen Gründen nicht direkt geklappt hatte. Nun hieß es, es sei ein weiterer Zwischenschritt notwendig, Andernach rückte in immer weitere Ferne. Bei den Richtfunkern ging es darum, Verbindungen hinter den Linien über 30–40 km zur Front aufrechtzuerhalten. Das wurde geübt, indem sich die Vorgesetzten zum Apparat, vor dem man saß, begaben und einen aufforderten, nicht hinzugucken. Dann verstellten sie mit ihrem Schraubenzieher die Einstellung und man musste sich daran machen, die Verbindung erneut herzustellen. Der tiefere Sinn dieser Übungen blieb mir verborgen. Gab es die Vorstellung, dass sich ein Sympathisant des Feindes heimlich anschleicht und die Funkgeräte verstellt? Man kann sich denken, dass der technisch etwas tumpelige Tagebuchchronist bei dieser Tätigkeit nicht glänzte. Besser, wenn auch nicht wünschenswerter, ging das Schippen von Schnee, wovon es in jenen Tagen genug gab. Von Klimakatastrophe war damals noch nicht die Rede. Der Harz war noch tauglich für Wintersport. Der Höhepunkt meiner Tiefpunkte in Clausthal-Zellerfeld war Silvester 66/67, denn da hatte ich Dienst. Es war kalt, es lag Schnee, die Baracke hatte einen Bullerofen, der mit Kohlen und Holz gefüttert werden musste.

Das Jahr 1967 ist aus der Taufe gehoben. Also stellte ich mich mit zwei anderen Kameraden stramm vor das geöffnete Fenster, nahm Grundstellung ein, legte die Hand an den unbedeckten Kopf und grüßte in vorschriftsmäßiger Nachtkleidung (Schlafanzug, gestreift) das neue Jahr. Darauf legte ich mich ins Bett zurück, in der Meinung, drei Tassen Punsch zum Abendbrot sowie eine weitere dreiviertel Flasche Rotwein sowie eine Vorstellung des Ohnsorgtheaters per Fernsehen sowie ein Teil der irrsinnig komischen Show »Und morgen haben wir Humor« sowie, es fällt mir in diesem Zusammenhang wieder ein, der letzte Teil der großartig abgelesenen Rede unseres verehrten Herrn Bundespräsidenten zum neuen Jahr (ich weiß gar nicht, was die haben: lesen kann er doch) hätten ausgereicht, mir von der Stelle weg einen traumlosen Schlaf zu sichern.

»Der verehrte Herr Bundespräsident« ist Heinrich Lübke (1959–69). Kein Bundespräsident vor und nach ihm musste so viel Spott ertragen. Heute weiß man, dass seine Wiederwahl unverantwortlich war. Denn in seiner zweiten Wahlperiode zeichnete sich bei Lübke die Demenz immer stärker ab. Heute wäre man vielleicht etwas vorsichtiger mit dem Spott, ein positiver Aspekt der aktuellen (2024) Debatte um Minderheiten und Außenseiter, allerdings steht nun das Netz zur Verfügung mit allen Möglichkeiten der Beleidigung und Herabwürdigung.

Silvester war das Beispiel; dieser Teil der Bundeswehrzeit hat mir ganz und gar nicht gefallen. Sehr viel später, als ich als Leutnant der Reserve eine Reserveübung im Attache-Referat des Verteidigungsministeriums absolvierte, habe ich mich mehr gewundert und stärker gelangweilt. Damit schloss ich das Kapitel Bundeswehr für mich ab und das Desinteresse war Gott sei Dank beidseitig. Aber ich greife vor.

Ich will zurück nach Lüneburg

Die Eltern kamen anderntags zu Besuch, weil ich am Sonntag einen halben Tag frei hatte. Das war nett von ihnen. Da war das Versetzungsgesuch zurück nach Lüneburg schon geschrieben. Der Vater steuerte eine Geschichte aus seinem Erleben bei. Ein ehemaliger Reiterkamerad wollte, nachdem die Truppe zu Panzergrenadieren umgeschult worden war, zu den Fliegern. Begründung: »Knobelbecher stehen mir nicht.« Am Ende habe er Erfolg gehabt – und sei als Nachtjäger gefallen. *Ich wünsche mir sehnlichst, dass meine Versetzung ebenfalls Erfolg hat,* schrieb ich in mein Tagebuch, *allerdings möchte ich da nicht so gern als Aufklärer fallen.*

Exkurs: Ausblick auf 2000

Mit Beginn des Jahres 1966 findet sich im Tagebuch ein Auszug aus einem Beitrag im SPIEGEL über die Zukunft. Zieljahr ist 2000, also von damals aus gesehen etwas mehr als drei Jahrzehnte. Lustbetont, konsumfreudig, reizzugewandt, Gesellschaft der Müßiggänger, mit einem gewissen Schuss Dekadenz, lauten die Stichworte aus dem Beitrag, die ich notierte. Der Durchschnittsamerikaner wird nur noch vier Tage in der Woche arbeiten und jährlich 2–4 Monate Urlaub machen. Rauschgift und Medikamente würden den Menschen der Jahrtausendwende in jede gewünschte Seelenlage bringen, prophezeite der SPIEGEL und zeichnete ein entsprechendes Szenario: Erwacht der Mensch, erquickt aus seinem traumlosen, medikamentös gesteuerten Schlaf, schluckt er seine 200-cal-Frühstückspille und schlüpft in seinen frischen Wegwerfanzug. In seinem Elektroauto flitzt er über unterirdische Autobahnen zur Arbeit. Siebeneinhalb Stunden lang Knöpfe drücken und Messskalen ablesen in einer staub-, abgas- und lärmfreien Fabrik. Die Automation wird perfekt sein.

Nur 10% der Arbeitsfähigen im Jahre 2000 werden produktive Arbeit leisten. Mehr als drei Viertel der Arbeitswilligen werden damit befasst sein, sich gegenseitig zu verwalten, zu bedienen und die gigantische Produktion der automatisierten Industrie zu verteilen, zu verkaufen und für alle zu verbrauchen.

Aus heutiger Sicht (2024) sind die Voraussagen, bezogen auf das Zieljahr, allesamt ziemlicher Käse, bezogen auf ein knappes Vierteljahrhundert später aber zu Teilen nicht mehr ganz so abwegig. Gefährdungen der Zivilisation wie Klimawandel, Pandemie und Kriegsgefahr waren damals nicht im Sichtfeld. Und die nicht westliche Welt, der globale Süden, wie man heute anstelle von Entwicklungsländer formuliert, störte in der Prophetie nicht den behaglichen Frieden, weder mit seinen Forderungen noch mit seinen Menschen, die sich spätestens seit 2015 in Massen auf den Weg nach Europa begeben, getrieben durch den Wunsch nach einem Leben mit Perspektive für sich und die Nachkommen. Es war eine Zukunftsbeschreibung mit der typischen Schwäche einer bloßen Fortsetzung der Gegenwart und euro-amerika-zentrisch fokussiert. Aber wie ist es mit der Behauptung, die prophezeiten Wachstumsgewinne würden wesentlich in Freizeit und Lustbarkeit verbraten? Mit der angeblich notwendigen work-life-balance hat ein problematisches Schlagwort inzwischen Karriere gemacht und beeinflusst das Denken und Handeln der Hiesigen, insbesondere der Jüngeren.

Der große Guru jener Zeit ist Hermann Kahn mit seinem Hudson-Institut. Er schätzt die Möglichkeit eines großen Atomkriegs bis zum Jahr 2000 auf 20% ein. Herman Kahn (*15. Februar 1922 in Bayonne, New Jersey; † 7. Juli 1983 in Chappaqua, New York) war ein US-amerikanischer Nuklearstratege, Kybernetiker und Futurologe. im Spiegel 20/1982 wird Kahn zu Deutschland zitiert. »Sorgen machen sich die Deutschen, gewiss: um wirtschaftliche Stagnation und Inflation, um verpestete Luft und verdrecktes Wasser, um die Raketen, die im Osten und im Westen aufgebaut werden.« Aber da sind sie, meint Kahn, »auf defätistische Propaganda hereingefallen, die Probleme sind oft aufgebauscht, Lösungen zumeist in Sicht.« Sind die Deutschen Sorgen-Weltmeister? Beherrscht keiner das Nörgeln so wie sie?

Schluss mit TTV

Nach einigem Hin und her kommt die lange erhoffte Meldung. Ein gewisser Soldat Heyduck ist bereit, zu tauschen, ich von Clausthal-Zellerfeld nach Lüneburg, er von Lüneburg nach Clausthal-Zellerfeld, Freund Ekkehard hat es hingebogen. Fast ein Gottesgeschenk. Am 1. Februar 1966 werde ich rückversetzt. Ich hatte es aber auch gründlich satt bei den Richtfunkern. Der obwaltende Verhaltenstipp nicht nur dort heißt TTV: Tarnen, Täuschen und Verpissen. Darin hat sich der Soldat zu üben. Es kommt darauf an, immer beschäftigt zu tun, es aber in Wirklichkeit mit der Beschäftigung nicht zu übertreiben. Wichtig ist, dass man jederzeit einen Auftrag hat. Der Auftrag lässt offen, wie lange er zur Erfüllung braucht. Ein Vorgesetzter, der dich sieht, überzeugt sich von deinem Bemühen, von A nach B zu gelangen. Würde er eine Viertelstunde später nochmals schauen, würde ihm auffallen, dass du dich kaum bewegt hast, es aber immer noch wie Bewegung aussieht. Die Wahrscheinlichkeit freilich, dass du einen solch diensteifrigen Vorgesetzten hast, ist gering, denn der ist ja auch Teil der Bundeswehr und hat Vorgesetzte und einen Leitspruch, der sein Handeln bestimmt: TTV.

Wäre ich in Clausthal-Zellerfeld bei den Richtfunkern geblieben – ich habe nie verstanden, warum eine Truppe, die doch eigentlich rückwärtige Dienste versieht, so nahe an der Zonengrenze stationiert ist – hätte ich es TTVmäßig weitergebracht. In Lüneburg, eingereiht in die Reserveoffiziers-Ausbildung, blieb mir dies erspart.

20 weitere Monate: Zusammenschau für Querleser

20 Monate Bundeswehr lagen also noch vor mir. 20 Monate unter dem Zeichen des springenden Reiters im Goldgelb der Kavallerie und nun der Aufklärer. Elite! Bei Manövern wurden wir regelmäßig gelobt, ich fragte mich, wofür eigentlich. Ein Vorgesetzter erklärte das Geheimnis der Elite: 75 % der Aufklärer wären in der ersten Woche eines Krieges tot oder verwundet. Diese Art von Elite gefiel mir nicht, aber was sollte ich machen? Es hieß in einem SPIEGEL-Artikel, die lebenslänglichen Offiziere der Panzeraufklärer würden ihre Kinderwagen goldgelb ausschlagen. Ich

habe das niemals gesehen. Aber vielleicht wurde es Mode, nachdem der SPIEGEL es behauptet hatte.

An manchen Familienfeiern nahm ich in Uniform teil, vermutlich, weil ich wusste, dass ich damit den Gesprächsstoff lieferte. Einmal bei einer Beerdigung. Da wusste ich nicht, wann ich grüßen oder die Mütze abnehmen sollte. Aber die Kalkulation trog nicht: Die Verwandtschaft war angetan, die Eltern stolz. Und dies nach zwei Weltkriegen.

Später würde ich auf die Frage, wie die Zeit in Lüneburg war, antworten, es sei für mich wie eine Internatszeit gewesen. Wir waren 20 Reserveoffiziersanwärter, die Hälfte adelig, fast alle hatten sich nach Lüneburg beworben. Lehrgänge, bei denen die ersten beiden von vieren die schwierigsten waren. Freunde, wie sich herausstellte, fürs Leben.

Mit einem Hauptmann, Helge Melms, dessen Vater ein enger Freund meines Großvaters mütterlicherseits war, Mecklenburger wie ich, konnte ich mich nach der Bundeswehrzeit richtig befreunden. Melms war Jahrgang 37, starb 2019 und hatte im Streit die Bundeswehr als Major verlassen. Nach der Wiedervereinigung kehrte er mit seiner Frau Dorothee nach Mecklenburg zurück und baute nach langem zähem Kampf mit den Behörden auf dem ehemaligen Familiengut Liepen ein Haus auf dem Grundriss des alten Herrenhauses. Helge und Dorothea – sie als Pastorentochter in Mecklenburg aufgewachsen – kamen nach abenteuerlicher Geschichte zusammen, die Helge bis in die Fänge des bulgarischen Geheimdienstes brachte. Ein weiterer Beleg für diesen außergewöhnlichen Menschen, dem ich hier ein Denkmal setzen möchte.

Als Ausbilder

Später war ich selber Ausbilder in der Ausbildungskompanie, da war Melms der Chef und ich habe eine Gruppe geleitet. Ich wusste oft nicht, wie sich orientieren. Dann habe ich meine Leute zusammengerufen und ihnen den Befehl gegeben, den Weg nach Hause zu finden. Die Leute haben gegrinst und ich wurde den Verdacht nicht los, dass sie mich durchschauten. Ähnlich bei einer Nachtübung. Da sollte der Polarstern gezeigt werden. Ein vorlauter Untergebener meldete: »Herr Fahnenjunker, in der Nachbargruppe ist der Polarstern woanders.« Ich war viel zu gut gelaunt, um aus der Fassung zu geraten. Es macht nämlich gute Laune, Vorgesetzter zu sein, fand ich. »Soldat X, seien Sie nicht so vorlaut! Die ganze Gruppe schließt sich der Nachbargruppe an, dallidalli«. Damit war der Polarstern einvernehmlich geortet.

Und wieder merkte ich voller Freude, dass die Leute, zumeist handfeste Burschen aus dem Ruhrgebiet, mich so mochten wie ich sie. Ich merkte, dass ich mittlerweile eine gute Kondition hatte und als Vorgesetzter wuchsen mir Flügel. Meine Leute haben auch meinen 2CV gegrüßt, als ich ihnen das befahl. Wir amüsierten uns gemeinsam.

Und dann war da noch dieser Langstreckenlauf. Das muss aber vorher gewesen sein, als ich noch einfacher Soldat war und Teilnehmer eines Unteroffiziersanwärterlehrgangs. 5000 Meter oder 10.000? Jedenfalls wollte ich nicht, dass mein oberster Vorgesetzter im Lehrgang, Leutnant K., mich überholt. Ich habe gekämpft. Mich hat es mal nach links und mal nach rechts getrieben und der Herr Leutnant kam nicht vorbei. Da haben sie hernach an meinem Charakter gezweifelt, wie auch schon in der Schule, wenn sie einen Anlass fanden. Es muss für Vorgesetzte ein erhebendes Gefühl sein, bei Anempfohlenen nicht nach den Stärken, sondern nach den Schwächen zu fahnden, und dabei vor allem nach den Charakterschwächen. So lässt sich der Schwache weiter schwächen, in die Enge treiben. Ein Loser wird geboren. Und man kann seinen Machtgewinn Tropfen für Tropfen auskosten, ohne dass man sich den Vorwurf gefallen lassen müsste, man sei machtgeil. Man zeigt doch lediglich besonderes Verantwortungsgefühl und das ist sittlich über jeden Vorwurf erhaben.

Und einmal, das muss in Munster gewesen sein, habe ich im Panzer gesessen und geschossen. Scharf. Und irgendwie in die falsche Richtung. Die Beobachter suchten Deckung und wieder wurde an meinem Charakter gezweifelt. Und wieder stellte sich heraus, es war anders. Ein Vorgesetzter hatte einen Fehler gemacht. Die Sache wurde vertuscht. Genauso wie der Saufabend mit allen, auch den Ausbildern, bei S. in Lüdersburg; der Sohn war einer von uns. Auf dem Rückweg flog ein VW aus der Kurve und lag, ganz Käfer, auf dem Rücken. Heiter und betrunken stellten wir den Wagen wieder auf die Räder und es ging zurück in die Kaserne. Um es uns bequem zu machen, fuhr der Fahrer so nahe an den Eingang heran, dass die Rabatten, die der Spieß der Kompanie pflegte, am nächsten Morgen von Reifenspuren durchpflügt waren. Auch dieser Vorgang blieb folgenlos, denn es waren ja Vorgesetzte dabei.

Und dann noch Freund Jan, der sich oft abseits setzte und das Feuilleton der WELT las. Er wurde später Schauspieler. Bei ihm konnte man lernen, wie man gefördert wird, wenn man keine Angst hat, sondern einen von der Bundeswehr genervten Eindruck macht. Seine Vorgesetzten konnten sich nur einen Reim daraus machen, indem sie ihm Führungsqualitäten unterstellten und ihn auch durch den nächsten Lehrgang schleusten.

Die Müdigkeit, das war eine treue Begleiterin während der Lehrgänge. Einmal, nachts, bin ich im Gehen eingeschlafen und wäre fast in einen Graben gefallen. An der nächsten Kreuzung, wir waren zu dritt, wollte der eine nach rechts und der andere nach links gehen. Ich hörte zu und überlegte, wer wohl Recht haben könnte. Jeder blieb bei seiner Meinung. Ich schloss mich einem an und der andere, ein sturer Schwabe, verschwand in der Dunkelheit. Ein andermal hatten wir mehr Glück, da nahm uns ein Lastauto mit. Die Vorgesetzten wollten nicht glauben, dass man so schnell zurück in der Kaserne sein könne. Sie vermuteten Betrug. Sie hatten Recht, aber sie konnten es uns nicht beweisen.

Wie man Vorgesetzte durch Überbietung ausbremst

Und damit bin ich bei der wichtigsten Erinnerung: Zwei unserer Kameraden, die Soldaten S. und B., brachten die Vorgesetzten an den Rand der Verzweiflung. Wie haben sie das gemacht? Sie haben nach einer Stunde Exerzieren die Vorgesetzten gebeten, doch noch eine halbe Stunde drauf zu legen. Sie hätten den Eindruck, wir bräuchten das. Nach einer Nachtübung fanden sie, dass wir zu früh zurück seien. Sie hatten immer etwas auszusetzen, immer sollten die Vorgesetzten noch etwas mehr abfordern. Entscheidend war, dass sie zu zweit waren und beide die Fähigkeit besaßen, bei ihrer Beschwerde neutral zu schauen, kein Muskel zuckte, kein Auge zwinkerte. Bei Loriot gibt es das neutrale Gesicht gegenüber dem Chef; genau das beherrschten sie perfekt. Wir anderen bemühten uns ebenfalls um neutrales Aussehen und wenn die Vorgesetzten dann dem Wunsch nachkamen, haben wir nicht gemault. Diese Form des Defaitismus war die beste Lehre fürs Leben, die mir die Bundeswehrzeit geschenkt hat. Es gibt ein Asterix und Obelix Heft, in dem ich diese Methode wiederfand. Beide haben es eilig, ich glaube, nach Ägypten zu kommmen, und wenn die Vorgesetzten sie morgens mit Gebrüll aus dem Zelt holen wollen, sind sie schon weg. Die Vorgesetzten weinen sich bei Caesar aus. Bei wem sich unsere Vorgesetzten ausgeweint haben, würde ich im Nachinein gern wissen. Sie wollten uns klein machen, wir haben es ihnen heimgezahlt. Passiver Widerstand bei der Bundeswehr, das hat Spaß gemacht. Die Zusatzanstrengungen, die wir uns eingebrockt hatten, haben uns belebt.

Wie ich durch ein lädiertes Knie zu Hans Mayer kam

Bei B.s (Freund Uli) gab es ein Verkleidungsfest und ich sprang aus dem Fenster bei einer fingierten Verfolgungsjagd; Witzigkeit kam zu Fall: *Rumms machte es, und ich spürte einen Schlag wie einen Schock im Knie. Humpelte durch die Küche wieder rein, besah mir den Schaden: Knie dick, Kalte Umschläge, der arme Kranke.*

Das Angenehme an solchen Vorfällen ist, dass man im Mittelpunkt steht. Und wird bemitleidet. Die, die einen belächeln, tun es hinter vorgehaltener Hand. Das linke Knie oder das rechte oder beide sind in der Tat mein schwacher Punkt, damit hatte ich schon als Schüler immer wieder zu tun, Wasser im Knie. Nun also *Gips. Für 14 Tage transport- und dienstunfähig.* Wieder Zeit, um Dialoge zu schreiben. Zur Abwechslung mal mit vier Männern, die sich prompt Witze erzählen. *Warum der Elefant rote Augen hat? Damit er sich besser im Kirschbaum verstecken kann.*

Und dann bin ich mal wieder ein großer Politiker, der, mit einer Diktatur des guten Willens, geschickt zwischen den USA und der UdSSR laviert und so die deutsche Wiedervereinigung hinbekommt. *Mit dem DFU-Plan oder dem NPD-Manifest? Verdammt, es entgleitet mir. Ich brauche gar nicht erst geweckt zu werden, um zu wissen, dass ich träume.* Ich behaupte, der Traum von Deutschlands Neutralität bei gleichem Abstand zu den Großmächten schien da-

Hans Mayer (* 19. März 1907 in Köln; † 19. Mai 2001 in Tübingen) war ein deutscher Literaturwissenschaftler. Er stammte aus einer großbürgerlichen jüdischen Familie, sein Vater war Kaufmann und Kunstsammler. Seine Eltern wurden im KZ Auschwitz ermordet. Da er Jude und Marxist war, erhielt er nach der NS-Machtübernahme im Juli 1933 ein Berufsverbot und floh im August nach Frankreich. 1934 übersiedelte er nach Genf. Nach dem Ende des Zweiten Weltkriegs kehrte Mayer 1945 nach Deutschland zurück. 1948 ging er mit seinem Freund Stephan Hermlin in die Sowjetische Besatzungszone (SBZ). In Leipzig nahm er eine Professur für Literaturwissenschaft an und wurde zum einflussreichen Kritiker der neueren deutschen Literatur. 1963 kehrte Mayer nach einem Verlagsbesuch in Tübingen nicht in die DDR zurück. 1965 wurde er auf einen neu eingerichteten Lehrstuhl für deutsche Literatur an der Technischen Hochschule Hannover berufen. Diesen hatte er bis zu seiner Emeritierung 1973 inne.

mals realistischer als die Realität Ende der achtziger Jahre, als der Kommunismus wirtschaftlich am Ende war und mit Gorbatschow die Vision eines verkleinerten, gesundeten, demokratischen Russlands im europäischen Haus geboren wurde.

Die Sache mit dem Gipsbein zog sich hin. Ich war nicht böse drum. Beunruhigt war ich auch nicht, dass mein Lehrgang nun ohne mich weiterlief: *Ich schiebe alles, was mit Bundeswehr zusammenhängt, weit von mir, mir selbst Künstlertum, Sensibilität, geistige Rüstzeit vorgaukelnd. Auftanken, Leben einen Sinn geben, wieder gelernt, Fragen zu stellen. Oh, ich weiß gut, mich zu rechtfertigen vor mir selber, gebannt zuschauen, wie Buchstaben übers Papier laufen. Und sich zu Worten und Sätzen vereinigen.*

Wenn ich an die Bundeswehr denke, rieche ich blankes Linoleum, spüre die Anstrengung beim Bettenbau, quäle mich beim Einschlafen mit einem zu dicken Kissen. Auch die Einzelteile der BMK, das ist die Bordmaschinenkanone, schwirren mir durch den Kopf und ich fühle mich müde. Ich höre den Pfiff und den Ruf »Kompanie aufstehen«, bekomme den Schreck, wenn der Unteroffizier vom Dienst hereinkommt, stramm stehen, wer macht denn nun Meldung? Bloß nicht auffallen. Ich gieße täglich mein Gipsbein mit Wasser und freue mich über die Abwesenheit von der Bundeswehr.

Es ist so schön still. Lesestoff habe ich genug, das Tagebuch von Max Frisch (* 15. Mai 1911 in Zürich; † 4. April 1991 ebenda) wird erwähnt, aber der absolute Höhepunkt sind die öffentlichen Vorlesungen von Hans Mayer an der Technischen Hochschule. Mayer, zwergenhaft mit langer Nase und schnarrender Stimme, bei dem jeder Satz sitzt, auch im Gespräch mit Schriftstellern, die er immer mal wieder einlädt, hat die Gabe, seine Zuhörer beglückt zu entlassen. Bildung genossen, nicht alles verstanden, aber er hat es uns zugetraut, eine Bildungsdusche ganz privat, so mag der Bürger seine Universität.

Polnischer Tango und das Ende vom Lied

Die Beschreibung eines Theaterstücks, das ich, vermutlich mit Margot, im Hannover'schen Theater gesehen hatte, nimmt einen größeren Raum im Tagebuch ein und soll deswegen hier erwähnt werden. Es ist das Stück »Tango« des polnischen Autors Slavomir Mrożek (29. Juni 1930–15. August 2013) Das damals in viele Sprachen übersetzte und viel gespielte Stück hat mich tief beeindruckt, wahrscheinlich, weil Absurdität als Realität für mich eine neue Erfahrung war.

Die Theaterabsurdität wurde bald durch Realabsurdität abgelöst. Und das kam so: Ich genoss mich und mein lädiertes Bein unterm elterlichen Dach als geschenkte Zeit. Der Orthopäde, Dr. P., *hat einen Schuss Eisenbarth* und unterstützt die Bundeswehrabwesenheit seines Patienten mit offenkundiger Freude. »Wie viele Bescheinigungen soll ich Ihnen denn noch aufschreiben? Sie sind dienstunfähig geschrieben und das gilt, solange ich Sie nicht gesund schreibe.« Meine Zweifel, ob die Lüneburger Vorgesetzten sich damit zufrieden geben würden, erhielten eines Tages – mittlerweile war der Gips abgenommen und die Nachbehandlung hatte angefangen – eine überraschende Bestätigung.

Ich war gerade mit dem Fahrrad von der orthopädischen Praxis in Vahrenwald zurück in die Vahrenheide gefahren, da klingelte es und Bundeswehrsanitäter standen in der Tür, in den Händen eine Trage. Sie waren gekommen, um den Herrn

Reserveoffiziersanwärter zurück zur Kaserne zu schaffen, gerne auch liegend. Einem unangenehmen Kompaniechef war der Geduldsfaden gerissen. Der Griesgram rächte sich, indem er dem Zurückgekehrten die Erlaubnis verweigerte, am darauf folgenden Wochenende an der Konfirmation seiner Schwester teilzunehmen.

In der Woche zuvor war ich bei Walburgs Konfirmandenprüfung in der Titusgemeinde dabei gewesen, fast zwei Stunden hat der Gottesdienst gedauert. Ich amüsierte mich über einen Konfirmanden-Vater, der alle Fragen zu beantworten versuchte und bei denen, die er nicht beantworten konnte, feststellte, dass auch die Kinder die Antwort nun wirklich nicht zu wissen hätten. So wahrt man väterliche Autorität.

Womit wir bei Konrad wären, der sich nicht zu schade war, beim grässlichen Hauptmann die Bitte des Vaters vorzutragen, dem Sohn doch zur Konfirmation seiner Schwester frei zu geben. *In seiner Aktentasche lag eine Akte »Konfirmation Walburg« mit vervielfältigtem Programmablauf und handgeschriebenem Entwurf für seine Rede am Sonntag.* Der grässliche Hauptmann blieb bei seiner Ablehnung, hatte mich mit der ihm möglichen Höchststrafe, den »Dienst ohne Ausgang«, versehen und berief sich dabei auf das ärztliche Diktum, das auf 14 Tage ohne Sport gelautet hatte. Und dies alles, obwohl zu diesem Zeitpunkt schon feststand, dass der Delinquent die dritte Kompanie verlassen würde, um die verpasste Spezial-Grundausbildung in der vierten Kompanie ab April zu wiederholen. Ich war ein Sitzenbleiber und war es gern gewesen.

Der scheinbare Rückschlag erweist sich zudem auch noch als Glücksfall. Ich komme in eine andere Kompanie, wo ich mich vom ersten Tag an wohler fühle. Ich verlasse zwar die erstgefundenen Freunde, finde aber einen ganzen Zug potentiell neuer Freunde, alle wie ich Z2er, also für zwei Jahre Bundeswehr verpflichtet, und gewillt, die Bundeswehrzeit nicht zu verbummeln. Und die Freizeit intensiv miteinander zu nutzen.

Kriegsdienstverweigerung?

Ich denke über den Sinn und Zweck der Bundeswehr nach. Mein Vater findet das merkwürdig. »Fünf Bücher zum Thema Kriegsdienstverweigerung, was willst du mit all den Büchern?« Ich möchte mich in Ruhe entscheiden und dann die Eltern informieren. Eine Entscheidung gegen den Wehrdienst würde beim Vater eine Wunde reißen. Und: Wie unterschiedlich wäre das Leben im sowjetischen Kommunismus vom westlichen Leben? Und wenn der Gegner China heißt? Ist das nicht verteidigenswert? *Könnte ich um des Gebots des Nichttötens willen und um des Friedens willen mich China unterwerfen?*

Des langen Nachdenkens kurzer Sinn: Die Argumente zur Verweigerung leuchten mir zwar ein, aber ich möchte mich doch nicht so weit von den Eltern und den Freunden entfernen. Ich bin nicht Hans-Martin S., der bewunderte Fähnrich, der den Dienst verweigerte. Dazu mehr weiter unten.

Ein Ergebnis des damaligen Nachdenkens ist mir erhalten geblieben: Ich bin Befürworter eines alle (m, w, d) verpflichtenden Friedensjahres mit oder ohne Waffen. Politiker bringen diese Forderung immer mal wieder auf die politische Agenda, die Politiker der anderen Parteien und merkwürdigerweise die Hauptamtlichen der organisierten Zivilgesellschaft sind dagegen und das Thema verschwindet wieder für einige Jahre in der Versenkung. Dabei sind die Pro-Argumente überzeugend, aber die Bedenkenträger lassen sich dadurch nicht irritieren. Selbst wenn sie in der Minderheit wären, reichte es zur Blockade.

ODER VIELLEICHT DOCH NICHT JOURNALIST ?

Aber passend zu diesen Überlegungen einer Verweigerung fragt sich der Tagebuchschreiber, wie es wäre, wenn er Theologie studieren und Pastor werden würde. Jeder neue Krankheitsschub des Vaters ist für mich Anlass zu beten und mir die Frage nach dem Pastorenberuf nochmals zu stellen. Kann man Theologie studieren ohne wirklich zu glauben? Ich wäge ab zwischen dem Beruf des Pastors und dem des Journalisten. Beim Journalisten habe ich *Angst vor Zersplitterung, Ketzerei in Oberflächlichkeit, alles festhalten und schon muss der Text stehen.* Da fallen mir zum Pastorenberuf positivere Stichworte ein: *Ein geistiger Beruf, Kampf im Dialog, Organisation, Zuhörer (die nicht weg können, die nicht mal buh schreien, vielleicht schade), menschliche Schicksale, Sterbende, Lebensmüde, Glückliche, eine Gemeinde.*

Es gab diverse Gespräche mit den Eltern. *Was willst du werden,*
Sohn? Was ist das, Soziologie? Jura ist was festes, da kann man später
immer noch... Später liebäugelte ich kurz mit Politikwissenschaft
in Berlin. Diese Entscheidung hätte meine Lebensspur vermutlich stark nach links gezogen. Schließlich entscheide ich mich zunächst mal für den Studienort Bonn.

Ich habe auch schon ein Zimmer in Aussicht, die Adresse ist
unschlagbar: Im Dreieck Vier. Vetter Bogislaw hat ein ganzes
Haus gemietet, das Zimmer kostet 70 DM im Monat.

Dem Studienbuch nach will ich Theologie studieren, aber ich
Sicherheitsbeauftragter meiner selbst beginne dann doch mit
Jura. Bei einem DDR-Kinderbuchautor lese ich Jahre später, was
mir fehlt:»Immer wieder in Losungen: Geborgenheit, geborgen,
Sicherheit, sicher... Wörter, hinter dem warmen Ofen zu singen.
Dort vollzieht sich nichts Stürmisches, Umwälzendes, Revolutio-
näres. Wörter, die einschläfern in Zeiten, die nach Aktivität, nach
Einmischung verlangen. Der Fortschritt fordert Unruhige, nicht
Geborgene«[51]

MÜDIGKEIT UND ANDERE GEFÜHLE

Wenn man die Tagebücher, die den Zeitraum von Oktober 1966
bis Oktober 68 umfassen, nach Begriffen analysieren wollte,
dürften die Worte»müde«und»Müdigkeit«die absoluten Spit-
zenreiter sein. *Einfach müde, zu müde,* heißt es an einer Stelle, *es*
scheint ein Hauptmerkmal eines Soldaten zu sein, die Müdigkeit.
Zumindest zur Lehrgangszeit, steht einige Tage später vermerkt.
Lehrgänge also.

Nach der Grundausbildung folgte eine Spezialgrundausbil-
dung, dann eine Unteroffiziersanwärter-Ausbildung, dann eine
Fahnenjunker-Ausbildung und später eine Fähnrichsausbildung,
die war dann in Munster. Also wurde ich erst Gefreiter, dann Gefreiter U. A. (Unteroffiziersanwärter), dann Fahnenjunker, mit
der Möglichkeit des weiteren Aufstiegs über den Feldwebel hin-
weg, am Schluss Fähnrich und nach dem Ausscheiden Leutnant
der Reserve.

Insbesondere bei den ersten beiden Lehrgängen tue ich mich
schwer. Die Inbetriebnahme des Entfernungsmessgerätes Tema
interessiert mich nicht ernsthaft, aber auch den technischen Da-

ten des Kampfpanzers Leopard kann ich nichts abgewinnen, nächtliche Alarmrufe stören meinen Schlaf empfindlich und Gewaltmärsche von nachts 1 Uhr bis zum Dienstbeginn gehören keineswegs zu meinen Lieblingsbeschäftigungen. Obwohl, wenn ich wählen müsste, würde ich Natur- vor Technikerlebnissen wählen, kein Zweifel.

Immerhin kann sich der Tagebuchschreiber einer gewissen soldatischen Anverwandlung nicht entziehen, von Verweigerung ist nichts mehr zu lesen. *Ich bin müde. Der seit gestern nicht als Letzter, wenn auch spät beförderte Gefreite Vieregge meldet sich ab. Zack. Hand geschickt am Kopf, dabei in die Hand hinein sehen, – Fünfmarkstück, Brust raus, Bauch rein, der Blick ist frei gerade ausgerichtet. Guten Morgen, Herr Gefreiter. Hand ab, das geht schneller. Und zackige Linksdrehung, rechten Fuß ran und ab. Kurze energische Schritte beweisen den Vorgesetzten: ein Mann von Entschlossenheit und Tatkraft, ja noch: ein Mann der beschäftigt ist.*

Noch unbeförderter Soldat

Ich habe neue Vorgesetzte, den Lehrgangsleiter, Leutnant K., charakterisiere ich als *einen kräftigen Geländeeber mit Humor und Bildung.* Dass K. später unter die Sachbuchautoren ging, wie ich nachgelesen habe, hat mich überrascht.

Ich habe im Tagebuch kritisiert, dass die Vorgesetzten versuchen, die Gruppe von knapp 20 Reserveoffiziersanwärtern gegeneinander auszuspielen. Es sei doch erwiesen, dass Soldaten nicht für Vaterland, Freiheit, Eid, Fahne, Orden kämpften, sondern in der Gruppe und für die Gruppe. Die Vorgesetzten wollen, so meine Vermutung, jetzt im Unteroffiziers-Vorlehrgang – den hat es also auch noch gegeben – die Gruppe deswegen auseinander bringen, damit sich die Stoßkraft der Gesamtheit nicht gegen sie wenden kann. *Nur, was für einen Schaden richten diese Leute an, wie senken sie die Kampfmoral (behüte Gott, dass wir sie brauchen), gerade sie, die Worte pro Kameradschaft Tag und*

Nacht tröten, freilich klingt es aus dem Munde jener wie ein Drohwort. Motto: Du bist jetzt kameradschaftlich und trägst das Sturmgepäck von dem und dem.

Damals hatte ich das Kriegstagebuch meines Vaters noch nicht gelesen. Ich hätte mich sonst bestätigt gefühlt. Wer sich mit der israelischen Armee beschäftigt, stößt auf das Faktum, dass Männer und Frauen, die als Kinder und Jugendliche zusammen in einem Kibbuz aufwachsen, in der Armee zusammenbleiben. Sicher einer der Gründe für die Kampfkraft dieser Soldaten.

Zwei Ausflüge in Nachdenklichkeitsimpulse, der Kirchentag 67 in Hannover und eine Tagung der Ostakademie in Lüneburg, bringen mich dazu, dass es doch wohl mehr gibt als Bundeswehrthemen.

Ich notiere die wichtigsten Fragen eines Soldaten im tiefen Frieden:

- *Sind meine Schuhe blank? (Knöpfe zu)*
- *Ist mein Spind aufgeräumt?*
- *Gibt es Alarm heute Nacht?*
- *Werde ich Reserveoffizier?*
- *Wer hat heute Stubendienst?*
- *Wann schreiben wir den nächsten Test?*
- *Was gibt es heute zu Mittag?*
- *Wie ist die Laune unserer Vorgesetzten?*
- *Wie war das letzte Wochenende?*
- *Was machst du am nächsten Wochenende?*

Die Losung des Kirchentags in Hannover 1983 – Kirchenpräsident war übrigens Erhard Eppler – lautete »Der Friede ist unter uns«. Vielleicht klingt vier Jahrzehnte später mit Blick auf den äußeren und inneren Frieden dieses Motto herausfordernder – andere würden sagen unpassender – als damals.

Im Laufe des UA-Lehrgangs hatte ich das sichere Gefühl, auf der Rangleiter ganz unten angelangt zu sein. *Was Vieregge macht, ist falsch oder komisch oder beides. Da müssen alle lachen. Die Vorgesetzten machen sich gegenseitig darauf aufmerksam und erzählen sich die tollsten Geschichten.* Ich möchte den Lehrgang hinschmeißen, aber vielleicht werden die Vorgesetzten mich rausschmeißen, das will ich doch mal sehen. Ich stehe angeblich auf einer Abschussliste. Ein humorbegabter *Stubenkamerad in Stufe 113, schlägt mir* vor, ich solle schreiben, heute wieder einen auf den Sack gekriegt. Und dafür solle ich, um ermüdende Wiederholungen zu vermeiden, gleich eine Abkürzung festlegen.

Und dann bekommt der Gefreite Vieregge auch noch einen Nachappell aufgebrummt, drei Tage lang immer um 21:30 Uhr in allen Ausrüstungs- und Bekleidungsgegenständen, weil er ein Lied nicht gelernt und entgegen erlassener Befehle beim Singen schriftliche Aufzeichnungen benutzt habe. *Der Gefreite von Vieregge ist ein Uhu,* notiere ich einen Vorgesetzten. Was genau gemeint ist? Jedenfalls kein Lob.

Dies sind die Lieder: *Der Sommer ging zur Neige, Wildgänse, Hoch auf dem gelben Wagen, Schwarz ist unser Panzer, Wolken ziehen, Vom Barette, Der Wind weht über Felder, Graue Kolonnen*

Erhard Eppler (* 9. Dezember 1926 in Ulm; † 19. Oktober 2019 in Schwäbisch Hall) war ein deutscher Politiker der SPD. Er hatte in den 1970er und 1980er Jahren diverse Führungsämter in der SPD inne und war von 1968 bis 1974 Bundesminister für wirtschaftliche Zusammenarbeit.

Eppler war eine der herausragenden Persönlichkeiten der Friedensbewe- gung der 1980er Jahre. Er galt als pro- minenter Vertreter des linken Partei- flügels der SPD, unterstützte jedoch die Reformen der Agenda 2010, den Kosovokrieg und den Afghanistan- einsatz der Bundeswehr im Rahmen der NATO. Im März 2014 kritisierte er den Kurs des Westens gegen Russ- land während der Annexion der Krim und wandte sich gegen eine »Verteu- felung« Wladimir Putins. Somit war er nicht widerspruchs- frei, was ihn ehrt, aber was Putin angeht, teilte er die Il- lusionen vieler deutscher Politiker, die sie mit dem Krieg gegen die Ukraine spätestens 2022 korrigieren mussten. Auch Eppler, hätte er dies noch erlebt, hätte sich sicher davor nicht gescheut.

Am 29. September 1967 findet sich folgende Notiz: Bin jetzt Gefreiter U. A. Viel Rum habe ich nicht mehr in der Flasche. Das bringt mich zu einem Zweizeiler unterer Dichtkunst:

Eine Flasche Rum / wirft einen um.

Der folgende Fahnenjunkerlehrgang hat mir dann weniger ausgemacht, es gibt im Tagebuch keine Klagen mehr. Mit den Kameraden Eberwein, Below und Hoene liege ich im Wald bei Wendisch-Evern auf dem Truppenübungsplatz, es ist warm, die Bäume rauschen. Wir vier beschließen, dass wir nicht auf einem Truppenübungsplatz sind, sondern am Meer, vielleicht am Strand von Sylt.

Kommst du mit ins Wasser? Jetzt noch nicht. Ich lasse den Sand durch meine Finger rieseln. Das Wochenende bleiben wir noch, wir sind doch nicht verrückt und fahren zurück in die Kaserne. Wir lauschen dem Meer und sind endlich allein.

Als Nächstes schreibe ich über ein großes Manöver, die Rede ist von 30.000 Soldaten und 11.000 Fahrzeugen, *Corps 1 eins übt den Krieg*. Meine stets gut aufgeräumten Kampfgenossen und ich amüsieren uns über unsere Vorgesetzten. Unten mokiert sich über oben, oben ärgert sich über unten – das ewig gleiche Spiel, nun auch beim Manöver. Wir sitzen auf unseren Leoparden und lauern auf den Feind. Von dort soll er kommen, aber er zeigt sich nicht. Plötzlich der Befehl des Leutnants zu einem 180° Schwenk. Wir schrecken auf aus unserer dösigen Müdigkeit und schwenken die Rohre der Leos. Entweder haben wir viele Feinde, die von allen Seiten kommen, oder einen Leutnant, der die Karte nicht lesen kann. Typisches Soldatenverhalten: wir wissen nicht was los ist, werden auch nicht aufgeklärt, finden aber auf Verdacht die da oben weitgehend ahnungslos.

Zeit zu grundsätzlichen Gedanken: *Wir kommen um eine Profiarmee wohl im Endeffekt nicht herum. Lieber kleiner und dafür schlagkräftiger.* Die Normaldienstzeit für den Wehrdienst betrug in jenen Jahren 18 Monate. Später wurde sie sogar noch mehr verkürzt. Das reicht nicht, um im Ernstfall mehr zu erreichen als abgeschossen zu werden, zumal wenn kaum geübt wird.

Ein Beispiel: *Nach einem Vierteljahr Grundausbildung lernt Kamerad P. ein Vierteljahr lang Panzerfahrschule. Seitdem fährt er seinen Leo. Besser: Er hegt ihn. Fährt ihn vor die Panzerhalle oder mal 500 m weit ins Übungsgelände. Nach beinahe einem Jahr Dienstzeit stand das Manöver Hermelin Zwei vor der Tür. Nun hieß es: vorbereiten, üben. Jetzt endlich lernte P. Formationsfahren, Gelände ausnutzen, tarnen, Angriff, Verteidigung, Kette, Reihe, Doppelreihe, überschlagen, raupenartig, Staffel links, Staffel rechts. Das ist hanebüchen, Irrsinn, einen Panzer bloß zum Putzen zu benutzen. Dann können's auch Pferde sein oder Fahrräder. Wer verteidigen will, wer kämpfen will, muss im Training sein. Im Panzerdrill.*

Ich wurde erhört. Nachdem die Verantwortlichen die Bundeswehr weiter finanziell ausgehungert hatten und gleichzeitig die Auslandseinsätze intensiviert wurden, hat 2011 der damalige Verteidigungsminister Theodor zu Guttenberg in einer Hauruck-Aktion die Wehrpflicht praktisch abgeschafft. Dass damit der Zivildienst auch abgeschafft wurde, war nicht bedacht. Freiwilligendienste sind seitdem ein schwacher Ersatz.

Offiziell las sich das so: »Die Einberufung zum Grundwehr-
dienst wurde im März 2011 ausgesetzt, indem der Deutsche Bundestag das Wehrpflichtgesetz abgeändert hat. Gemäß §2 WPflG
sind nun alle weiteren Ausführungsbestimmungen des Gesetzes
nur im Spannungs- und Verteidigungsfall anzuwenden.«

Danach hatte man eine Berufsarmee, aber die Panzer standen
nach wie vor überwiegend in der Halle und wurden talkumiert.
Im Juni 2023 verkündete die Regierung eine nationale Sicher-
heitsstrategie. Mit viel Geld (100 Miliarden Sondervermögen,
vulgo Sonderschulden, plus 2 Prozent vom BIP als jährlicher Etat)
soll dreimal Sicherheit im Natogebiet geleistet werden: konven-
tionell, atomar, Cyber.

ON THE BRIGHT SIDE OF LIFE

In der ersten Hälfte 1968 bin ich endgültig in Lüneburg und im
Kreis der neu gewonnenen Freunde angekommen.

*Herrliche Jugend, Traumwochenenden, Freunde, Feste, nach Feier
Katerfrühstück, Spaziergang, Tee, Wandern, weiße Taschentücher.
Winke winke, komm bald wieder. Lange Kleider, Smoking; ach, Sie
sind auch Aufklärer? Jeder ist zu jedem freundlich, Gastfreundschaft
bei Belows in Bonn, bei Braschens in Frankfurt, bei Bussches in Ippen-
burg, bei Behrs in Kleinhäuslingen. Also: herrlich oberflächliche Zeit,
Fähnrichslehrgang eingeschlossen.*

In Munster finde ich in Hauptmann H., den Hörsaal-Leiter,
den Prototyp des Aufklärers, der kein Überflieger ist, aber dennoch ein Vorbild. *Bei ihm lernt man Stil und Form, Anstand und
Takt, fachlich nichts, aber gerade das andere lernt man nirgends
sonst.* Das ist das Urteil von allen Seiten und H. lebt es vor. Ein
Gentleman, ein Rittmeister. Wir bewundern seine Bügelfalte,
wir bewundern seine Disziplin am Morgen, obwohl man merken
kann, dass er todmüde ist, von was auch immer. *Sie können sagen
was sie wollen, aber es muss im Ton gemäßigt sein*, das war einer
seiner Sprüche.

Im Kasino Lüneburg können wir unsere neue Stilsicherheit
als Bedienstete erproben. *Links an, rechts ab*, das gilt für Teller
und ist Schule fürs Leben. Der Fähnrichslehrgang wird bestanden, sogar mit voll befriedigend und dem Vermerk »zum Zugführer geeignet«. Dabei spielt die Bundeswehr nicht die wich-

tigste Rolle im aktuellen Leben, *Vati sagt, ich hätte nur noch Mädchen im Kopf.*

Das stimmt nur bedingt, denn die politische Information, um die sich die hauptamtlichen Offiziere gerne drückten, halte ich gern, zumal mir ein breiteres Instrumentarium pädagogischer Mittel zur Verfügung steht als einem normalen Schullehrer. Die Zuhörer nutzen den Unterricht gerne, nicht um zuzuhören sondern um vor sich hin zu dämmern. Wenn es gelingt, den größten Schläfer aufzuwecken und zum Rundlauf um die Kaserne oder zu Liegestützen zu verknacken, trägt dies zur Vitalisierung und Erheiterung des Hörsaals bei. Solche Sachen amüsierten nicht nur mich, sondern 99 Prozent der Zuhörer, den Betroffenen ausgenommen. Aber vielleicht auch ihn.

Wolter erinnert sich, wir wären damals zusammen zu Oberleutnant K. gegangen, der eigentlich als Kompaniechef diese Aufgabe hätte übernehmen sollen, und hätten ihm vorgeschlagen, an seiner Stelle zu lehren. Einmal hätte es eine unangemeldete Inspektion des Unterrichts durch eine höhere Instanz gegeben und K. sei das Unwohlsein anzusehen gewesen. Aber die höhere Instanz hätte es für eine gute Idee gehalten, Offiziersnachwuchs mit dieser Aufgabe zu betrauen. Wolter lobte im Nachhinein die Formulare, mit deren Hilfe man sich auf den Unterricht vorzubereiten hatte. Formulare strukturieren Inhalte, das war in diesem Fall hilfreich.

Zu meinen Aufgaben gehört auch der Wachdienst. Als Fahnenjunker bin ich der Vorgesetzte am Kaserneneingang. Einmal wird ein Auto mit Soldaten fast durchgewunken, bis ganz zuletzt jemand aus meiner Wache bemerkt, dass die Uniformen nicht aus der Bundeswehr stammen. Es waren DDR-Uniformen. Der militärische Abschirmdienst hatte uns auf die Probe gestellt und wir hatten die Probe bestanden. Wir wurden ob unserer Wachsamkeit gelobt. Ich habe mich danach gefragt, worin der tiefere Sinn der Überprüfungsaktion bestehen könnte. Denn die Wahrscheinlichkeit, dass DDRler in ihren Uniformen in unsere Kaserne eindringen wollten, schien mir doch gering.

Ein andermal fehlten leider am Ende unserer Wache zwei Patronen. Ich hatte bei der Übernahme die Patronen nicht überprüft und wurde verwarnt. Ein besonderer Befehl betraf den SDS (Sozialistischer Deutscher Studentenbund), damals die Avantgarde der außerparlamentarischen Opposition und also gefürchtet. Wir erhielten einen Befehl, darauf stand: Erhöhte Wachsamkeit sei geboten, weil mit Provokationen an den Zäunen zu rechnen sei. Ich legte mir schon alle möglichen Reaktionsweisen zurecht, aber der Ernstfall einer antimilitärischen Provokation von links trat nicht ein. Falscher Alarm. Typisches Beispiel für den Alarmismus jener Zeit.

Hans-Martin S., der Fähnrich, der zum Kriegsdienstverweigerer wurde, schrieb, es gebe einen Zwang als Vorgesetzter, den Mitmenschen als Untergebenen und sich als Überlegenen zu betrachten. Das verstelle den Blick auf den ganzen Menschen. Ich hielt dagegen, dass ohne ein Befehl-Gehorsam-System die Bundeswehr nicht funktionieren könne. Andererseits musste ich einräumen, dass *Unterordnung jeglichen Teamgeist schon im Ansatz erstickt. Der Oberste hat immer Recht.*

So langsam schwappt die 68er Unruhe auch bei uns in die Kaserne ein. *Die Parteien werden sich umstellen müssen*, notiere ich, und denke mir Slogans aus, die der sich wandelnden gesellschaftlichen Situation gerecht werden. *Wo Unruhe ist, da ist auch CDU. Jung bleiben – fdp wählen* oder *Wer Opposition sagt, meint SPD.* Leider hatte ich keine Gelegenheit, die Parteien mit meinen Vorschlägen auszustatten.

DER ABSCHIED VON DER BUNDESWEHR

Der seinerzeit viel gelesene Klaus Mehnert, notiere ich, schreibt in seinem Buch »Der deutsche Standort«, der Kasinogeist sei mit dem Aufkommen des Automobils gestorben. Dahinter steckt die Annahme, dass die Flucht aus dem ausschließlichen Kasinoleben durch die allgemeine Mobilität möglich wurde.

Was für ein Geist ging denn da stiften? Und was blieb? Über die lebenslangen Offiziere urteilt der Z2er harsch, Helge Melms ausgenommen: *Entweder sind sie Spießer oder krank, die mit ihrer lärmenden Heiterkeit vorgeben, alten Vorbildern nachzueifern, im Grunde aber nur ihre innere Leere und Einsamkeit im gemeinsamen Besäufnis überspielen wollen.* Eine Ausnahme seien die Reserveoffiziere. Das sei das Schizophrene am Bundeswehr-Nachwuchs: *Die Leute, denen die Leutnantsuniform am besten passt, tragen sie nur als Freizeitbeschäftigung.*

Eine besondere, prägende Situation in den zwei Jahren Bundeswehrzeit war der Einmarsch der Russen in die CSSR und die Reaktion darauf. *Man kann nichts machen, wieder kann man nichts machen, sagt Below.* Der sich ungestüm gebende Leutnant Ulrich K. möchte mit seinem zweiten Kanonenzug Richtung Prag aufbrechen. Er wird mitleidig angeguckt. *Wie ist es, wenn man in den Krieg zieht? Der Ernstfall, sonst als Cowboy-Spiel versüßt, ist kein fernes, belächeltes Wort mehr.*

Wir waren in jenen entscheidenden Prager Tagen nicht in der Kaserne, sondern bei einem mehrtägigen Biwak. Auf einmal wurde aus Routine aufmerksame intensive Übung. Man kann ja nicht wissen.

Genau das erschreckt. Du erlebst praktisch, was du nur theoretisch angenommen hast. Wenn diese Militär-Maschinerie einmal gestartet ist, hält sie niemand auf. Die Soldaten ahnen, worauf es jetzt ankommt. Sie unterhalten sich ungeniert darüber, wem von ihren Vorgesetzten sie vertrauen und wem nicht. Die Vorgesetzten bemühen sich um ihre Soldaten. Ich nehme mit Zustimmung zur Kenntnis, dass »meine« Soldaten mir offenbar zugetan sind. Ich merke, sie würden mir folgen, obwohl meine militärischen Kenntnisse für den Ernstfall katastrophal bescheiden sind. »Du wirst es schon richtig machen«, ist die Botschaft der Soldaten.

Ich habe damals nicht darüber nachgedacht, ob ich abhauen sollte. Dazu war die Situation dann doch nicht ernst genug. Ich denke aber schon, dass auch die Zuwendung von »meinen« Soldaten eine Bindung erzeugte, die Verweigerung oder Flucht erschwert hätte.

Jeden Tag wurde über die Lage informiert. Da wir keine anderen Quellen hatten, ließen sich die Angaben nicht überprüfen. Der Eindruck, dass gewaltig schwarz-weiß-Information stattfand, war aber zum Greifen. Niemand stellte in Frage, ob tatsächlich ein Überschwappen der Besetzung der CSSR auf die Bundesrepublik ein realistisches Szenario sein könnte. Dass der Westen die sowjetische Einflusssphäre respektierte und, wie schon 1956 in Ungarn, die Hilferufe mit folgenlosen Solidaritätsbekundungen abtropfen ließ, war klar.

Urlaubssperre, verstärkte Waffenausbildung, Nachtausbildung und Alarmübungen. Das Bataillonssportfest wird abgesagt, keine Zeit jetzt, sämtliche Dienstpläne geändert. Wir machen wieder kalten Krieg.

Dieser Eintrag lässt sich konkretisieren: Als wir in die Kaserne zurückkehren, wird meiner Gruppe aufgetragen, eine östlich gelegene Brücke eine Nacht lang zu bewachen. Niemand hat uns gesagt, dass diese Brücke, genau diese Brücke, im Ernstfall von uns zu verteidigen wäre. Aber wir ahnen: so ist es. Da wurde einem schummerig, denn jeder kennt den Film von Bernhard Wicki »Die Brücke« und – mindestens für einige Tage – reichte unsere Fantasie aus, um uns vor dem Ernstfall zu fürchten. Nach dem Zweiten Weltkrieg gab es schon vor uns ähnliche Erfahrungen, wie wir nun von älteren Generationsgenossen zu hören bekommen: Kuba 1962, Ungarn 1956.

Am 30. September 1968 ist die zweijährige Stahlhelm-Geschichte an ihr vorläufiges Ende gekommen. Ich hoffte, dass ich niemals gezwungen sein würde, für einen Ernstfall zurückzukehren. *Der Abschied war unveränderlich, unsentimental, geschah im Regen.*

10. Anmerkungen zum Schreiben

Ausleuchten, um den roten Faden zu finden

Es ist nicht einfach, seine Lebenserinnerungen in ansprechender gut lesbarer Form aufzuschreiben. Und zur Verfügung zu stellen: der Familie, den Freunden, dem Bekanntenkreis und, falls gewünscht, der interessierten Öffentlichkeit.

Tagebuch schreiben ist eine Möglichkeit, Erinnerungen abrufbar zu halten. Was habe ich mir als Tagebuchschreiber damals (ab 1962) für grundsätzliche Gedanken zu Zweck und Art des Schreibens gemacht? Damit steige ich ein. Das könnte potenzielle Tagebuchschreiber animieren, tatsächlich damit anzufangen.

Beim Tagebuchschreiben kann man nach Herzenslust sudeln, dies an die Adresse woken Lesepublikums zur Warnung.

Sudelbuch ist der Titel eines literarischen Notizbuchs, das der Journalist und Schriftsteller Kurt Tucholsky von 1928 an bis zu seinem Tod 1935 führte. Dort sammelte er Aphorismen, kurze sprachliche Einfälle, Witze und Zoten sowie Anmerkungen zum Handwerk des Schriftstellers. Sudelbuch war ursprünglich, synonym zu Kladde oder Strazze, eine Bezeichnung der Kaufmannssprache für ein Notizbuch, in das flüchtig die Feststellungen zum Tagesgeschäft eingetragen wurden, die später sorgfältig in die Buchhaltung zu übertragen waren. Tucholskys berühmtes Vorbild dafür, aphoristische Notizen unter diesem Titel zu sammeln, sind die Sudelbücher des Mathematikers, Physikers und Aphoristikers Georg Christoph Lichtenberg (1742–1799).

Die Bedeutung von **woke** im Duden lautet: »in hohem Maß politisch wach und engagiert gegen (insbesondere rassistische, sexistische, soziale) Diskriminierung«.

Tagebuch-Überlegungen

Im Januar 1962 habe ich begonnen, Tagebuch zu schreiben. Vier Jahre später eine Art Zwischenbilanz: *Es ist so unbeschreiblich viel, was zu beschreiben wäre, dass ich mich ins Weltgetriebe werfen möchte, es einen Augenblick stoppen und dann alles gemächlich aufschreiben.* (Tagebuch 3. Juni 1966)

Drei Themenstränge ziehen sich durch die Tagebücher: das Leben mit der Vor-Generation (Eltern, Familie, Lehrer), in der Peergroup (mit den Jungen, vor allem den Klassenkameraden und mit den Mädchen) und drittens das gesellschaftlich-politisch-kulturelle Umfeld. Und immer geht es um die Justierung des Selbst. Schlüpfung ist nicht einfach, so viel steht fest.

Niemand muss auf den roten Faden verzichten. Bei einer Moderation 2014.

DER ERSTE EINTRAG

Am 10. Januar 1962: *An diesem Tag beginnt nun dieses Tagebuch, das ich mir von dem Geld, welches Onkel und Tante Klingberg uns schenkten, kaufte.*

Warum hatte ich mir ein Tagebuch gekauft und seit damals nicht mehr damit aufgehört, ein Tagebuch zu führen? Jemand, dem ich neulich erzählte, ich hätte mit 15 mit dem Tagebuchschreiben angefangen, fand das einen späten Zeitpunkt. Die Pubertät setze doch früher ein. Kann generell stimmen, aber auch bei mir?

Ich bin der Einzige in der Klasse, der ein Tagebuch führt. Das macht mich stolz, aber auch ein wenig nachdenklich. Bin ich geschwätzig? Oder ist das Tagebuchschreiben auch nur ein Weg, um sich vor unangenehmen Dingen zu drücken? Oder benötige ich das Ventil Tagebuch so notwendig?

Ich bin wichtig, also schreibe ich. Das wäre die eine Möglichkeit.

Getroffen hat mich, dass der Pastor neulich nach so einer Zusammenkunft sagte, ich wäre ein altes Plappermaul. Dabei fand ich mich charmant.

Die Ambivalenz meiner Rede- und Schreibfreude begleitet mich durchs Leben. Wer reden und schreiben kann, hat es einfacher: in der Schule, im Beruf und im Privatleben. Andererseits heißt es »Schweigen ist Gold«. Bei der Jagd nach der schnellen Pointe geht in nicht wenigen Fällen der Schuss nach hinten los, das war und ist meine Erfahrung. Die Formulierung »Schuss nach hinten« ist deswegen treffend, weil ich eine Weile mit dem Bild von mir kämpfte, ich feuere mit einer Pistole aus dem Mund. Auch verhindert Reden das Zuhören, ich möchte doch ein guter Zuhörer sein. Im Lebenszeugnis wird stehen: Er hat sich immer Mühe gegeben. Auch ist ein Schreiber einer, der die andere Straßenseite sucht, um von dort teilzunehmen ohne mitzumachen. Zu viel der Vorsicht? Und was ist mit der Ventilfunktion beim Schreiben?

Menschen gehen, Texte bleiben

Aber auch das Gegenteil ist möglicherweise richtig. Indem ich schreibe, vertiefe ich die Eindrücke. Schmerz gräbt sich dann ein. Und bleibt. Aber für wen schreibe ich eigentlich, für mich oder für die Nachwelt? *Ich merke, wie mich das Tagebuch entspannt, wie mich das Schreiben zufrieden und glücklich macht.* Also erst einmal für mich. Aber doch ein wenig diplomatisch, es könnte ja einer mitlesen, der das nicht sollte. Und auch mit Blick auf spätere Leser oder als Schatzkiste zur Eigennutzung.

Es gibt noch einen weiteren Schreibgrund. Mein Vater machte sich Gedanken darüber, was von ihm bleiben würde: *Vati sagte neulich:* »*Als ich auf dem Engelbostler Damm lang ging, sah ich auf der anderen Seite die Schulanfänger mit ihren gelben Verkehrsmützen. Da dachte ich: wenn die so alt sind wie ich, redet kein Mensch mehr von mir, denn dann bin ich 90.« Vati greifen Beerdigungen sehr an, ihn bewegt genau wie mich die Frage: Was bleibt von dir, wenn du tot bist? Vielleicht ist dies auch der tiefere Grund für meine Schreibwut.*

Später, viel später, nämlich nach meinem altersbedingten Ausscheiden aus dem Vollzeitberuf, als ich mich mit dem Altern beschäftigte, lernte ich den Begriff kennen, der diesen Wunsch beschreibt: Generativität. Darunter versteht man die Fähigkeit zur Sorge, Fürsorge oder Care für Menschen einer anderen Generation. In der Gerontologie wurde das Konzept der Generativität auf die nachberufliche Lebensphase und bis zum hohen Lebensalter ausgeweitet. Generativität bezieht sich danach sowohl auf die Vermittlung und Weitergabe von Erfahrung und Kompetenz an jüngere Generationen als auch auf Aktivitäten, durch die ältere Menschen einen Beitrag für das Gemeinwesen leisten.

Generativität wird dabei als grundlegende Leistung zur Lebensgestaltung und Sinnfindung im höheren Lebensalter wahrgenommen. Der Wunsch, nicht von der Lebensbühne zu gehen ohne einige Spuren hinterlassen zu haben, ist der Treiber, der mit dem Alter stärker wird. Nicht jeder hat diesen Wunsch, wie die zunehmende Verbreitung anonymer Gräber anzeigt. Auch ist es sicher so, wie Fulbert Steffensky, theologischer Autor, einmal lakonisch bemerkte »Friedhöfe sind voller falscher Versprechen: für immer unvergessen... Zum ewigen Gedenken. Auch die Toten haben das Recht, vergessen zu werden.«[52]

Und wenn ich Tagebuch schreibe, ist es lesenswert? Jeder Tagebuchschreiber steht vor der Frage: Schreibst du für dich oder für die Nachwelt? Dauernd muss er sich und das Geschriebene auf die Wahrheit hin überprüfen.

Der Abiturient in spe ist dabei, sein Ich zu finden. Dies geschieht in der Pubertät. Das Schwanken zwischen dem Wunsch nach Ausbruch und dem Wunsch nach Leitplanken irritiert ihn. Schreiben bedient beide Wünsche, mildert die Verunsicherung am Ende aber nicht.

Was ein Tagebuchschreiber zu beachten hat

Ich habe aufgeschrieben, was ich beachten wollte: *Ein Tagebuch sollte in salopper Form geführt werden, Einfälle will ich aufschreiben, wie sie kommen, ich will mir nicht selbst im Wege stehen. Ein Tagebuch ist eine Briefsammlung, Briefe, die man an einen vertrauten Freund, oder noch besser, an sich selbst schreibt.*

Ein Tagebuch hat nicht nur die Aufgabe einer Chronik, sondern ist auch ein Buß-Buch.

Und dann folgen knappe Aufforderungen an den Schreiber:

- *Erstens : Mach die Augen auf!*
- *Zweitens : Denke!*
- *Drittens: Sei kein geistiger Hochstapler!*
- *Viertens: Beschönige nichts!*

- *Fünftens: Bemühe dich, Deinen Kohlsuppenhorizont zu verlassen!*
- *Sechstens : Schreibe kurz und sachlich, denn du willst dich später selbst verstehen und dich nicht durch Langatmigkeit durchquälen!*
- *Siebtens: Was bewegt dich jetzt, was interessiert dich (und andere) später?*

Der siebte Punkt beschreibt das Spannungsverhältnis zwischen dem Nutzen jetzt und dem Nutzen später (bis hin zu postmortal).

Es ist eine zufriedenstellende Qual, sich für die Einhaltung dieser Punkte anzustrengen. Wenn ich nach langer Zeit manche Passagen aus den Tagebüchern meiner Jugend lese, kommt mir in den Sinn, dass ich schon damals mitunter dachte, so stimmt es nicht. Der Vorfall ist weniger schlimm als aufgeschrieben. Oder ich versuchte vergeblich cool zu bleiben. Oder: So ist es nicht präzise genug. Manchmal fürchtete ich auch Mitleser. Ich habe nie erfahren, ob meine Mutter der Versuchung, mal ins Tagebuch des Sohnes zu schauen, immer widerstanden hat.

Eingangs waren die drei Schwerpunkte der Eintragungen benannt worden: Leben mit der Erziehergeneration (Schwerpunkt in der Pubertät: Auseinandersetzung) Leben in der Peergroup (Schwerpunkt: Wärme suchen), Leben in der Gesellschaft (Schwerpunkt politisch-ethische Orientierungssuche). Kommen die drei Aspekte in der richtigen Gewichtung vor? Ich finde: nein. Im Laufe des Weges zum Schulabschluss hat sich die Schreibbreite deutlich erweitert. Das solle bei der Bewertung (offenbar später von mir selbst oder von der Nachwelt) beachtet werden. *Das Tagebuch wird augenblicklich tatsächlich von meinem Briefe schreiben und vor allem meinem Geschichten schreiben verdrängt. Es ist ein Kreuz.*

Mehr sein, als aus dem Tagebuch ablesbar

Der Verfasser macht sich offenbar Sorgen, dass aus den Tagebucheinträgen ein falsches Bild von ihm entstehen könnte: *Ich habe in diesem Tagebuch so viel von Liebe, von Scheinliebe, von Küssen, von Mädchen geschrieben. Das ist eigentlich nicht ganz richtig, denn wenn ich mir den Prozentsatz dessen überlege, was ich an Zeit (real) mit Mädchen oder sinnierend über Mädchen verbringe und dagegen abwäge die Zeit, in der ich Artikel schreibe, Zeitung lese, über*

Die beiden ersten Tagebücher hatten noch das Aussehen von Poesiealben, dann waren es Hefte, später DIN A 4, in den letzten Jahren digital, am Ende eines Jahres als Broschüre gebunden.

Politik rede, diskutiere, Geschichten ausdenke, dann muss ich erkennen, dass der Proporz im Tagebuch nicht stimmt. Die Liebe hat entschieden zu viel abbekommen. (letzter Eintrag im Tagebuch Nummer 3, 28. April 1965)

Später im gleichen Jahr wird der Gedanke nochmals aufgenommen und ergänzt um das Stichwort »Geistiger Werdegang«: *Mein Tagebuch erscheint mir mehr und mehr nur als ein Gefühlsanzeiger; der Chronik-Charakter scheint mir zu kurz zu kommen. Unter diesem Aspekt scheint mir das Tagebuch kein korrekter Spiegel meiner selbst; man muss vor allem die gedruckten Beiträge dazu nehmen. Wenn ich nur die innere Disziplin hätte, über meinen geistigen Werdegang ein paar mehr Worte zu machen. Naja, so doll ist das ja gar nicht, aber ab und zu kommen mir doch Erkenntnisse oder, was weitaus häufiger ist, werden mir Erkenntnisse großer Leute verständlich und gedanklich nachvollziehbarer.*

Es ist vermutlich nicht untypisch für diesen Lebensabschnitt, dass der Hinweis darauf, dass andere Menschen geistig größer sind als man selber, eher als rhetorische Bescheidenheitsformel daherkommt denn als ehrliche Demut. Fußballer machen uns das vor. Der zweifache Torschütze sagt, er freue sich, dass er »dem Team habe helfen können« ...

Ich habe in Vorbereitung dieses Textes etwas getan, was ich schon lange vorhatte: Ich habe meine Tagebücher gelesen, bis zum Abitur und zur anschließenden Bundeswehrzeit, weitere sieben Hefte. Die Idee, bei den ersten fünf Tagebüchern umgesetzt, war diese: Ich ziehe beim zweiten Lesen Passagen heraus, von denen ich glaube, dass ich sie verwenden könnte. Die Rekonstruktion einer Lebensphase ist einfacher, wenn man auf Tagebücher und andere Texte zurückgreifen kann, als wenn man nur auf sein Gedächtnis angewiesen ist. Zumal, wenn man den Eindruck hat, das eigene Gedächtnis gleiche einem Schweizer Käse. So liest man doch nicht wenige Passagen wie neu. Andere erinnern an Verschüttetes. Aber wie damit umgehen?

Schon unter den ersten herausgezogenen Zitaten sind nicht wenige, die mir ausgesprochen missfallen. Beim Inhalt habe ich das Gefühl, hier plappert einer nach, was seine Eltern denken, vorschnell in der Beurteilung, schwach in der Begründung. Und dann der Stil! Aber halt, muss ich nicht aufpassen, dass ich nicht damit punkten will, dass ich mich über den frühen Vieregge mokiere? Habe ich etwa kein Recht auf Entwicklung? Aber dann lauert die nächste Falle: die Vorstellung nämlich, das Leben wäre ein Reifeprozess und zum Zeitpunkt der Abfassung dieses Textes habe der Schreiber einen Höhepunkt an Weisheit, Menschlichkeit und Aufgeschlossenheit erreicht.

Woher will ich das wissen? Ist es mittlerweile zu spät? Überreifes ist ebenso unbekömmlich wie Unreifes. Es gibt ein wunderbares Ermutigungsbeispiel: Theodor Fontane, 1819 geboren, schrieb 1892, ermuntert durch seinen Hausarzt, den Text »Meine Kinderjahre«. Also mit 73. Ergebnis im Urteil des Autors: »Ich darf sagen, mich an diesem Buch wieder gesund geschrieben zu haben.« Seine wichtigsten Romane schrieb er danach.

Heinrich **Theodor Fontane** (* 30. Dezember 1819 in Neuruppin; † 20. September 1898 in Berlin) war ein deutscher Schriftsteller, Journalist und Kritiker. Er gilt als bedeutender Vertreter des Realismus.

Und was ist nun das Fazit dieses Abschnitts? Es gab eine Rückmeldung zu meinen Büchern, sie würden zum Mitdenken anregen. Man hätte Lust, das Lesen zu unterbrechen und über die eigene Sicht nachzusinnen. Solche Rückmeldungen freuen mich, wohl wissend, dass man damit keine Bestseller schreibt.

Das Ringen um eine helle Zukunft beginnt im Kopf

Ich war entschlossen und bin es wieder, mich an einen Buchtitel des Zukunftsforschers Matthias Horx »Anleitung zum Zukunftsoptimismus – Warum die Welt nicht schlechter wird«[53] zu halten. Seiner Meinung nach ist der Weltuntergang der Größenwahn der Depressiven.

Matthias Horx (* 25. Januar 1955) ist ein deutscher Publizist und Trendforscher. Horx' Lebensprojekt gilt nach eigenen Angaben der Weiterentwicklung der »Futurologie« der 1960er und 1970er Jahre zu einer Beratungsdisziplin für Unternehmen, Gesellschaft und Politik. Seine methodische Arbeit kreise »um die Entwicklung einer neuen Synthese-Prognostik – einer Verbindung von System-, Sozial-, Kognitions- und Evolutionswissenschaften.

Jonathan E. Franzen (* 17. August 1959 in Western Springs bei Chicago) ist ein US-amerikanischer Schriftsteller. Einem breiten Publikum bekannt wurde er mit seinem 2001 erschienenen dritten Roman Die Korrekturen,. Dem folgenden Roman Freiheit schenkten die amerikanischen Medien bei seinem Erscheinen 2010 außergewöhnliche Aufmerksamkeit. Kritiker zählten das Buch zu den besten des Jahres. Unter anderem beschäftigen beide Werkesich mit modernen Problematiken wie Globalisierung, Umweltverschmutzung und dem »Krieg gegen den Terror«, aber auch mit dem Kapitalismus im Allgemeinen und der Kommunikation in sozialen Netzwerken.

Es gibt eine Gegenposition, die nicht leicht wegzuwischen ist. In den Worten von Jonathan Franzen: »Wer jünger als 60 Jahre ist, hat gute Chancen, Zeuge der radikalen Destabilisierung des Lebens auf der Erde zu sein: Ernteausfälle, apokalyptische Feuer, zusammenbrechende Volkswirtschaften, epische Fluten, Millionen von Flüchtlingen, die aus Regionen fliehen, welche aufgrund von extremer Hitze oder ständiger Trockenheit unbewohnbar geworden sind. Wer unter 30 ist, wird garantiert Zeuge. Wer sich um den Planeten Erde und die Menschen und Tiere, die diesen bewohnen, sorgt, hat zwei Möglichkeiten: Entweder hoffen, dass die Katastrophe vermieden wird und immer frustrierter oder verärgerter über die Untätigkeit der Welt sein. Oder akzeptieren, dass das Unglück kommt und darüber nachdenken, was Hoffnung bedeuten kann.«

Unsere zur Zeit acht Enkel sind unter 30, weit darunter, sieben von acht unter zehn. Was blüht ihnen? Werden sie resilient erzogen? Geht das überhaupt, wenn man in ganz anderen Verhältnissen aufwächst als denen, die möglicherweise bevorstehen? Meine Enkel sind im kommenden Vierteljahrhundert – ein überschaubarer Zeitraum, dessen Ende ich nicht mehr erlebe – in einem Alter, in dem ihre persönlichen Lebensweichen ebenso gestellt sind wie die Deutschlands, Europas und der Welt.

Die meisten von uns sind – wie ich in einem Workshop, der auf Zukunftsszenarien abzielte, zur Kenntnis nehmen musste – beim Thema Zukunft bemerkenswert phantasielos. Die technische Entwicklung als ein wichtiger Bestimmer unserer Lebensrealität wird regelmäßig unterschätzt. Entwicklungssprünge oder Katastrophen wie der Tsunami 2004, also keine Fortsetzung der aktuellen Trends, werden nicht für möglich gehalten.

Beispiel: Der Krieg Russlands gegen die Ukraine. Eine Fortsetzung der Trends hätte bedeutet, dass die Handelsverflechtungen weltweit und speziell auch zu Russland zunehmen und die Energieversorgung in Deutschland, verstärkt um Nordstream 2, noch besser gesichert gewesen wäre. Krieg als Mittel der Machtdurchsetzung stand nicht mehr auf der politischen Agenda. Die durch die globalen wirtschaftlichen Vernetzungen entstandenen Bindungen wären, so dachten wir, so stark, dass Kriegsabsichten in der Abwägung bei allen Beteiligten keine Option mehr sein würden. Wenn in dichten Handelsbeziehungen miteinander verwobene Staaten oder Staatengemeinschaften gegeneinander geraten, das war das Kalkül, wäre der Versuch, sich wegen unüberbrückbarer Gegensätze wieder zu trennen, zum Scheitern verurteilt, weil der ökonomische Schaden auf beiden Seiten der Bevölkerung nicht zugemutet werden könne.

Was aber, wenn politische und ideologische Ziele alles andere überwiegen? Wird Russland zu stoppen sein oder nicht ruhen, bis die größeren Teile der untergegangenen Sowjetunion zurückerobert sind? Werden nun auch andere Länder Grenzverschiebungen zu ihren Gunsten vornehmen wollen, auf alte Rechte oder völkische Zugehörigkeiten jenseits der bisherigen Grenzen verweisend? Und wenn, um ein zweites viel diskutiertes Thema zu nennen, der Klimawandel tatsächlich in die prognostizierte Katastrophe führt, wie es die seit 2022 in Erscheinung getretene »letzte Generation« behauptet? Und was ist – drittens – mit der Bewältigung des demografischen Wandels? Die reichen Staaten dünnen aus bei steigendem Altersdurchschnitt, die armen Staaten erleben das Gegenteil, so dass die reichen Staaten für sich und für die armen Staaten Lösungen finden müssen, die samt und sonders per nationalistischer Einwendungen verzögert, wenn nicht gar verhindert werden. Zum Nachteil der Nachkommen.

Wenn ich meine liebenswerten, durchweg selbstbewussten und umsorgt aufwachsenden Enkel in diese Zukunft hineinphantasieren soll, versagt meine Vorstellungskraft. Schon mein eigenes weiteres Schicksal kann ich mir nur mit Anstrengung heiter und gelingend ausmalen.

WAS MICH BEFLÜGELT HAT

Als mein 75. Geburtstag in Sichtweite kam, wurde mir bewusst: Eile ist kein Fehler. Wenn man sich im Alter beeilt, hat man die Chance, so schnell wie in seinen besten Jahren zu sein. Denn man wird ja eh langsamer. Für mich wird das Thema Alter so bedeutsam wie ich es in meiner Kindheit empfand. Zwischendurch war es weniger wichtig.

OHNE UNTERLAGEN LÄSST SICH SCHLECHT SCHREIBEN. MIT ABER AUCH.

Ohne Schreibzeugnisse in meinem Leben wäre dieses Buch mangels Erzählstoff recht kurz geworden. Aber ich habe Tagebücher und darüber hinaus immer sehr viel geschrieben.

Also habe ich nicht zu wenig, sondern zu viel Stoff. Da brauchst du Freunde, die nicht durchgängig wohlwollend sind, zwar ermutigend, aber eben auch kritisch. Und – wichtig! – sagen, was sie langweilig finden. Angela, meine Liebste, ist so jemand. »Hier hast du einen Weihnachtsbrief geschrieben«, sagte sie zu einer Passage. Das ist bei ihr kein Lob; dieser Text ist gestrichen.

Auf dem Dachboden unseres Hauses lagern mehrere Kartons mit Tagebüchern. Später im Leben habe ich begonnen, das Tagebuch digital zu schreiben, d. h. immer mal wieder etwas zu diktieren oder auch Mails und andere Texte, vereinzelt auch Fotos, einzufügen und am Ende des Jahres ein oder zwei Exemplare anfertigen zu lassen. Ich vermute, dass Lebensalter und Anzahl der Tagebücher in etwa korrelieren. In Zeiten innerer Spannung habe ich mehr geschrieben, beim Nachlassen der Spannung wurden die Einträge spärlicher. Schon seit Jahren habe ich mir vorgenommen, diese Tagebücher nochmals zu lesen, als Erinnerungsstütze, so wie man gerne alte Fotos anschaut, und als Lieferstätte von Zitaten.

Über die Fragwürdigkeit der Erinnerung lässt sich jeder Schreiber vorbeugend aus, bevor er sich daran macht, Erinnertes aufzuschreiben. Ich komme mit diesem Hinweis erst am Ende.

Ijoma Mangold beispielsweise meint, »dass unsere verlässlichsten Erinnerungen die am wenigsten authentischen sind.« Das mag so sein. Wenn aber das Resultat ist, dass aus den Erinnerungsfetzen fetzige Geschichten werden, was ist daran schlimm? »Wie beim Stille Post-Spiel werden die Anekdoten des eigenen Lebens von vergangenen Ichs in unendlicher Kette einander ins Ohr geflüstert, nur dass die Geschichten, weil alle Ichs so vertraut miteinander sind, nicht von Station zu Station absurder, grotesker und Sinn entleerter werden, sondern, im Gegenteil, laufend kompakter, gerundeter und süffiger.«[54] Eben.

In meinem Fall kommt aber noch etwas Spezielles hinzu. Anders als Gedächtnis-Erinnerungen sind Tagebuchnotizen ja schon bearbeitete Erinnerungen, die sich auf ein Geschehen beziehen, das zum Zeitpunkt des Aufschreibens nur wenig zurückliegt. Wenn das Tagebuchschreiben nicht von vornherein manipulativ angelegt ist, ist das Aufgeschriebene die Wahrheit, wenn vielleicht auch nicht die ganze. Jemand, die ebenfalls Zeugin des Geschehens war, hat vielleicht eine ganz andere Wahrnehmung. Man frage mal die Fans zweier Fußballvereine zu ein und derselben strittigen Szene im Torraum.

Und dann die Reflexion, entweder schon im Tagebuch oder jetzt 50 Jahre später. Kürzlich las ich, die Besonderheit des Menschen liege darin, nicht nur zu leben, sondern über das Erlebte nachzudenken und in die Planung zukünftigen Verhaltens einzubeziehen: »Der treibende Gedanke unserer Kultur besteht darin, dass wir leben und zugleich über das Leben nachdenken, dass wir handeln und zugleich die Prämissen des Handelns reflektieren, dass wir etwas Neues planen und zugleich die Frage nach dem Wesen des neuen und seiner Planbarkeit stellen können.« (Bernd Stegemann)[55]

Gut, wenn man das so hinbekommt. Es schützt einen vor der Alterstorheit, die Vergangenheit rosig, die Gegenwart ausschließlich ärgerlich und die Zukunft tiefschwarz zu betrachten. Die typische Redensart dabei ist »zu meiner Zeit«. Ich muss bisweilen aufpassen, dass ich nicht genau in diese Sprachfalle gerate.

Relevanz: nur eine Frage der Perspektive

Eingangs schrieb ich, es sei die Pflicht eines Autors, nicht zu langweilen. Vollkommen richtig, aber dieses Versprechen hat Tücken. Es kann zum Beispiel langweilig sein, über einen Streit mit jemandem zu berichten, den schon längst der Rasen deckt. Jedenfalls dann, wenn es nicht gelingt, dazu eine Geschichte zu erzählen oder das Prinzipielle freizulegen.

In den sehr lesbaren und in aller knappen Form geschriebenen Lebenserinnerungen meines Adoptiv-Großvaters, den ich nicht kennen lernte, dessen Namen ich aber trage, gibt es einen längeren Abschnitt über den Ärger mit einem Ministerialrat in einem Mecklenburger Ministerium. Der habe sich unmöglich ihm gegenüber verhalten. Eigentlich keine Sache, die 100 Jahre später wirklich interessiert, aber da es sich um das Verhalten des Beamten während des Kapp-Putsches handelt, den jener Henning als hochrangiger Stahlhelmer unterstützte, dieser Beamte aber staatstreu blieb, wirft die Geschichte ein Schlaglicht auf das Selbstverständnis der ehemals herrschenden Klasse und ist unter diesem Aspekt gelesen doch von Interesse. Die konservativen Anti-Demokraten fühlten sich vollkommen im Recht und verstanden nicht, wie jemand, auf den man zählte, dieses Konstrukt »Weimarer Republik« in prekärer Situation unterstützen konnte.

Man kann sich beim Schreiben Mühe geben, wirklich uninteressante Sachen aus dem eigenen Leben nicht zu berichten. Aber letzten Endes liegt es wiederum nicht in der Hand des Verfassers, darüber zu entscheiden, was interessant ist und was nicht, sondern in der des Nutzers.

Noch ein zweites Beispiel: Ich habe mal einen verwackelten Schwarzweißfilm aus den vierziger Jahren des vorigen Jahrhunderts gesehen, der einen Privatmann und einen Uniformierten zeigte. Dahinter ein Gebäude, offensichtlich ein Schloss. Uns Zuschauer interessierten nicht die beiden Menschen im Vordergrund, weswegen der Film ursprünglich aufgenommen worden war, sondern der Hintergrund. So also hatte eine uns bekannte Familie in Ostpreußen gewohnt. Würde sich aber herausstellen, dass die beiden Personen im Vordergrund Personen von zeitgeschichtlicher Bedeutung sind oder einer von ihnen mit einem Rezipienten verwandt ist, würde sich die Sache sofort wieder anders darstellen.

Voids: Ein Lob der Lücke

Jede Rekonstruktion hat Lücken. Es ist nicht gesagt, dass diese keinen Wert haben. Im angedachten Titel dieses Buchs »Voids – Versuche zum Lückenschluss« stecken eine Erinnerung und ein Versprechen. Die Erinnerung: Ich war einer von 350.000 Besuchern, die sich den Erweiterungsbau des Jüdischen Museums in Berlin vor seiner musealen Bestückung im Herbst 2001 angeschaut haben. 1989 gewann Daniel Libeskind den Architektenwettbewerb, dann beschloss der Berliner Senat, den Bau doch nicht zu wollen, später überstimmte der Bundestag das Berliner Votum.

Bei der Besichtigung wurden uns Voids, Leerräume, die als leere Kammern quer in die Räume ragen, gezeigt und erklärt, sie symbolisierten diejenigen Abschnitte der jüdischen Geschichte, die im Dunkeln liegen. In meiner Lebensgeschichte gibt es nicht wenige Passagen im Dunkeln, denn ich bin ein vergesslicher Mensch und dann ist da ja auch noch die Fähigkeit, Unliebsames zu verdrängen. Ein Beispiel hatte ich zu meiner Schulzeit genannt. Ich bekam einen Schulverweis wegen Täuschung und erinnere mich überhaupt nicht an den Vorfall rund um einen Fast-Schulverweis. Lücken drängen auf Lückenschluss. Auch das kann Interessantes hervorbringen. Deswegen wollte ich mir den Begriff ausleihen. Ich finde die Idee immer noch richtig, als Titel allerdings zu gewollt.

> **Daniel Libeskind** (* 12. Mai 1946 in Łódź, Polen) ist ein US-amerikanischer Architekt und Stadtplaner polnisch-jüdischer Herkunft. Er ist bekannt für seinen multidisziplinären Ansatz in der Architektur. Zu seinen Hauptwerken gehören größere kulturelle Einrichtungen wie das Jüdische Museum Berlin, das Felix-Nussbaum-Haus in Osnabrück, das Denver Art Museum und das Imperial War Museum North in Manchester, aber auch Landschafts- und Stadtplanungen sowie Entwürfe von Ausstellungen, Bühnenbildern und Installationen

What's in for me?

Zwei meiner Leerräume wären nicht ganz leer. An einer Wand stünde »Was soll der Quatsch?« im zweiten Raum »What's in for me?«. Ich stelle mir vor, ich wechsele zwischen diesen ansonsten kahlen Räumen und schaue mal auf den einen, mal auf den anderen Spruch. Und lasse sie wirken. Ich kenne die beiden Autoren. Die eine ist meine Mutter, die sich am Ende des Lebens nach dem

Sinn des Weiterlebens fragte, aber mit diesem Spruch noch sehr viel mehr Anwendungsmöglichkeiten fand. Die Frage kann wie ein Stich in Ballons aus Überkomplexität, Pseudo-Wichtigem, Eitelkeit und Verschnörkelung wirken. »Was soll der Quatsch?«

Der zweite Spruch kommt von Vilim Vasata, einem der sogenannten Top-Kreativen der Werbewirtschaft in den sechziger und siebziger Jahren, verantwortlich für die damals größte internationale Werbeagentur in Deutschland, BBDO, der hernach im eigenen Büro im Düsseldorfer Hafen residierte, das man gar nicht Büro aber auch nicht Studio nennen mochte. In den Räumen schwebte Opernmusik, an den Wänden hingen japanische Tuschezeichnungen und der Meister sprach leise und servierte feinen Tee aus dünnen Tassen.

Vilim Vasata (* 1930 in Zagreb; † 2016) war Art Direktor, Autor und Professor für Kommunikationsdesign. Vilim Vasata war zusammen mit Günther Gahren und Jürgen Scholz Mitbegründer der Team Werbeagentur, einer der erfolgreichsten deutschen Werbeagenturen in den sechziger und siebziger Jahren.

»What's in for me?« Das war der Kern seiner Botschaft: Frage dich, was der Adressat deiner Botschaft sehen, hören, lesen oder fühlen will. Diese Aufforderung, vom Nutzen des Users auszugehen, scheint banal zu sein, aber in der Praxis der Kommunikation überwiegen die Verstöße gegen dieses Prinzip, weil zwei Eitelkeiten zusammentreffen: die des Auftraggebers und die der Agentur. In der privaten Kommunikation verhallt die Aufforderung dieser Leitfrage ebenso. Man müsste nämlich, um ihr gerecht zu werden, erst einmal genau zuhören. Wobei unterschieden werden muss zwischen dem Gesagten und dem Gemeinten.

ÜBER EIN UNINTERESSANTES LEBEN INTERESSANT BERICHTEN
Ich wende mich der Aussage der damals sechsjährigen Antonia zu. Es war bei meinem 50. Geburtstag, der in der alten Villa des Frankfurter Literaturhauses, Bockenheimer Landstraße, beim Herrn Franz, dem schon damals legendären Alt-68er, gefeiert wurde. Meines Vaters »Lebenserinnerungen« lagen frisch gedruckt vor und er schrieb seinen Enkeln Widmungen hinein. »Willst du auch mal Lebenserinnerungen schreiben?« fragte mich Antonia. Als ich bejahte, kam ihre Antwort wie ein Pfeil: »Was willst du denn schon Interessantes schreiben?« Schlau, wie sie

ist, hatte sie mitbekommen, wie facettenreich das Leben meines Vaters war. Ich schreibe trotzdem, antwortete ich. Und hätte gerne hinzugefügt: Ich kann doch nichts dafür, dass ich in keinem Krieg war, nicht verwundet wurde, nicht fliehen musste und nicht mein Erbe verloren habe. Aber irritiert war ich doch und hatte mir damals geschworen, aus meinem eher »normalen« Leben keine Angebernummer zu machen.

Lebenserinnerungen
Konrad von Vieregge

Später, 2005, las ich von Geert Mak, einem Holländer meines Jahrgangs, sein Buch »Das Jahrhundert meines Vaters«. Faszinierend, wie man aus einem normalen Pfarrerleben, wenn man es in historische Zusammenhänge bringt, einen spannenden und erhellenden Text machen kann. Ein Mutmacher.

Ich getraue mich eher, in die Richtung von Geert Mak zu schreiben, als Peter Kurzeck als Vorbild nacheifern zu wollen. Aber er ist ein Beispiel, wie man aus vergleichsweise wenig Leben viel Literatur machen kann: immer in der ich-Form, seine Gedanken, seine Erlebnisse, seine Beobachtungen. Und dies in einem ganz besonderen Sound. Er wurde 1944 im Sudetenland

Geert Ludger Mak (* 4. Dezember 1946 in Vlaardingen) ist ein niederländischer Journalist, Publizist und Sachbuchautor.

geboren und ging dann mit seiner Mutter und seiner Schwester auf die Flucht, die in Staufenberg zwischen Gießen und Marburg ihr vorläufiges Ende fand. Hier wuchs er auf. Später machte er in Gießen eine Lehre und zog dann nach Frankfurt. Er hatte Angst, in seinen kläglichen Lebensumständen zu verwahrlosen, aber er schrieb und schrieb. Gerettet hat ihn, dass der Stroemfeld Verlag ihn aufnahm und er im Haus des Verlages wohnen konnte. Hinreißend: die Erzähl-CD »Ein Sommer, der bleibt«.

Peter Kurzeck (* 10. Juni 1943 in Tachau, Reichsgau Sudetenland; † 25. November 2013 in Frankfurt am Main war ein deutscher Schriftsteller. Peter Kurzeck war Verfasser stark autobiografisch geprägter Romane und Erzählungen, in denen das Leben in der hessischen Provinz und in Frankfurt am Main sowie die bundesrepublikanische Gesellschaft detailliert geschildert werden, ohne dabei auf eine Handlung im eigentlichen Sinn fixiert zu sein. Die Techniken, die Kurzeck einsetzte, erinnern bisweilen an Autoren wie James Joyce, Arno Schmidt oder Uwe Johnson. Im Zentrum seiner schriftstellerischen Ambition stand die Erinnerungsarbeit bzw. das Konservieren der gelebten Zeit.

Joschka Fischer (Joseph Martin Fischer; *12. April 1948 in Gerabronn) ist ein ehemaliger deutscher Politiker (Bündnis 90/Die Grünen). Er war von 1998 bis 2005 Außenminister und Vizekanzler der Bundesrepublik Deutschland und vom 1.1. 1999 bis zum 30.6. 1999 Präsident des Rats der Europäischen Union. Ein knappes Jahr nach der Bundestagswahl 2005 zog er sich aus der aktiven Politik zurück. Seit dem Ende seiner politischen Karriere ist er als Berater, Publizist und Lobbyist tätig.

Harald Franz Schmidt (* 18. August 1957 in Neu-Ulm) ist ein deutscher Schauspieler, Kabarettist, Kolumnist, Entertainer, Schriftsteller und Fernsehmoderator. Bekannt wurde er vor allem durch seine Late-Night-Shows, die er zwischen 1995 und 2014 präsentierte.

ICH UND DIE PROMIS: FEHLANZEIGE

Promis machen einen wichtig. Ich habe mal einem Unternehmer zugehört, der berichtete, er habe die Kanzlerin getroffen. Ich wusste zufällig, dass er in einer Großveranstaltung gewesen war, in der Angela Merkel gesprochen hatte. So kann man Erzählungen aufpäppeln bis zur Peinlichkeit. Das will ich vermeiden. Aber berichten kann ich doch, dass andere dachten, sie seien einem Prominenten auf der Spur. Ich muss eine Weile so ausgesehen haben wie Joschka Fischer. Aber bei näherer Betrachtung sahen die Hoffnungsvollen ihren Irrtum ein.

Richtig verwechselt wurde ich bei einer Jubiläumsveranstaltung des STERN, vermutlich die 50-Jahre-Feier 1998. Da war ein Zelt errichtet worden mit schummerigen Nebenräumen und in einem sagte eine Frau, sie sei so froh, mich endlich zu treffen. So was hört jeder gern, aber ich merkte dann doch, sie verwechselt mich. Sie dachte, ich bin Harald Schmidt, der damals ungeheuer bekannte Talkmaster, der bei dieser Feier präsent war. Mir war das so unangenehm, dass ich ohne Aufklärung davon stob; das war dann noch unangenehmer.

Ein anderes Mal habe ich eine Verwechselung genossen, aber da ging es nicht um Prominenz. Ein Personalberater, der mich mal auf eine interessante Position angesprochen hatte und der mich tatsächlich – tatütata! – dem damaligen Vorstandsvorsitzenden der Deutschen Bank, Alfred Herrhausen, vorgestellt hatte, rief mich an, ich solle doch mal vorbeikommen. Kurt v. G., eine wunderbare Persönlichkeit, empfing mich und wir plauderten. Ich merkte, die Plauderei ging in eine Richtung, die mit mir nichts zu tun haben konnte: Bankverantwortung, Geldgeschäfte, solche Themen. Ich ließ ihn zappeln. Bis er aufwallte: Ob ich mich denn nun für den Vorstandsposten in Luxemburg interessiere oder nicht. Auf weitere Positionen hat er mich nicht mehr angesprochen.

Alfred Herrhausen (* 30. Januar 1930 in Essen; † 30. November 1989 in Bad Homburg vor der Höhe) war ein deutscher Bankmanager und Vorstandssprecher der Deutschen Bank. Herrhausen galt fachlich und persönlich als Ausnahmeerscheinung unter den deutschen Spitzenmanagern. 1989 wurde er in seinem Auto in Bad Homburg auf der Fahrt nach Frankfurt zu Tode gesprengt; ein Bekennerschreiben der RAF wurde am Tatort gefunden, die Mörder wurden nicht ermittelt.

Kurt Georg Kiesinger (* 6. April 1904 in Ebingen, Königreich Württemberg; † 9. März 1988 in Tübingen) war ein deutscher Politiker und von 1966 bis 1969 dritter Bundeskanzler der Bundesrepublik Deutschland. Kiesinger war der erste deutsche Bundeskanzler, der mit einer Großen Koalition regierte.

Ach ja, Kurt Georg Kiesinger, der damalige Kanzler: Der ging in Bonn, wo ich studierte, mal auf der gegenüberliegenden Straßenseite. Ich habe ihn scharf angeguckt, da hat er gegrüßt. Er konnte ja nicht wissen, dass er mich nicht kennt. Da habe ich gelernt, prominent zu sein ist auch nicht einfach.

Auftrumpfen könnte ich nur mit einem Prominenten, einem ehemaligen Minister. Der sagt »Henning« zu mir und ich bewundere jedes Mal sein Gedächtnis. Ich wollte, ich könnte da mithalten, dann würden mir vielleicht noch mehr Prominente einfallen. Es würde aber diesen Text nicht verbessern, so selbstkritisch bin ich dann doch.

Und dann fällt mir noch Gerd Ruge ein. Als ich in der von ihm geleiteten Redaktion »Bericht aus Bonn« einige Wochen mitarbeiten durfte, war er bereits einer der bekanntesten deutschen Journalisten. Ich glaube, er ist mir unter »prominent« nicht in den Sinn gekommen, weil ich ihn in seiner Professionalität und in seiner Menschlichkeit so sehr schätzen gelernt habe. Wertvolle Menschen habe ich in meinem Leben noch einige mehr getroffen und ich bin meinen Eltern dankbar dafür, dass sie mir durch ihr Vorbild vermittelt haben, anderen Menschen respektvoll zu begegnen und sich von Aufschneidern nicht blenden zu lassen. Davon habe ich mich leiten lassen, wenn es auch nicht immer gelang, diesem Maßstab im Einzelfall gerecht zu werden. Wenn man sich gerade zu wichtig nimmt, hört man nicht genau zu.«

VIELLEICHT MUSS ICH MICH BEEILEN

Mit 75 betritt man den dunklen Schlusstunnel. Nur Gläubige möchten Licht am Ende sehen: das ewige Leben, die Wiedervereinigung mit all denen, die vor einem lebten. Dann treffen womöglich alle die zusammen, die man im Leben sorgfältig auseinandergehalten hat und tauschen sich aus. Das kann peinlich werden.[56] Vielleicht aber auch unterhaltsam, warum nicht auf meine Kosten? Wie auch immer. Jetzt wird Zeit kostbarer, noch kostbarer. Der hässliche Begriff »Restlaufzeit«[57] blinkt auf.

Als ich 62 Jahre alt war, legte mir der Vorstand des Verbandes der Kommunikations- und Werbeagenturen GWA nah als Hauptgeschäftsführer abzutreten. Mit 63 stand ich vor der Tür, versorgt zwar, aber auch verdrossen. Neustart war angezeigt.

Ich entschloss mich zur Schreibtherapie und befragte Generationsgenossen, wie es ihnen beim Übergang ergangen ist und was sie jetzt vorhaben. Ich musste noch Geld mitbringen, um das auf der Basis von über zwanzig ausführlichen Interviews entstandene Buch »Der Ruhestand kommt später«[58] veröffentlichen zu können[59]. Aber die Investition hatte sich gelohnt. Seitdem wurde ich zu Vorträgen und Diskussionen eingeladen und hatte Lust, publizistisch nachzulegen[60]. Die Zeit als Verbandsmanager lag hinter mir.

In diesem Buch »Der Ruhestand...« findet sich eine Rede zu meinem 100. Geburtstag. Ein interessantes Gedankenexperiment. Ich wollte mich zwingen, hinter, neben und vor mich zu schauen. Insbesondere der Blick nach vorn, aus der Rückschau betrachtet, erwies sich als gute Übung in pragmatischem Positivismus. Ich habe seitdem die Empfehlung, es mir gleich zu tun, in vielen Vorträgen untergebracht und hatte mit diesem Vorschlag aufmerksame Zuhörer. Der »Wiesbadener Kurier« regte einen Wettbewerb unter Schülern zum Thema »So feiere ich meinen 100. Geburtstag« an. Ein Tassilo aus der Klasse 5b der Oranienschule stellte zur Feier seines 100. Geburtstages in Aussicht: »Ferngesteuerte Hasen werden den Champagner servieren«.

DER TOD KOMMT NÄHER

Die gängige Formulierung von Herrschaften in meinem Alter lautet »Die Einschläge kommen näher.« Noch ist man selber nicht getroffen, aber doch betroffen. Und denkt über Alter, Krankheit und Beerdigung nach.

Ich möchte dort beerdigt sein, wo meine Vorfahren liegen, nämlich auf dem Friedhof in Neuburg. Das ist ein Ort in Mecklenburg, unweit von Steinhausen, dem letzten Gut der Familie. Drei Musikstücke wären mir wichtig: »Lass nun ruhig los das Ruder« von Reinhard Mey, Bonhoeffers »Von guten Mächten« und der Song »Heimat« von Johannes Oerding, den man wohl als Video einspielen müsste. Wenn man das Lieblingslied von Karla, meiner verstorbenen zweiten Frau, »Die Gedanken sind frei« auch noch unterbringen könnte, wäre das prima. Und dann wäre da noch »Großer Gott wir loben dich«.

Reinhard Friedrich Michael Mey (* 21. Dezember 1942 in Berlin) ist ein deutscher Musiker. Seit Ende der 1960er Jahre gilt er als einer der populärsten Vertreter der deutschen Liedermacher-Szene. Er war vor allem in den 1970er Jahren mit Titeln wie Der Mörder ist immer der Gärtner, Gute Nacht, Freunde und Über den Wolken erfolgreich. Seine Pseudonyme sind Frédérik Mey (in Frankreich), Alfons Yondraschek und Rainer May.
Johannes Oerding (* 26. Dezember 1981 in Münster) ist ein deutscher Popsänger und Songwriter.

ZUM GUTEN SCHLUSS: MEINE SO SCHÖN GROSSE FAMILIE

Es gibt Momente, da hast du den Eindruck, so wie du jetzt lebst, so wird es bleiben bis in alle Tage. Du weißt, das stimmt nicht. Aber die Wiederkehr des Alltäglichen gibt dir die Illusion. Bei dem israelischen Schriftsteller Amos Oz findet sich die Schilderung einer Szene aus seiner Familie in den dreißiger Jahren, unruhige und gefährliche Zeiten in Palästina, in der es um Telefonate zwischen Verwandten geht. Telefonieren ist in jenen Jahren aufwendig. Nur der Apotheker hat ein Telefon und eine Zeit ist für das Ferngespräch zu verabreden und dann klingelte es bei dem Apotheker und es ist für die Familie. Das Gespräch ist kurz, denn telefonieren ist teuer. Gefragt wird »Wie geht es euch?« Geantwortet wird, dass es gut geht. Und Euch? »Uns geht es auch gut«. Vielleicht dann noch eine Bemerkung über das Wetter und dann bis nächste Woche gleicher Tag, gleiche Zeit. Amos Oz ordnet die Szene in den Versuch ein, sich in unruhigen Zeiten der Normalität zu vergewissern.

Das ist es: Die Freude daran, dass sich nichts nachteilig verändert hat. Dabei dreht sich das Zeitgewinde unaufhörlich weiter. Du hast dich überhaupt nicht verändert, sagt der Freund und du siehst an ihm, dass es nicht stimmt. Und dennoch: Ich habe mit meiner Geburt zu diesem Zeitpunkt an diesem Ort ein Glückslos gezogen. Und ich denke, nicht nur ich, sondern meine Generation insgesamt, die 68er und vielleicht ebenso die Babyboomer, also die Jahrgänge 44–69. Im Kapitel »War es bei dir auch so?« habe ich Näheres ausgeführt, als ich den Titel dieses Buches begründete: »Die Glücksverwöhnten.«

Ich spüre das Glück, das eine Familie bieten kann, am stärksten, wenn möglichst viele der engeren Familie, am liebsten alle, zusammen sind. Ich genieße das Gefühl eines pater familiae. Ob meine Kinder dies nachvollziehen können, weiß ich nicht. Aber sie gönnen mir die Freude. Die Freude ist groß und ungebremst, auch weil Angela als weibliche Führerin an meiner Seite ist. So war es auch bei Karla und bei meiner ersten Frau Alexandra. Ich war erfolgreich auf der Suche nach starken, unabhängigen aber loyalen Partnerinnen – und hatte das Glück, sie zu finden. Oder sie mich. Das schon mal im Vorgriff.

Du sollst dir kein Bildnis von Gott und deinem Nächsten machen, heißt es in den zehn Geboten. Eine sehr weise Empfehlung, gerade bei Heranwachsenden. Du machst dir vom Anderen ein Bild, was unvermeidlich ist. Aber indem du es in dir festschreibst, auch wenn Bild und Realität inzwischen völlig eigene Wege gegangen sind, trägst du dazu bei, die Beziehung zum Anderen zu gefährden. Auch Heranwachsende, vielleicht gerade sie, wollen

Vollversammlung: Die Vieregge-Familie im Sommer 2023.

dort abgeholt werden, wo sie sich gerade ihrer Meinung nach befinden. Eine dutzi-dutzi Ansprache verletzt schon Vierjährige.

Dass sich das, was man unter Familie versteht, geändert hat und ändert, ist keine Neuigkeit. Man könnte von drei Etappen sprechen, wobei wie bei jeder Veränderung eine genaue zeitliche Verortung nicht möglich ist. Auch muss man sich immer klarmachen, dass sich die Phasen überlappen. Da ist die Großfamilie, die sich mit Beginn der Arbeitsteilung, der nachlassenden Beschäftigung in der Landwirtschaft und dem Beginn der staatlichen sozialen Absicherung zur Familienvorstellung einer Kleinfamilie veränderte (Vater, Mutter, Kinder) und nun sich zur Patchworkfamilie entwickelt. Zur Patchworkfamilie gehören nicht nur meine, deine und unsere Kinder, sondern auch ehemalige Partner und deren neue Partner.

Wenn ich den Familienbegriff noch weiter fassen möchte, dann gehören die Haustiere, in unserem Fall aktuell Josie, der Hund, und die Katzen Kater und Flummi, sicher mit dazu, der wunderbaren Beschreibung des ehemaligen Bundespräsidenten Johannes Rau folgend, der von seinem Hund sagte, er sei

Josie

Kater

Flummi † beim Sichten von Papieren

als Hund eine Katastrophe, als Mensch jedoch unersetzlich.

Wenn schon dieser Familienbegriff an seinen Rändern eine gewollte Unschärfe hat, dann gehören doch gewiss, jedenfalls sehe ich das so, die auch im weitesten Sinne Verwandten zur Familie. Hier bin ich ein traditionalistischer Anhänger der Großfamilie. Was Vettern und Cousinen angeht, so gibt es keinen Entfernungsgrad, der zu weit weg läge.

Neben den Verwandten gibt es noch die Wahlverwandten. Das sind enge Freunde, Herzensfreunde. Und schließlich, schon etwas außerhalb des Familiendaches, gibt es noch all jene Menschen, die man kennt und schätzt, ohne mit ihnen im engeren Sinne befreundet zu sein. In meinem Fall rotarische Freundinnen und Freunde zum Beispiel, bei Johannitern spricht man von »Brüdern«. Da ist die freundliche Nachbarin, die die Katzen versorgt, wenn wir auf Reisen sind, da ist die marokkanische Haushaltshilfe, mit der wir uns angefreundet haben. Bei manchen Menschen kennt man den Namen nicht, aber freut sich jedes Mal, wenn man mit ihnen zu tun hat wie die nette Verkäuferin bei Rewe, das vertraute Team bei der Hausärztin, oder die langjährigen Mitschwimmer im Mombacher Schwimmbad, um mich auf diese Beispiele zu beschränken.

Sympathie, Zuneigung und Liebe sind nicht rationiert, sie können großzügig verschleudert werden. Neben Angela stehen Kinder und Enkelkinder am nächsten. »Da kommt wieder der Küsser«, heißt es dann und die Enkel fliehen kreischend. Alles ein bisschen Theater, das den Alltag zum Glänzen bringt wie ein gemeinsam erlebter Sonnenuntergang am Meer in Oman. Dann bekommt der Alltag ein Krönchen und wir, Angela und ich, sagen am Abend zueinander »Was haben wir es doch schön.« Und hoffen auf eine lange Verlängerung.

ANMERKUNGEN

1 Martin Rupps, Wir waren immer zuviele, 2009
2 Peter Kurzeck, Ein Sommer der bleibt (Compact Disk)
3 Jens Jessen, Was vom Adel blieb, Springe 2018
4 Ijoma Mangold, Das deutsche Krokodil, Rowohlt TB 2020
5 Theodor Fontane, Meine Kinderjahre, Insel-Taschenbuch, Frankfurt 1983 S.177, Erstausgabe 1893
6 Kurt Appaz, Klassentreffen, Roman, Ullstein 2009
7 Berndt von Staden, Erinnerungen aus der Vorzeit, Eine Jugend im Baltikum 1919–39, Siedler Verlag, Berlin, 1999
8 Mangold, S. 40
9 Jessen S. 30
10 Staden S. 44
11 Camilla von Stackelberg, Verwehte Blätter., Erinnerungen aus dem alten Baltikum, BtB Taschenbücher 1998
12 zit. nach Elke Heidenreich, Altern, München 2024, S.79
13 Hier ist eine Korrektur angebracht: Der Spot, dessen Slogan »Er läuft und läuft und läuft« schnell die Herzen der Menschen eroberte, erschien im Jahr 1968.
14 Der südafrikanische Entertainer Trevor Noah beschreibt in seiner wunderbaren Biografie »Born a Crime and other Stories«, wie schwer es ist, aus der Nachbarschaft einer Township auszubrechen. »The hood was strangely comforting, but comfort can be dangerous«. Trevor Noah, Born a crime and other stories, New York, Johannesburg 2016, S. 257. Deutsche Fassung: Farbenblind, München 2017
15 ebd.
16 Der Beschenkte schenkt zurück. Oder: Ein Kind hat Geburtstag, auch das Geschwisterkind bekommt ein kleines Geschenk.
17 Als ich mit meinem Sohn an einem Wochenende leere Büros abschritt, war seine Frage sofort auf dem Punkt »Bist Du der Chef«? Ich war froh, das bejahen zu können.
18 Mangold, S. 40
19 Jessen S. 71f.
20 Camilla von Stackelberg, Verwehte Blätter., Erinnerungen aus dem alten Baltikum, BtB Taschenbücher 1998
21 Ein Bekannter setzte noch einen drauf, als er – natürlich ironisch – von seiner Gemahlsgattin sprach.
22 Jessen S. 71f
23 Jessen S. 35
24 Jessen S. 72
25 so Jessen S. 85
26 Malinowski S. 49f.
27 Hans-Joachim von Oertzen, Generalsekretär der Deutschen Sek-

tion des Internationalen Instituts für Verwaltungswissenschaften (Hrsg.),»Demokratisierung" und Funktionsfähigkeit der Verwaltung, W. Kohlhammer, Stuttgart, Berlin, Köln, Mainz 1974

28 Mangold S. 36f

29 ebd.

30 Ich beziehe mich vor allem und auch an dieser Stelle auf die Erzähl-CD»Ein Sommer der bleibt«, siehe Anm. 2

31 Appaz S. 80

32 Jahrgang 1913, Autor sehr breit gestreuter Thematiken, darunter zwei Broschüren über den Nationalsozialismus. Die 1965 erschienene Schrift ist noch erhältlich: Der Nationalsozialismus. Ein didaktischer Entwurf. (Schriftenreihe der niedersächsischen Landeszentrale für Politische Bildung. Für die Hand des Lehrers – Heft 2). Hagemann ist auf der Homepage seiner Schule leider nicht als herausragende Lehrer-Persönlichkeit verzeichnet.

33 Appaz S. 303

34 Appaz S. 61

35 Appaz S. 91

36 Bernd Schmid, Wie wir unsere Zeit verbringen, tradition Wiesloch 2021. Mehr unter https://www.isb-w.eu/de/das-isb/team/

37 F. M. von Senger-Etterlin jun., Die 24. Panzerdivision, vormals 1. Kavalleriedivision, Neckargemünd 1962

38 Maximilian Reichsfreiherr von Edelsheim (* 6. Juli 1897 in Berlin; † 26. April 1994 in Konstanz) war ein deutscher Offizier, zuletzt General der Panzertruppe im Zweiten Weltkrieg

39 Viktor Lutze (* 28. Dezember 1890 in Bevergern; † 2. Mai 1943 bei Potsdam) war ein deutscher nationalsozialistischer Politiker und SA-Führer. Nach der Ermordung Ernst Röhms 1934 wurde Lutze dessen Nachfolger als Stabschef der SA.

40 Ilse Werner, bürgerlich Ilse Charlotte Still (* 11. Juli 1921 in Batavia, Niederländisch-Indien; † 8. August 2005 in Lübeck), war eine deutsche Schauspielerin, Sängerin, Synchronsprecherin und Kunstpfeiferin deutsch-niederländischer Herkunft, die ihre größten Erfolge mit Filmen während des Dritten Reiches hatte.

41 Ferdinand Porsche (* 3. September 1875 in Maffersdorf (Böhmen); † 30. Januar 1951 in Stuttgart) war ein österreichischer, tschechoslowakischer und deutscher Automobilkonstrukteur und Gründer der Firma Porsche in Stuttgart.

42 Konrad in einem seiner Briefe an Janine 1966:»Oft bin ich seinerzeit mit meinen Gedanken bei Ihnen und dem Ort gewesen, wenn ich die Meldungen über die Kämpfe dort im Radio hörte.«

43 Ernst Jünger, In Stahlgewittern, Stuttgart 2014, S. 202 f.

44 Arthur Koestler, Mit dem Rücken zur Wand, Israel im Sommer 1948, ein Augenzeugenbericht, erstmals in Englisch 1949 erschienen, neue Ausgabe in Deutsch, Coesfeld 2020, S. 37

45 Artem Tschech, Nullpunkt, Arco-Verlag, Wuppertal 2022, S. 124

46 Selbst den Holocaust-Überlebenden in Israel ging es bis zum Eich-
mann-Prozess auch so, dass ihnen kaum geglaubt wurde und sich
kaum jemand für ihre Geschichte interessierte.

47 Werner Lindemann, Mike Oldfield im Schaukelstuhl, Notizen eines
Vaters, Buchverlag Der Morgen, Berlin 1988, S. 16 Lindemanns
Sohn, mit dem er 1982 eine Weile, als dieser 19 war, zusammen
lebte, ist übrigens Till Lindemann, der Leadsänger der Rockband
Rammstein.

48 plus minus null? Das Buch der Armee, die in dem eingeschlossenen
Ostpreußen unterging. Schneekluth, Darmstadt 1952

49 Wolfgang Borchert (* 20. Mai 1921 in Hamburg; † 20. November
1947 in Basel) war ein deutscher Schriftsteller. Sein schmales Werk
von Kurzgeschichten, Gedichten und einem Theaterstück machte
Borchert nach dem Zweiten Weltkrieg zu einem der bekanntesten
Autoren der Trümmerliteratur. Mit seinem Heimkehrerdrama
Draußen vor der Tür konnten sich in der Nachkriegszeit weite Teile
des deutschen Publikums identifizieren.

50 Jünger S. 248

51 Lindemann S. 65

52 Interview mit Fulbert Steffensky anlässlich seines 90. Geburtstags,
in: Christ und Welt Nummer 33 vom 3. August 2023

53 Als Taschenbuch München 2009, als Originalausgabe Campusver-
lag Frankfurt 2007

54 Mangold S. 89

55 Bernd Stegemann, die Öffentlichkeit und ihre Feinde, Sonderaus-
gabe Bundeszentrale für politische Bildung, Bonn, 2021, S. 29

56 Das meinte Fontanes alter Stechlin.

57 Der Begriff hat es zum Buchtitel gebracht: Hajo Schumacher, Restlaufzeit, Wie ein gutes, lustiges und bezahlbares Leben im Alter
gelingen kann, Köln 2014

58 Der Ruhestand kommt später. Wie Manager das Beste aus den
silbernen Jahren machen, Frankfurter Allgemeine Buch, Frankfurt
2012,

59 Das Finanzamt war erst nach hartem Kampf von der Überzeugung
abzubringen, der Druckkostenzuschuss sei steuerlich nicht in An-
schlag zu bringen, denn das Buch sei ja eine Vergnügungsbeschäfti-
gung.

60 Auf der CD Halbzeit des Lebens – was nun?, Alt-68er und Babyboomer zwischen Engagement, Zweitkarriere und Ruhestand, gelesen
von Julia Fischer, Claus Vester und mir, erschienen bei Steinbach
sprechende Bücher, ist diese Rede (in überarbeiteter Form) zu
hören. Es folgten »Neustart mit 60, Anstiftung zum dynamischen
Ruhestand«, Neue Ufer, Wiesbaden, 2. Auflage 2016, und Wo Vertrauen ist, ist Heimat – Auf dem Weg in eine engagierte Bürgerge-

sellschaft, oekom München 2018, dann 2019 eine zweiteilige Publikation »Die Kirche auf dem Weg in die Zivilgesellschaft«, erschienen als Opusculum Nr. 131 und 132 online, herausgegeben vom Maecenata Institut und zuletzt »Clubleben im Stresstest, Rotary in der Pandemie – und danach?«, herausgegeben zusammen mit Reinhard Fröhlich und Hans-Werner Klein, im Eigenverlag, 2021, mit vier Beiträgen von mir. Dazu eine ganze Reihe von Aufsätzen, vorwiegend erschienen im Rotary Magazin und im Pfarrblatt der EKHN, das seit 6/21 Das Magazin für evangelische Pfarrer:innen heißt sowie seit 2010 im zweimonatlichen Abstand Interviews mit Geschäftsführern von Verbänden und NGOs für den Verbändereport.

DANK

Autobiografische Notizen? Stefanie Viereck war zunächst skeptisch. Andreas v. Below und Jan Eberwein gefiel die erste Fassung nur stellenweise. Reinhard und Lothar Kindermann, früheste Spielkameraden, steuerten Geschichten bei. Zur Episode »Schulzeit« taten Klaus-Werner Auerswald, Günter Binge, Joachim Freihorst und Dirk Tack es ihnen gleich. Klaus-Werner fand sogar alte Fotos und fahndete der Geschichte der Schülerzeitung, die nach unserer beider Leitung einige Jahre später einging, nach. Von Maritta Koch-Weser kam in einem Erschöpfungsmoment, wie ihn jeder Schreibende kennt, eine starke Aufmunterung. Mit Wolter Waydelin und Jan Eberwein habe ich die Reisererinnerungen und überhaupt die Erlebnisse der Bundeswehrzeit ausgetauscht.

Ein besonderer Dank gilt allen Erstlesern, die ich um eine Bewertung gebeten habe. Da die Abfrage läuft, ist eine namentliche Aufzählung noch nicht möglich.

Und wem gebührt der größtmögliche Dank, die (fiktive) Goldmedaille der Dankbarkeit? Nicht einem, sondern zwei Menschen.

Hans-Werner Klein, Freund, Lektor und Gestalter in einem. Wir waren nicht in allem immer sofort einig, was für einen fruchtbaren Prozess spricht.

Und Angela Westerburg, meiner Frau. Keine Zeile, die sie nicht gelesen hätte, kein Moment, in dem sie nicht gestupst hätte. »Deine Kinder und Enkel, vor allem die, erhalten eine Erinnerung von Wert. Und überhaupt: Mir hat der Text am Ende gefallen. Manchmal musste ich laut lachen.«

ÜBER DEN AUTOR

Henning von Vieregge ist als Sozialforscher, Publizist und Lehrbeauftragter tätig – seit 2010 freiberuflich. Der studierte Politologe war Verbandsmanager, zuletzt Hauptgeschäftsführer des Gesamtverband Kommunikationsagenturen GWA, davor Geschäftsführer Vereinigung hessischer Unternehmerverbände und Hessen Metall.

Er arbeitet(e) immer auch ehrenamtlich: Schülerzeitung, ASTA-Vorsitzender, Stiftungsratsvorsitzender der Stiftung Mitarbeit, viele Jahre Vorstand und zuletzt Vorsitzender der Aktion Gemeinsinn, tätig in verschiedenen kirchlichen Gremien der EKHN, auch als Vorsitzender eines Kirchenvorstands (Andreasgemeinde, Eschborn-Niederhöchstadt) und in Positionen bei Rotary (u.a. Governor in 20/21 im Distrikt 1820).

Seine Publikationen drehen sich ums Altern, um bürgerschaftliches Engagement, Zivilgesellschaft, Heimat, Kirche (siehe Publikationsliste auf der Website vonvieregge.de)

Henning von Vieregge ist in 3. Ehe verheiratet mit Dr. Angela Westerburg, hat vier Kinder und acht Enkel.

Vom selben Autor:
ENDLICH FREIRAUM
Wenn Babyboomer 60 und 68er 80 werden …

Näheres unter www.vieregge.de

ISBN 978-3-8187-6821-8

www.epubli.com